VOYAGE
POUR LA REDEMPTION
DES CAPTIFS,
AUX ROYAUMES D'ALGER ET DE TUNIS.

Fait en 1720.

Par les PP. *François Comelin*, *Philemon de la Motte*, & *Joseph Bernard* de l'Ordre de la sainte Trinité, dits Mathurins.

DEDIÉ AU ROY.

A PARIS,

Chez { LOUIS-ANNE SEVESTRE, Pont Saint Michel, près le Marché-Neuf.
ET
PIERRE-FRANÇOIS GIFFART, rue S. Jacques, à sainte Therese.

M. DCC. XXI.
Avec Approbation, & Privilege du Roy.

AU ROY,

IRE.

C'est votre Ouvrage qui n'ose se produire que par vos Ordres. Quelques dévoüez que nous soïons par notre état au rachat des Crétiens, esclaves sous la domination Mahometane, oserions-nous seu-

ã ij

EPITRE

lement en former le projet, si votre religion soutenuë de votre autorité ne nous répondoit du succés ? Le devoir nous en a inspiré le dessein: Vous l'avez secondé, & nous avons reüssi. Plus d'une fois cette Troupe nombreuse d'infortunées Victimes qui ont eû la consolation d'apporter leurs Châines rompuës jusqu'aux pieds de votre Trône, nous avoient fait entendre leurs gemissemens & leurs larmes. Elles nous sollicitoient depuis longtems de prendre part à leurs peines, de mettre fin à leur servitude. Nous ne pouvions que nous attendrir sur leur misere, & nous sentions toute la sterilité de nos vœux: Vôtre pieté jointe à votre puissance devoit donner à notre zele l'efficacité necessaire.

AU ROY.

*V*ous les avez vûs, SIRE, ces Sujets pleins de reconnoissance, qui aprés avoir éprouvé ce que la plus dure domination peut imaginer de cruel, commencent à goûter les douceurs de ce que votre Regne semble leur promettre de plus consolant: Ce seroit peu pour eux de n'avoir donné à VÔTRE MAJESTE' que des marques passageres de leur sincere gratitude: Elle doit égaler le bienfait, & c'est pour en perpetuer la memoire que nous ne craignons pas de nous regarder comme les Interpretes fideles de leurs sentimens, aprés avoir fait gloire de n'être à leur égard que les simples Ministres de votre bonté.

Il sera aisé, SIRE, de juger de tout ce qu'ils vous doivent par la simple peinture de l'état où ils se sont vûs reduits. Le caractere des Puissances dont ils ont subi le joug, suffit pour faire sentir ce que votre seul Nom peut sur l'esprit des Nations les plus barbares: Et quel présage pour la France de son bonheur futur, en voïant son Monarque à peine monté sur le Trône, qu'il en consacre les premices à procurer la liberté de ceux qui lui sont chers, dés qu'ils lui appartiennent.

Dans votre pieté naissante elle a déja reconnu tout ce qu'elle devoit attendre de votre zele pour la verité, de votre amour pour la justice. Dans ce discernement prématuré ; qui déja vous fait si bien distinguer le vrai merite, elle pressent la voïe que doivent tenter

AU ROY.

ceux qui aspirent à l'avantage de vous plaire : Elle ne peut que tout se promettre dans la suite, d'un Regne dont les commencemens la flattent par l'endroit le plus sensible.

D'autres plumes que les nôtres sont destinées pour en marquer les époques : Il ne falloit pas moins que l'Auguste Prince qui gouverne sous votre Nom, pour en assûrer la tranquillité par sa vigilance & son attention : Il se felicite par avance de pouvoir en admirer les progrés. La gloire d'en recueillir les premiers fruits est dûe à ces Sages, qui savent si dignement justifier le choix qui a été fait de leurs personnes, pour en cultiver les premieres semences : La nôtre sera toûjours de ne ceder à aucun

EPITRE.

de ceux qui ont l'avantage de vous reconnoître pour Souverain, quand il s'agira d'en subir les Loix, de vous donner des preuves du profond respect, & de la soumission la plus parfaite, avec laquelle osent se dire,

DE VOTRE MAJESTÉ,

Les tres-humbles, tres-obeïssans, & tres-fideles Serviteurs, le General & Religieux de l'Ordre de la sainte Trinité & Redemption des Captifs.

PREFACE.

LE Voïage dont on détaille ici les circonstances doit être reçû d'autant plus favorablement du Public, qu'en satisfaisant sa curiosité, il n'interesse pas moins sa Religion. S'il est curieux d'évenemens, les revolutions continuelles ausquelles sont exposez des Etats que la seule passion domine, & où toute l'autorité n'est fondée que sur la loi du plus fort, lui en fournira une matiere aussi ample que nouvelle.

PRÉFACE.

S'il est sensible à sa Religion, il n'y trouvera pas moins de quoi rendre graces au Seigneur de lui avoir facilité les voïes de connoître la verité, de pratiquer la justice, préferablement à un Peuple séduit par les erreurs les plus grossieres, livré à toute la fureur des passions les plus déreglées.

La dure, quoique courte captivité de Mademoiselle du Bourk, aprés le naufrage de Madame la Comtesse sa mere, suffira pour faire juger si c'est à tort qu'on a dit de l'Affrique qu'elle ne produisoit plus que des monst-

PRÉFACE.

tres; & le simple exposé de la situation déplorable des Crêtiens esclaves sous la cruelle domination des Maures, justifiera sans doute les motifs qui portent l'Auteur de cette Relation à en faire le recit. Ce ne sont point des éxagerations, des hiperboles ausquelles on a recours, pour surprendre ou prévenir le Lecteur. Ce sont des faits averez dont il n'est personne qui ne puisse devenir le témoin, & qu'on ne remet devant les yeux que pour rendre sensible ce qu'on ne regarde avec indifference, que parce qu'on ne le voit qu'en éloignement.

Il est juste d'ailleurs de rendre compte au Public de l'administration qu'il nous confie. Le silence est suspect quand il est question de rendre raison de sa conduite; & il pourroit croire encore qu'on lui en impose dans les spectacles même les plus éclatans qu'on lui donne, si on ne lui specifioit jusqu'aux moindres démarches qu'on ne peut se dispenser de faire pour briser les chaînes des infortunées victimes qu'on lui expose.

SOMMAIRE
DES ARTICLES.

I. Discours préliminaire. II. Offres de M. Dufault Ambassadeur pour Alger, Tunis & Tripoli. III. Départ de Paris, & arrivée à Marseille. IV. Mauvaise foi des Tripolins. V. Embarquement. VI. Rencontre de l'Amiral d'Alger. VII. Arrivée à Alger. VIII. Débarquement. IX. Entrée de M. l'Ambassadeur dans Alger. X. Description de l'Hôtel de l'Ambassadeur. XI. Premiere Négociation. XII. Histoire de Madame la Comtesse du Bourk. XIII. Son départ de Cete en Languedoc. XIV. Furieuse tempête. XV. Naufrage de Madame la Comtesse du Bourk : Prise de Mademoiselle sa fille. XVI. Inhumanité des Maures. XVII. Habitation des Maures des Montagnes ; leur indépendance. XVIII. Leurs indignitez. XIX. Lettres de Mademoiselle du Bourk au Consul d'Alger, qui ne sont point tenuës. XX. Conseil des Maures au sujet des Escla-

SOMMAIRE.

ves. XXI. *Quatriéme Lettre de Mademoiselle du Bourk renduë au Consul d'Alger.* XXII. *S n rachat.* XXIII. *Son arrivée à Alger.* XXIV. *Sa Religion, sa constance.* XXV. *Etat des Crêtiens Esclaves à Alger.* XXVI. *Esclaves du Belic.* XXVII. *Esclaves des Particuliers.* XXVIII. *Prêtres ou Religieux Esclaves.* XXIX. *Prétexte d'avanie faite aux Crêtiens.* XXX. *Trois Religieux condamnez au feu.* XXXI. *Fuite de plusieurs Esclaves.* XXXII. *Autre fuite d'Esclaves.* XXXIII. *Prise & fuite tentée par des Chevaliers de Malte.* XXXIV. *Liberté des Chevaliers.* XXXV. *L'Hôpital d'Alger.* XXXVI. *Fondation ou Erection de l'Hôpital.* XXXVII. *Rëedification de l'Hôpital; ce qui en fit naître l'occasion.* XXXVIII. *Augmentation faite par le F. Pierre de la Conception.* XXXIX. *Cimetiere des Crêtiens: Son origine.* XL. *Cimetiere des Juifs.* XLI. *La Ville d'Alger.* XLII. *Le Port.* XLIII. *Les environs.* XLIV. *Fort & Cap de Matifou.* XLV. *Le Gouvernement d'Alger.* XLVI. *Tribunal du Deï, où il donne Audiance.* XLVII. *Justice renduë sans formalitez ni délais.* XLVIII. *Etrangers autrement traitez que les Turcs.* XLIX. *Mépris & haine*

SOMMAIRE.

du Deï pour les Maures. I. La Milice. LI. Beïs d'Alger. LII. La Marine. LIII. Envoié de la Porte. LIV. Bacha. LV. Histoire d'Anne-Marie Fernandez. LVI. Vicaires Apostoliques d'Alger. LVII. Lettre du F. Jacques le Cler. LVIII. M. Duchêne Vicaire Apostolique. LIX. Audience. LX. Fête de Noel solemnisée. LXI. Esclaves rachetez & passez en revûë. LXII. Départ d'Alger. LXIII. Retour à Alger. LXIV. Second départ d'Alger le 15. Janvier. LXV. Port-Mahon. LXVI. Arrivée à Palamos. LXVII. Arrivée à Portoventre. LXVIII. Retour à Marseille. LXIX. Esclaves de Constantinople. LXX. Lettres du P. Bernard au sujet des Négociations de Tunis. LXXI. Départ de M. Dusault, d'Alger pour Tunis. LXXII. Arrivée à Portefarine. LXXIII. Arrivée à Tunis. LXXIV. Negociation pour les Esclaves. LXXV. Embarquement des Esclaves, & adresse d'un Italien pour se sauver parmi les autres. LXXVI. Départ de Tunis. LXXVII. Arrivée à Marseille.

APPROBATION.

J'Ai lû par l'ordre de M. le Chancelier, le Manuscrit qui a pour titre, *Relation du dernier Voyage d'Alger & de Tunis, par les RR. PP. &c.* & je n'y ai rien trouvé que d'édifiant sur la conduite de ces bons Religieux, & d'intereſſant ſur le malheur de ceux qui tombent entre les mains des Barbares. Fait à Paris ce troiſiéme Février mil ſept cens vingt-un.

COUTURE.

Audience du Deï D'Alger donnée le 2 Dec.bre 1719. A M.r Dusault Envoié de France accompagné des Religieux Trinitaires pour le rachat des Captifs.

VOYAGE

POUR LA REDEMPTION

DES CAPTIFS,

AUX ROYAUMES

D'ALGER ET DE TUNIS,

En l'an 1720.

Par les PP. Maturins de l'Ordre de la Sainte Trinité.

NOUS devons rendre à Dieu de grandes Actions de Graces de la Bénédiction qu'il a répanduë cette Année sur notre Ordre pour la Redemption des Captifs. Chacune des Nations dans lesquelles il

I. Discours préliminaire.

est répandu a senti redoubler son ardeur & son zele pour une œuvre si sainte & si utile, à laquelle il est tout destiné. L'Allemagne, la France, l'Espagne & le Portugal ont fait de nombreuses Redemptions, où l'on peut compter plus de mille Captifs délivrez des fers, & tirez de la servitude où ils étoient réduits, aussi-bien que des perils ausquels ils étoient exposez, les uns à Constantinople & dans le reste de l'Empire Ottoman, les autres dans les Royaumes d'Alger, Tunis, Tripoly & de Maroc.

Le zele du Reverendissime Pere Claude de Massac General de tout l'Ordre, a été comme le premier mobile de tous ces mouvemens : A peine s'est-il vû le chef d'un corps dont la principale fonction est de racheter les Captifs, que son zele lui a fait tourner ses pensées de ce côté-là & y travailler avec une application aussi grande que s'il n'avoit eû que cette unique affaire, quoique dans le même tems il fut occupé à visiter les Maisons de son Ordre.

Je n'eus pas plûtôt reçû ma Mission de lui, que je disposai toutes choses pour mon départ, & profitai d'une occasion favorable que me presenta Mr Asselin de Breteville, qui voulut bien prendre une partie de notre argent pour des piastres qu'il avoit en dépôt à Marseille.

Monsieur Dusault que la Cour avoit nommé Envoyé extraordinaire & Plenipotentiaire dans les trois Royaumes de Barbarie, pour y terminer quelques differens survenus, & renouveller les Traitez de paix avec les Puissances au nom du Roi, ne nous procura pas un avantage moins considerable, en offrant avec son zele ordinaire pour les Esclaves au Reverendissime Pere General de nous admettre sur son bord, dés qu'il eut appris qu'il se disposoit à faire une Redemption generale dans les mêmes Etats où il étoit Envoyé.

II. Offres obligeantes de M. Dusault, nommé Ambassadeur pour Alger & Tunis.

Des offres si obligeantes furent acceptées du R. P. General avec tous les remerciemens qu'elles meritoient, & l'engagerent à ne plus penser qu'à regler nôtre départ sur celui de M. Dusault.

Les R R. P P. Riviere, & de la Cafe, Religieux de la Mercy, & députez des Provinces de Languedoc & de Guyenne pour le rachat des Efclaves de leur département, profitans des mêmes offres, fe rendirent à Marfeille prefqu'en même tems que nous.

III. *Départ de Paris, & arrivée à Marfeille.*

L'affûrance que M. Dufault nous avoit donnée à Paris qu'il partiroit au commencement de May pour Marfeille, nous avoit obligé comme eux de prendre les devants, & de partir pour Paris le Pere Comelin & moi dés le 13. Avril 1719. Quoi-qu'arrivez à Marfeille le 10. Mai, il nous y fallut attendre jufqu'au 19. Septembre M. Dufault, qui ne pût s'y rendre plûtôt. Ce délai ne nous fut pas inutile, parce que le Reverendiffime Pere General fuivant les mouvemens de fa charité & de fon zele, travailla heureufement à faire augmenter nos fonds : Nous reçûmes auffi 2000. piaftres de la charité d'un Officier de la Cour ; ainfi nous nous difpofâmes à partir avec ces fecours malgré les efforts des amis de M. Dufault qui lui reprefentoient que la

Navigation étoit fort dangereuse aux approches de l'hiver: que l'hiver passé un Vaisseau du Roi avoit peri sur les côtes de Barbarie, & qu'il devoit attendre au printems prochain. Il eût lieu d'en juger par le vent Nordoüest qui s'éleva le 30 Septembre & qui obligea de demeurer dans le port, quoi-que ce jour eût été pris pour en sortir, & se mettre en rade.

Pendant que nous attendions le vent favorable, nous vîmes deux familles qui revenoient de Tripoly; l'une étoit de Languedoc; c'étoit un homme avec sa femme, & un enfant à la mamelle; l'autre étoit de Coni en Savoye, composée de même du mari, de sa femme & d'un petit garçon d'environ huit ans: Les deux chefs de ces Familles avoient été au service des Venitiens dans l'Isle de Corfou: Ils crûrent qu'il étoit sûr pour eux de profiter d'un Vaisseau Venitien qui alloit aux Salines de Zara sur la côte de Barbarie vis-à-vis de Gerbi, où la Republique a coûtume d'envoyer en payant un Tribut aux Tripolins: L'équipage étoit de cinquante-deux

IV. Mauvaise foi des Tripolins.

hommes & en état de défense, mais ils se fierent trop à la foi de ceux qui montoient un Vaisseau de Tripoly qui les traittoient en amis, suivant la convention, leur faisant beaucoup d'honêtetez, puis ils s'en emparerent, & les menerent à Tripoly. Le Savoyard a donné 1000. Piastres pour avoir sa liberté, & le François fût reclamé par M. d'Expilly Consul de France. Ils nous dirent que sur les representations des Consuls de France, d'Angleterre & d'Hollande, qui se plaignoient que ce Vaisseau Venitien avoit été pris contre la foy des Traitez, le Dey n'en relâcha rien, & les paya de cette réponse, que les Barbares étoient nez Pirates, & ne pouvoient subsister par d'autres voyes, que c'étoit aux Crétiens à se tenir sur leurs gardes, même en tems de paix. Ce caractere est universel à toute la Nation : On sçait assez combien les Corsaires d'Alger, de Salé, & du reste de ces côtes ont fait de prises depuis quelques années sur ceux avec lesquels ils venoient de renouveller la paix, aussi-bien que sur leurs ennemis, ce qui, malgré les

Traitez, nous donne toûjours un ample éxercice pour la fonction dont nous sommes chargez.

Dans le tems que nous nous préparions à nôtre départ, M. Dufault partit en poste à deux heures aprés minuit pour Toulon, sur l'avis qu'il avoit reçû de l'arrivée de l'Envoyé de Tripoly, qui amenoit des Esclaves François avec des Chevaux qu'il devoit presenter au Roi dans le dessein de renouveller la paix : étant de retour, il nous fit avertir que le Vaisseau étoit en rade, & que nous eussions à y faire porter nos paquets avec les fonds pour le rachat des Captifs, ce que nous commençâmes à éxecuter le sixiéme jour sur les 8. à 9. heures du matin.

Nous avions envoyé un Religieux pour avoir soin de les embarquer à mesure qu'on les apportoit. Il trouva au port le Capitaine du Vaisseau qui lui dit que le vent étoit contraire; que selon les apparences il ne changeroit de long-tems, qu'on pouvoit faire transporter à bord les effets, mais que pour les Religieux il ne leur conseilloit pas de s'embarquer. Le P. Comelin n'aïant

Vr Embarquement.

A iiij

pas laissé de se rendre au Vaisseau, m'obligea à partir dés le lendemain pour ne me pas separer de lui : j'étois pour lors tourmenté d'une Fiévre violente, il falloit aller contre toute prudence humaine, pour entreprendre le voyage dans l'état où j'étois, & ce fût un coup de providence pour moi que le vent ne changea point jusqu'au 22. du mois que je me trouvois un peu mieux par les soins qu'on avoit eû de moi : On m'avoit mis à terre, & je retournai à bord ; Le 23. on mit à la voile, un vent fort de tramontane nous fit passer le Golfe de Lyon, & nous porta au-delà des Isles de Mayorque & Minorque : le 27. un grand calme nous arrêta.

VI. Rencontre de l'Amiral d'Alger.

Le 28. nous apperçûmes un Vaisseau qui faisoit contenance de venir à nous ayant toutes les voiles dehors afin de profiter d'un peu de vent qu'il avoit sur nous ; mais comme il vit qu'on se préparoit à le bien recevoir, il changea de route & disparut. Le lendemain nous trouvâmes une barque par où nous apprîmes que ce Vaisseau étoit l'Amiral d'Alger monté de quarante pieces de canon. M. Dufault informé du Patron, que fa Barque partoit de Ligourne & alloit à Alger; il lui ordonna de fuivre fon Vaiffeau, & de ne pas aborder dans ce port avant lui. Dés le foir le vent s'éleva & fe fortifia toûjours, enforte qu'on craignoit d'être pouffez pendant la nuit fur les côtes d'Alger qu'on avoit découvertes, ce qui obligea de mettre à la cape jufqu'aprés minuit. Le vent s'irritant de plus en plus on mit au large; alors s'éleva une furieufe tempête, les vents & les flots agitoient le Vaiffeau d'une force terrible: la mer ne nous prefentoit que des montagnes & des abîmes. Nous étions éblouis des éclairs & effrayez du tonnere, & la grande agitation des voiles & des cordages me perfuadoit dans l'accablement & l'affoûpiffement où j'étois encore par le refte de ma maladie, que j'étois comme au milieu d'une grande Forêt, dont les arbres battus par la violence des vents, font prêts à fe rompre ou à fe déraciner. On tint toûjours le large tant que dura la tempête: Et pendant que les Matelots & les cadets faisoient la manœuvre, nous faisions des prieres avec la ferveur qu'inspirent de semblables perils; elles étoient accompagnées d'un jeûne rigoureux, quoique forcé: M. Dufault entr'autres nonobstant son grand âge, ayant été prés de quatre jours sans manger.

VII. Arrivée à Alger le premier Novembre 1719.

Le premier Novembre, Feste de tous les Saints, on s'avança vers le Cap Matifou, où on arriva vers le midy. Environ à une lieuë au large de ce Cap, nous vîmes la Mer toute jaune, comme nos Rivieres dans les gros orages, ce qui nous faisoit apprehender la proximité de la terre, & nous indiquoit l'abondance des pluïes qui étoient tombées. On se servit de la sonde à Babord & à Tribord, & on fit plusieurs bordées pour éviter un écüeil qui est prés de ce Cap.

Vers le coucher du Soleil nous arrivâmes à la petite rade d'Alger, on arbora la Flame & le Pavillon blanc, & on ne fit aucun salut aux Forteresses. Sur les sept à huit heures du soir on tira le coup de Canon de retraite accoûtumé, dont le bruit

d'Alger & de Tunis. 11

réveillant le Capitaine du Port, l'obligea de venir en Chaloupe nous reconnoître, satisfait des réponses qu'on fit à ses demandes, il promit d'en donner avis au Dey dés le lendemain matin.

Le Dey ne fût pas plûtôt prévenu de l'arrivée de M. Dusault, qu'il donna ordre aux Forteresses de faire le salut, & envoya en même tems le present de rafraichissement qui consistoit en un Bœuf, neuf Moutons, deux sacqs de pain, & quantité d'herbages, ce qui se réitera pendant trois jours. Le salut fût de vingt-deux coups de Canon, ausquels le Vaisseau du Roy répondit par vingt-un.

Le soleil commençoit à peine à nous découvrir la Ville & le port, que nous en vîmes sortir une quantité de chaloupes qui paroissoient impatientes de nous aborder : c'étoit M. Baume Consul de France accompagné de M. le Vic. Apost. & de ses Missionnaires, & plusieurs Marchands de la Nation qui venoient au-devant de M. l'Envoyé pour lui rendre leurs devoirs, le féliciter sur son heureuse arrivée, &

VIII. Débarquement.

l'accompagner à l'Audiance. On prépara dans le moment le Canot de M. l'Envoyé où il defcendit avec M. le Conful, M. le Vic. Apoft. & M. de Lafne : Les autres Chaloupes ne tarderent pas à être remplies des perfonnes de fa fuite & de fa Maifon. Nous le fuivîmes comme les autres, & on fit auffi débarquer trente Turcs dont leRoi tres-Crêtien faifoit prefent au Dey. Le Canot de M. l'Envoyé paffant devant l'Amiral d'Alger en fut falué au fon des Trompettes, par deux coups de Canon, qui eft le falut Royal.

IX. Entrée de Mr l'Ambaffadeur dans Alger.

Dés que tout le monde fut débarqué, M. l'Envoyé avec fa fuite fe repofa dans le Bureau du Capitaine du Port où étoit l'Amiral, & plufieurs Officiers de Marine, avec les Chaoux & Janiffaires qui devoient l'accompagner : Delà on fe mit en marche pour entrer dans la Ville, & fe rendre à la Maifon du Roi. Six Chaoux commençoient la marche & écartoient la populace : Quelques Janiffaires avec le truchement de la Nation précedoient immediatement M. l'Envoyé, qui avoit à sa droite M. le Consul de France avec M. le Vic. Apost. & à sa gauche M. Lasne son Neveu ci-devant Consul de la Canée : Suivoient ensuite M. le Chancelier du Consulat avec les Officiers de la Maison de M. l'Envoyé, & les Peres députez pour la Redemption. Le Môle qui est d'une longueur extraordinaire étoit si rempli de Turcs & de Maures qu'on avoit de la peine à se faire jour. Il n'y eût pas jusqu'aux femmes, qui des terrasses des maisons voisines de la Mer, voulurent avoir part au spectacle. M. Dusault arrivé chez le Dey, aprés un discours fort éloquent, lui présenta de la part du Roi, un Diamant, avec un Sabre garni d'émeraudes, & lui demanda qu'aucun Esclave ne fut enchaîné, * ayant donné des ordres précis à ce qu'aucun ne se sauva sur son bord, & nous présentant ensuite au Dey, il lui annonça le sujet de notre venuë. Il fut delà avec toute sa suite dîner chez M. le Consul, où il demeura lui troisiéme, jus-

* C'est ainsi la coûtume quand il arrive un Vaisseau Crétien.

qu'à ce que la maison qu'il avoit demandée au Dey, fut en état ; & nous retournâmes à bord où nous restâmes trois jours pendant lesquels M. Dusault continua à lui faire des presens aussi-bien qu'aux Officiers, ensorte qu'ils paroissoient tous fort contens, ce qui nous donnoit lieu d'esperer une bonne composition pour nos Esclaves.

X. Description de l'hôtel de l'Ambassadeur.

Les trois jours passez, on nous vint prendre pour nous loger dans la maison de M. Dusault: Elle est des plus belles de tout Alger; avant le dernier tremblement de terre elle étoit à trois étages, elle n'en a plus à présent que deux, son plan est quarré, ce qui fait qu'elle est à quatre faces, & chaque face montre une Galerie de quatre arcades, dont le ceintre est en croissant, soûtenûës de pilliers de marbre; la Galerie qui regarde l'Orient est double, enrichie de beaux plafonds bien peints & dorez; le dedans des appartemens au lieu de lambris, est incrusté de pavez de Gênes jusqu'à hauteur d'appuy, & le reste est cizelé en filigrane, excepté les pilastres du même pavé de differentes couleurs.

On entre de la ruë dans un vestibule d'où l'on monte environ vingt marches à la premiere Galerie, qui est de niveau avec la Cour, parce que sous la Cour, & les Galeries toutes pavées d'un marbre blanc, sont des Caves voûtées fort fraiches & fort belles. Chaque Galerie répond à chaque sale en bas, & en haut à chaque chambre, qui remplissent toute l'étenduë de la Galerie, sur laquelle donnent les portes & les fenêtres, toutes de Marbre Cizelé : les Fenêtres sont quarrées, fermées en dehors par des grilles d'airain. Le tremblement de terre arrivé le 3. Fevrier 1716. a fort endommagé tous ces bâtimens, mais on les a si bien réparez qu'il n'y paroît plus. Les effets en sont encore à present plus sensibles dans plusieurs maisons d'Alger, qui sont ou étayées ou à demi renversées. Il fût si violent que la plûpart des Bastides fûrent ruinées, & toute la Ville auroit eû le même sort, si les maisons qui sont serrées l'une contre l'autre ne s'étoient pas entresoûtenuës. Il causa une allarme generale, ayant duré depuis le commencement de Fevrier jusqu'à la fin de Juin, pendant lequel espace on sentit de tems en tems de grandes & de frequentes secousses Un Turc à ce sujet ayant avancé qu'il y avoit quarante ans qu'on avoit senti un semblable tremblement pendant quarante jours, & que le Peuple ayant fait mourir le Dey, le tremblement cessa aussi-tôt, fût pris & étranglé le 4. Avril.

XI. Premiere Negociation.
Dés que nous fûmes logez, nous commençâmes à négocier pour le rachat des Captifs, & comme j'étois encore trés foible, le P. Comelin eût lui seul tout le fardeau des premieres Negociations qu'il porta avec tant de zele & d'application, que le 25. de Novembre nous en avions déja trente-un. Ce fut la veille de ce jour que M. Dusault reçût une lettre qui nous consterna tous. Mademoiselle de Bourk fille de M. le Comte de Bourk, & de Madame la Comtesse de Bourk fille de M. le Marquis de Varenne Lieutenant General des Armées du Roi, Gouverneur de Bouchain, ci-devant Commandant de Metz, alliée aux premieres Familles de Paris, avoit

avoit envoyé plusieurs lettres, dont la derniere adressée à M. le Consul, fut renduë : elle fut d'abord portée au Dey par un Arabe qui s'en étoit chargé, & le Dey l'envoya à M. Dusault : par cette lettre elle nous apprenoit son triste sort, dont je me trouve obligé de faire l'histoire entiere, aussi bien que de sa délivrance.

XII. Histoire de Madame la Comtesse de Bourk.

Madame la Comtesse de Bourk ayant dessein d'aller trouver M. le Comte de Bourk son mari, Irlandois de nation, Ambassadeur extraordinaire du Roi d'Espagne à la Cour de Suede, & de present à la Cour de Madrid, demanda & obtint un Passeport pour s'y rendre avec toute sa Famille à la reserve d'un de ses fils âgé de trois à quatre ans qu'elle laissa à Madame la Marquise de Varenne sa mere : En passant à Avignon, M. le Marquis de Varenne son frere, Officier de Vaisseau, se joignit à elle, & l'accompagna jusqu'à Monpellier, où on la dissuada de faire son voyage par terre, au travers des Armées de France & d'Espagne, quoique M. le Maréchal de Bervik lui eut

B

offert sa protection pour la faire conduire sûrement jusqu'aux Frontieres d'Espagne, & que M. le Marquis de Bervik son fils, lui eût offert aussi de la faire escorter depuis les Frontieres jusqu'à Girône, où il commandoit les Troupes de S. M. C. La crainte des Armées lui fit écouter ce qu'on lui representoit, que sans s'exposer à tant de perils, ou de frais, le plus court étoit de s'embarquer à Cete, d'où elle pouvoit en vingt-quatre heures se rendre à Barcelonne. Elle prit ce parti d'autant plus aisément, qu'elle avoit déja fait plusieurs voyages sur mer. Ayant fait changer son passeport, elle se rendit à Cete, elle y trouva plusieurs barques françoises, mais comme elles avoient leurs Cargaisons pour d'autres endroits que l'Espagne, elle fût contrainte de naulifer une Tartane Gênoise qu'elle trouva prête à mettre à la voile pour Barcelonne.

Elle s'y embarqua avec son fils âgé de huit ans, sa fille âgée de neuf ans & dix mois, l'Abbé de Bourk, une fille de chambre de Valence en Dauphiné, une Gouvernante pour ses enfans, une jeune fille qu'elle avoit prise par charité chez les Religieuses de Ville-Franche prés Lyon, une quatriéme fille de chambre de Strasbourg, un Maître d'Hôtel, & un Laquais, en tout faisant onze personnes. Elle embarqua ses meubles, où il y avoit entr'autres une riche Argenterie, un Portrait du Roy d'Espagne, enchassé dans une main d'or massif, enrichi de Diamants, une magnifique Chapelle, composée de trois Calices, & d'ornemens des plus riches, six paires d'Habits de Cour, &c. Le tout étoit dans dix-sept ballots, ou Caisses plombées.

La Tartane mit à la voile le 22. Octobre 1719. & le 25. du même mois, à la pointe du jour, un Corsaire d'Alger de quatorze Canons, dont le Capitaine étoit un Renegat Hollandois, parut environ à deux lieuës au large de la Tartane, qui étoit à la hauteur & à la vûë des côtes de Palamos. Le Capitaine Corsaire pour s'en rendre maître, détâcha sa Chaloupe, avec vingt Turcs armez, qui pour faciliter leur abordage, tirerent sept à huit

XIII. Son départ de Cête en Languedoc & sa prise.

coups de fusil sans blesser personne, parce que tout l'équipage s'étoit mis ventre à bas, ou s'étoit caché. Les Turcs monterent sur la Tartane le sabre à la main, dont l'un d'eux donna deux coups à un des Domestiques de Madame de Bourk : Ils fûrent ensuite à la chambre de poupe, où étoit ladite Dame, & y poserent quatre Sentinelles, & conduisirent la Tartane au Vaisseau Corsaire. En chemin faisant, les Turcs pilloient à droit & à gauche, ils trouverent des Jambons qu'ils jetterent à la mer : Ils ne firent pas de même aux Patez qu'ils devorerent jusqu'à l'excés, & jetterent le peu qui resta dans la mer, ils bûrent du vin & de l'eau de vie à proportion qu'ils avoient mangé.

Etant arrivez au Vaisseau Corsaire ils firent passer tout l'équipage Genois qui fut aussi-tôt mis à la chaîne. Le Capitaine Corsaire passa sur la Tartane, & fut à la chambre de Madame de Bourk, lui demanda qui elle étoit, de quelle Nation, d'où elle venoit, & où elle alloit. Elle répondit qu'elle étoit Françoise, & venoit de France pour passer en Espagne: Il lui demanda son passeport qu'elle présenta sans le sortir de ses mains dans la crainte que ces barbares ne le déchirassent, & sur l'assûrance que le Corsaire lui donna qu'il le lui rendroit après l'avoir examiné, elle le lui abandonna, il le lût avec son interprête: il le lui rendit, disant qu'il étoit bon, & qu'elle n'avoit rien à craindre pour elle, sa suite & ses effets. Elle lui representa qu'étant libre par son passeport & par sa naissance, il devroit bien la faire conduire en chaloupe sur les côtes d'Espagne, dont elle étoit si proche: Qu'il devoit cette consideration au passeport de France ; qu'en usant de la sorte, il lui épargneroit beaucoup de fatigues, & à son époux des inquiétudes mortelles, que s'il lui rendoit ce service, elle sçauroit le reconnoître dans l'occasion. Il répliqua qu'étant Renegat, il ne pouvoit en user de la sorte, qu'il y alloit de sa tête, que le Dey d'Alger se persuaderoit aisément que sous pretexte de passeport de France, il auroit rançonné une Famille ennemie de son Etat, & l'auroit remise en terre crétienne : qu'il falloit absolument qu'elle le suivit jusqu'à Alger, que son passeport aussi-bien que sa personne fussent représentées au Dey, & que cela fait, on la remettroit entre les mains du Consul de France, qui la feroit transporter en Espagne par telle voye qu'elle & lui jugeroient à propos : Qu'il lui donnoit l'option ou de passer sur son bord, ou de demeurer sur la Tartane, sur laquelle elle seroit plus libre & plus tranquille que sur son Vaisseau, où il y avoit prés de deux cent Turcs ou Maures avec lesquels il ne lui convenoit pas de se commettre, ni toutes les filles qui l'accompagnoient. M¹ de Bourk accepta de demeurer sur la Tartane, & le Capitaine y mit seulement sept Turcs ou Maures pour faire la petite manœuvre, & l'attacha à son Vaisseau pour la remorquer, aprés en avoir enlevé la Chaloupe & trois ancres avec toutes les provisions, à la reserve de celles de Madame de Bourk, & en cet état le Corsaire prit la route d'Alger : elle lui fit present de sa Montre, elle en donna aussi une au Commandant Turc de la

Tartane, avec quatre Loüis d'or.

XIV. Furieuse Tempête.

Le 28. 29. & 30. il y eût une furieuse Tempête, pendant laquelle le cable de remorque fut cassé & la Tartane separée du Vaisseau. Le Commandant & les autres Turcs fort ignorans en fait de navigation (car le Corsaire n'y avoit pas mis ses meilleurs Mariniers) & qui d'ailleurs manquoient de Boussole, aïant été brisée dans la fureur de l'abordage, s'abandonnerent au gré des vents & de la mer ; la Tartane fut poussée neanmoins heureusement sur la côte de Barbarie, le premier de Novembre, dans un Golfe appellé Colo au Levant de Gigery : On y jetta l'Ancre, & le Commandant de la Tartane, qui ne connoissoit pas la terre, envoïa deux Maures à la nage, pour s'informer des habitans du païs en quel lieu ils étoient.

Les Maures voisins, qui avoient apperçû cette Tartane, s'étoient rendus en grand nombre sur le rivage, pour s'opposer à la descente, supposant que ce fût un Vaisseau crétien qui venoit pour les enlever ou leurs Bestiaux : mais ils furent

détrompez par ces Maures, qui leur dirent que c'étoit une prise faite sur les Chrétiens, & qu'il y avoit dedans une grande Princesse de France que l'on conduisoit à Alger. L'un des deux Maures étant demeuré à terre, l'autre revint à la nage rendre raison de sa commission, apprenant au Patron de la Tartane quelle étoit cette Côte, où il avoit moüillé, & la distance d'Alger, prés de laquelle ville ils devoient avoir passé, eû égard au vent qui avoit regné depuis quelques jours. Sur cet avis le Commandant impatient de s'y rendre & d'y rejoindre son Corsaire, ne se donnant pas la patience de lever l'Ancre, coupa le cable & mit à la voile sans Ancre, sans Chaloupe & sans Boussole. Il n'étoit pas à demie lieüe du Golfe qu'il paya cher son imprudence; il y trouva un vent contraire dont il ne pût se rendre maître & qui le repoussoit sur la côte; il voulut se servir de ses rames, mais la foiblesse de l'Equipage les rendoit inutiles, & malgré ses efforts la Tartane donna contre un Rocher & se brisa : toute la
Poupe

Poupe fut aussi-tôt submergée, & Madame de Bourk qui étoit en prieres dans la chambre avec son Fils & ses filles de chambre furent noyées. Ceux qui se trouverent du côté de la Proüe, entre lesquels étoient M. l'Abbé de Bourk, le Sieur Arture Irlandois, le Maître d'Hôtel, une des filles de chambre & le Laquais s'accrocherent au débris qui étoit sur le Rocher. Le Sr Arture, aïant apperçû quelque chose dans l'eau, qui se débattoit contre les flots, descendit, il trouva que c'étoit Mademoiselle de Bourk, qu'il retira, & la mit entre les mains du Maître d'Hôtel, lui recommandant d'en avoir soin, ajoûtant que pour lui il s'alloit jetter à la mer, parce qu'il étoit le seul qui sçut nager ; heureux, s'il ne s'étoit pas fié sur son adresse ! car depuis ce moment il ne parut plus. M. l'Abbé descendit le premier du débris de la Tartane sur le Rocher, où elle s'étoit brisée ; il s'y soûtint quelque tems avec son coûteau qu'il avoit enfoncé de force dans la fente du Rocher contre les vagues, dont il fut plusieurs

XV. Naufrage de Madame la Comtesse de Bourk, & la captivité de Mademoiselle sa Fille.

C

fois couvert, & qui le poufferent du côté d'une Roche feche, d'où pour gagner le rivage, il y avoit encore un petit bras de mer à paffer; il voulut fe faifir d'une planche du débris qu'il trouva fous fes mains, mais qui lui échappa, enfin il fe fervit d'une rame avec laquelle il gagna un Rocher qui tenoit à terre ferme.

XVI. Inhumanité des Maures.

Les Maures qui étoient fur le rivage le faifirent, le dépoüillerent, lui couperent fes habits jufqu'à fa chemife & le maltraiterent encore; Les autres Maures à l'envi, en grand nombre fe jetterent à la mer, s'attendant de trouver un riche butin: Le Maître d'Hôtel, qui tenoit entre fes bras Mademoifelle de Bourk, fit figne à deux de ces Barbares, qui vinrent à lui, & quand ils furent à quatre pas, il la leur jetta de toute fa force; ils la reçûrent & la prenant l'un par la main & l'autre par un pied, ils la conduifirent au rivage, où ils lui ôterent feulement un foulier & un bas pour gage de fa fervitude. Ce Maître d'Hôtel, de qui j'ai appris toutes les circonftances de ce tragique évenement, m'a raconté, que pendant qu'il la tenoit encore entre ses bras, voïant venir ces Barbares, elle lui dit d'un air au dessus de son âge " je ne crains " pas que ces gens-là me tuent, " mais j'apprehende qu'ils ne me " fassent changer de Religion, ce- " pendant je souffrirai plûtôt la " mort que de manquer à ce que " j'ay promis à Dieu. Il la confirma dans ce genereux sentiment, l'assûrant qu'il étoit dans la même résolution, à quoi elle l'exhorta d'une maniere fort pressante.

La Fille de chambre & le Domestique chacun de leur côté se jetterent à la mer, où les Maures les prirent & leur firent passer les bras de mer, & les conduisirent jusqu'au rivage où ils furent entierement dépoüillez. Le Maître d'Hôtel s'étant jetté le dernier au gré des flots & se servant d'une corde pour gagner de rocher en rocher, fut joint par un Maure, qui le dépoüilla aussi avant que de le mettre sur le rivage.

Ce fut en ce pitoïable & honteux état qu'ils furent conduits d'abord jusqu'aux cabanes de la premiere montagne ; on les pressoit de marcher à force de coups par des chemins âpres & raboteux, qui mirent leurs pieds tout en sang, sur tout la Fille de chambre étoit à plaindre, qui s'étant fait plusieurs plaïes en passant sur les rochers, étoit presque couverte de son sang ; ils étoient avec cela chargez chacun d'un paquet de hardes moüillées, & portoient tour à tour la Demoiselle : Arrivez à demi-morts à la montagne, ils furent reçûs parmi les huées des Maures & les cris des enfans, & comme il y a beaucoup de chiens en ce Païs-là, excitez par ce tumulte, ils y joignirent leurs aboyemens ; l'un d'eux d'un coup de gueule fit plusieurs trous à la jambe du Laquais, & un autre emporta un morceau de la cuisse de la Fille de chambre.

On les partagea : La Fille de chambre & le Laquais furent livrez à un Barbare, & la Providence permit que Mademoiselle de Bourk demeura avec l'Abbé & le Maître d'Hôtel sous un même maître. Il leur donna d'abord à chaeun une mechante Capote remplie de vermine ; & aprés tant de fatigues, on leur donna pour toute nourriture un fort petit morceau de pain de farrazin, pétri fans levain & cuit fous la cendre, avec un peu d'eau, & pour leur repos ils eurent la plate terre. Le Maître d'Hôtel voïant la Demoifelle toute morfonduë par fes habits penetrez d'eau, obtint avec peine qu' on alluma un peu de feu, devant lequel il preffa toutes fes hardes l'une aprés l'autre, & la revêtit de fes habits à demi-fecs, ne pouvant pas demeurer nuë plus longtems ; ce fut en cet état qu'elle paffa la premiere nuit avec beaucoup d'incommoditez & de fraïeurs.

Il y avoit dans ce lieu environ 50. Habitans, tous logez dans cinq ou fix cabanes faites de branches d'Arbres & de Rozeaux, dans lefquelles ils demeurent hommes, femmes, enfans & beftiaux de toute efpece. Ces Barbares s'affemblerent dans celle où étoient les trois Captifs, & tinrent confeil fur leur fort : Les uns par un principe de leur fauffe Religion concluoient à

XVI. Habitation des Maures des Montagnes, leur indépendance & leur cenfaceté la mort, afin de s'aſſûrer le Paradis de Mahomet par ce Sacrifice de Crêtiens ; les autres par un principe d'intereſt & par l'eſperance d'une groſſe rançon fûrent d'un avis contraire : ainſi toute l'aſſemblée ſe ſepara ſans rien conclure. Le jour ſuivant aïant appellé les habitans des Adoüars voiſins, ils revinrent en plus grand nombre, leur faiſant force menaces : ils leur montroient du feu, leur faiſant entendre qu'ils les alloient brûler tous vifs ; d'autres tirant leurs Sabres faiſoient contenance de leur trancher la tête. Un d'entr'eux prit Mademoiſelle de Bourk par les cheveux & lui appliqua le trenchant de ſon Sabre ſur le cou ; d'autres chargeoient leurs fuſils à balle en leur preſence & les couchoient en joüe. Le Maître d'Hôtel leur fit comprendre par ſignes qu'ils tenoient à grand bonheur de mourir pour la Religion, & que toute la perte tomberoit ſur eux-mêmes, ſe privant de la rançon qu'ils pouvoient eſperer de leur priſe. Les plus ardens ſe radoucirent un peu ; mais les enfans & les femmes redoubloient leurs inſultes à chaque moment. On les gardoit avec tant d'exactitude, qu'un Maure la hallebarde en main les accompagnoit jusqu'aux necessitez, de peur qu'ils ne se sauvassent, ou que leur proye ne leur fut enlevée de force. Ils en furent en effet menacez quelques jours aprés par le Bey de Constantine, qui leur manda de les lui envoïer, s'ils ne vouloient pas qu'il allât lui-même avec son Camp les leur arracher. A quoi les Maures répondirent, qu'ils ne le craignoient ni lui ni son Camp, quand il seroit joint à celui d'Alger. Ces Maures ne reconnoissent pas la puissance d'Alger, quoiqu'enclavez dans le Royaume & naturellement du nombre des sujets. Ils vivent dans l'indépendance, sous le nom de Cabaïls, qui veut dire gens de cabale, ou revoltez; & les montagnes de Coucou leur servent de remparts inaccessibles à toutes les forces d'Alger. Tel étoit l'état de ces pauvres Victimes, accablées de fatigues, sans aucun repos, pressées de la faim, sans nourriture, & sans secours humain, entre les mains des Barbares, si animez contre-eux, que quand ils leur parloient, le feu leur fortoit des yeux, & qu'on n'y diftinguoit plus le blanc fi fenfible dans les Noirs & les Maures. la Fille de chambre & l'autre Domeftique, qui dans le même village n'effuyoient pas de moindres épreuves, étoient encore privez de la confolation de revoir leur maîtreffe ou d'en apprendre des nouvelles.

Tous ces maux terribles accumulez les uns fur les autres, fans autre confolation que celle qu'ils tiroient de leur Religion, ne furent encore rien auprés de l'affreux fpectacle qui fe prefenta à leurs yeux. Les Maures ne fe contentans pas d'avoir en leur poffeffion ces cinq Crêtiens, ils voulurent encore profiter des effets que la mer avoit engloutis, & qu'ils croyoient être confiderables. Comme ils font auffi habiles plongeurs dans les eaux, qu'ils font bons coureurs fur les montagnes, ils eurent bientôt tiré du fond de la mer les ballots & caiffes, ainfi que les corps morts : Ils avoient amené avec eux le Maître d'Hôtel & le domeftique, pour leur aider à tranfporter dans la montagne ce qu'ils pourroient repêcher. Aprés avoir tiré les corps fur le rivage, ils les dépoüillerent tous nuds pour profiter des habits, & couperent avec des cailloux les doigts de Madame de Bourk pour avoir ſes bagues, craignans de profaner leurs coûteaux, s'ils les appliquoient ſur les corps des Crêtiens.

Quel ſpectacle de voir des corps de perſonnes ſi cheres, ainſi expoſez à l'injure du tems, à la pâture des bêtes, & ce qui leur étoit mille fois plus ſenſibe, aux inſultes des Maures, qui leur jettoient des pierres à l'envi, prenant plaiſir à faire reſonner à chaque coup ces corps enflez par l'eau. Le Maître d'Hôtel voulut leur repreſenter, comme il put dans ſa conſternation, qu'ils violoient toute humanité, qu'ils devoient du moins ſouffrir qu'on les enterrât, mais ils répondirent qu'ils n'enterroient pas les Chiens. Un Maure qui avoit chargé le Laquais d'un ballot, le voulut faire paſſer auprés de ces corps, qui étoit ſon plus court chemin, mais il ne pût jamais l'y contraindre, & ce

XVIII.
Leur indignité inoüïe.

Domestique penetré d'horreur, aima mieux monter un rocher escarpé, que de voir de prés de si tristes objets.

Le Maître d'Hôtel tout consterné, de retour à la montagne, n'osa faire part de son chagrin à Mademoiselle de Bourk, & lui cacha l'affreux spectacle dont il avoit été témoin.

Cependant les Maures partageoient le butin, les plus riches Étoffes fûrent coupées par morceaux, & distribuées aux Enfans, pour en orner leurs têtes, l'Argenterie fût venduë à l'enchere, & les trois Calices, dont un seul valoit au moins 400. livres, fûrent donnez pour moins de *cinq livres* les trois, parce qu'ayant été ternis par l'eau de la mer, leur couleur & leur figure inconnuë, les leur firent estimer comme des vaisseaux de cuivre, & de peu d'importance. Pour les livres qu'ils trouverent, les regardans comme meubles inutiles, ils en abandonnerent aisément quelques-uns au Maître d'Hôtel & au Laquais, qu'ils avoient forcé de leur aider à transporter leurs ballots : le Maître d'Hôtel retira aussi son Ecritoire, qui lui servit fort à propos, comme on le verra dans la suite.

Dans les trois semaines qu'ils demeurerent en ce lieu, Mademoiselle de Bourk profitant de l'Ecritoire, & d'un peu de papier blanc qui se trouvoit au commencement & à la fin des livres que le Maître d'Hôtel avoit apportés, écrivit trois Lettres au Consul de France à Alger, mais elles ne fûrent point renduës. Au bout de ce tems, ils fûrent transferez au milieu des hautes montagnes de Coucou, où apparemment le Commandant Chek de ces Revoltez faisoit sa residence. Douze de ces barbares, armez de sabres, de fusils & de hallebardes, les conduisoient, & obligeoient l'Abbé & le Maître d'Hôtel de porter tour à tour la Demoiselle au travers des montagnes fort âpres; & ces Maures accoûtumez à franchir ces lieux avec vitesse, les pressoient malgré leurs fatigues, à force de bourades, de marcher plus vîte qu'ils ne pouvoient. Ils firent ainsi une grande journée, à la fin de laquelle on leur donna à chacun un morceau de

XIX. Mademoiselle de Bourg écrit plusieurs lettres au Consul d'Alger, qui ne sont point renduës.

pain, avec le soulagement de coucher sur des planches pour la premiere fois.

XX. Conseil des Maures au sujet des esclaves.

Le Chek avec les principaux de ces Maures, tinrent un grand Conseil au sujet des Captifs, où ne s'étant pû accorder sur le partage qu'ils vouloient en faire, la resolution fut de les renvoyer d'où ils venoient. Avant que de partir, le Maître d'Hôtel ayant tiré un peu de paille de quelques bestiaux qui étoient prés de là, pour la mettre sous la Demoiselle, le Patron de la Cabane en fut si indigné, qu'il prit une hâche, lui fit mettre la tête sur un billot, & alloit la lui couper, si un Maure ne fut survenu, qui l'en empêcha. Trois ou quatre fois par jour, suivant leur humeur barbare, ils venoient les prendre à la gorge, aprés avoir fermé la porte de leur Cabane, de peur d'en être empêchez, & le sabre à la main, ils se mettoient en état de les tuer, mais une main invisible arrêtoit leur bras & réprimoit leur fureur. Comme on les retenoit toûjours malgré la resolution qu'on avoit prise de les renvoyer à leur premier maître, celui-cy accompagné d'un Turc de Bougie vint pour les enlever, mais seize Maures des montagnes armez, les contraignirent de les abandonner: Ce barbare ne pouvant retenir sa proye, se saisit de la Demoiselle, & tira son sabre pour lui couper la tête, mais le Turc par ses remontrances l'en empêcha. Ceux qui les remenoient, souvent emportez par le faux zele de leur Religion, ou par leur humeur sanguinaire, se mirent en état de les immoler. Ils tirerent entr'autres, une fois l'Abbé & le Maître d'Hôtel derriere un gros buisson, pour y faire ce sacrifice à leur Prophete, mais ces pauvres victimes échaperent encore à ce peril.

Arrivez qu'ils furent, le soir on leur donna des feüilles de navets crus à manger sans pain afin de soulager leurs fatigues, ce qui leur est plusieurs fois arrivé. Cependant l'amitié que les enfans conçûrent peu à peu pour la petite Demoiselle, lui procuroit la douceur d'un peu de lait qu'on lui donnoit avec son pain. Tel est le genie des Maures d'accorder en consideration de leur fils ce qu'on leur demande en leur nom, ou ce qu'il leur demande lui-même. Ainsi le compliment ordinaire, quand on veut obtenir quelques graces, est de dire, accorde-moi ceci par la face de ton fils.

XXI. Quatriéme Lettre de Mademoiselle de Bourg renduë au Consul d'Alger.

Enfin une quatriéme Lettre que Mademoiselle de Bourk écrivoit à M. le Consul, la seule qui fut renduë, arriva le 24. Novembre à Alger: Le Dey, comme j'ay dit, l'envoïa à M. Dufault qui nous en fit la lecture ; elle y décrivoit simplement, mais d'un air touchant, qu'après le naufrage de sa mere, elle étoit reduite elle & sa suite dans une captivité des plus affreuses ; qu'ils y mouroient de faim : qu'ils y enduroient tous les mauvais traitemens qu'on peut attendre des ennemis de la Religion & de toute humanité ; qu'ils étoient rongez de vermine : elle le prioit instamment d'avoir compassion de leur misere, & de leur envoïer quelque secours, en attendant qu'il pût leur procurer la liberté, dont les menaces continuelles des Barbares leur faisoient perdre l'esperance. La lecture de cette Lettre nous toucha tous sensiblement. Nous offrîmes nôtre Argent & nos services à M. Dusault, qui n'avoit pas besoin d'être pressé sur ce sujet, parce qu'il connoissoit parfaitement sa famille. Il donna aussi-tôt ses ordres pour appareiller une Tartane françoise, qui étoit dans le port ; fit acheter des habits avec des provisions, & obtint du Dey une Lettre de recommandation pour le grand Marabout de Bougie, qui a le plus d'autorité sur ces Peuples ; il écrivit aussi à la Demoiselle, lui envoïant quelques presens. Dés le soir du même jour la Tartane mit à la voile, & en peu de tems arriva à Bougie.

Là le Truchement de la Nation, envoïé par M. Dusault dans la Tartane, presenta les Lettres du Dey d'Alger & de M. Dusault au grand Marabout * : il étoit malade, cependant il se leva aussi-tôt, monta à cheval avec le Marabout de Gigery, le Truchement & six ou sept autres Maures, & prit la route des montagnes, qui étoient à cinq ou six journées de Bougie. A leur ar-

XXII. Délivrance de Mademoiselle de Bourg.

* C'est le grand Prestre.

rivée, les Maures qui détenoient nos Captifs, aïant apperçû la troupe de loin, s'enfermerent dans leur Cabane au nombre de dix ou douze tous le Sabre à la main: les Marabouts frapperent rudement à la porte & demanderent où étoient les Crêtiens; on leur répondit qu'ils étoient à l'autre extremité du village, mais un Maure qui étoit dehors leur fit signe qu'ils étoient dans la Cabane. Aussi-tôt la troupe mit pied à terre & se fit ouvrir la porte: les maures prirent la fuite & les Marabouts entrerent. A ce coup, nos Esclaves crurent que l'heure de leur sacrifice étoit arrivée; mais ils furent calmez par le grand Marabout, qui s'approchant de Mademoiselle de Bourk, lui remit les Lettres de M. Dusault & de M. le Consul, & lui donna du pain & des noix de sa provision: car quand on voyage en Afrique, il faut porter dequoi vivre. Il passa la nuit dans la Cabane avec toute sa suite, & dés le matin il envoïa chercher les Maures par leurs enfans; étant venus selon ses ordres, ils lui baiserent tous la main selon leur coûtume: car les

Maures

Maures ont un profond respect pour leurs Marabouts ; ils les craignent plusque toute autre puissance ; leur malediction leur est plus redoutable que toutes les menaces d'Alger. C'est au nom du Marabout & non pas au nom de Dieu que les pauvres demandent l'aumône. Il fit appeller le Commandant des montagnes & les Chefs des Cabanes de l'Adoüard ; il leur déclara que le sujet de sa venuë étoit pour reclamer cinq François échapez du naufrage ; que la France étant en paix avec tout le Roïaume d'Alger, ils ne devoient pas retenir contre la foy des Traitez ces François déja assez malheureux d'avoir perdu leur famille & leurs biens, sans perdre encore leur liberté & la vie ; que quoique les Maures ne soient pas soûmis à l'autorité d'Ager, ils ne laissent pas de joüir des avantages de la paix avec la France : Qu'ils commettroient enfin une grande injustice s'ils ne les relâchoient pas, aïant assez profitez de leurs riches dépoüilles. Les Maures se deffendoient du mieux qu'ils pouvoient par de mauvaises rai-

D

fons. Nos Esclaves à ces contestations perdoient peu à peu la joïe qu'ils venoient de concevoir, se voïant à la veille d'être renvoyez. L'inquiétude succeda au moment de leur consolation ; mais leur consternation fut entiere, quand l'Interprête leur dit que les Maures pressez par l'autorité & les raisons du Marabout, consentoient à la liberté des quatre Domestiques, mais que le Chek ou Commandant vouloit absolument retenir la Demoiselle, disant qu'il la destinoit pour Epouse à son Fils âgé de quatorze ans, qu'il n'étoit pas indigne d'elle, & que quand elle seroit fille du Roy de France, son fils la valloit bien étant né du Roy des montagnes. Ils trouverent ce nouvel incident plus fâcheux que tous les autres ; & leur captivité leur parut moins dure que la necessité qui les contraignoit de laisser leur maîtresse si jeune & sans aucun appuy en de telles mains.

Telle étoit leur triste situation ; telles les allarmes de Mademoiselle de Bourk, tant que le Chek se rendit inflexible : mais enfin le Marabout après l'avoir tiré à quartier, lui mit quelques Sultanins d'Or dans la main, avec assûrance d'une plus grande quantité, & le rendit ainsi plus traitable. On convint du rachat de tous pour 900. Piastres payables incessamment, & le Marabout ayant laissé en ôtage un Turc & plusieurs Joyaux de ses femmes, enleva tous les cinq Esclaves.

Ils prirent la route de Bougie, dans laquelle ils logeoient avec leur suite dans les Cabanes des Maures quand ils en poûvoient trouver. Ils logerent entr'autres chez une vieille Mauresse, tout à fait indignée de ce que les barbares n'avoient pas fait mourir ces Crêtiens, disant qu'ils étoient des fous de n'avoir pas fait ce Sacrifice à Mahomet, pouvant à ce prix obtenir son Paradis : elle ajoûta, toûjours en fureur, que si une pareille avanture étoit arrivée dans son Adoüard, & que ces Crêtiens eussent été en sa disposition, ils n'auroient pas échapés, & que quand son mari n'auroit pas voulu les tuer, elle les auroit égorgez de ses propres mains. Pendans cet emportement, la vieille

D ij

préparoit le Couscouſſou pour régaler les Marabouts, mais d'une maniere ſi mal-propre, qu'il ſuffiſoit de la regarder faire, pour prévenir la faim la plus preſſante, & dégoûter les moins dédaigneux.

XXIII. Arrivée de Mademoiſelle de Bourg à Alger.

Arrivez qu'ils furent à Bougie le 9. Decembre, on leur donna des chemiſes ſous leurs Capotes, parce que les Habits qu'on leur avoit achetez & envoyez, ſervirent à faire des preſens pour faciliter leur liberté. On les embarqua le 10. au ſoir ſur la Tartane, qui arriva à Alger le 13. à la pointe du jour. Le Capitaine du Vaiſſeau de M. Duſault ayant fait tirer un coup de Canon, auquel la Tartane répondit par quatre coups de pierriers, annonça par ce ſignal leur arrivée, qu'on attendoit avec impatience & inquiétude. On envoya la Chaloupe du Vaiſſeau pour les mettre à terre. M. le Conſul, & les principaux de la Nation furent au devant pour les accompagner depuis le Port juſqu'à l'Hôtel de l'Ambaſſadeur, qui ſe trouva remplie de beaucoup de monde, de Crétiens, de Turcs, & même de Juifs. M. l'Ambaſſadeur reçut la Demoiselle à l'entrée de la Cour, & la prenant par la main, il la conduisit d'abord à sa Chapelle, où elle entendit la Messe, à la fin de laquelle nous chantâmes le *Te Deum* en action de graces de cet heureux affranchissement.

On avoit peine à retenir ses larmes, & les Turcs même & les Juifs en paroissoient touchez : En effet cette Demoiselle qui n'avoit pas encore dix ans, après avoir passé par toutes les allarmes & les miseres que nous avons dit, avoit encore un certain air de noblesse, & d'une heureuse éducation. Elle marquoit une ame constante dont elle a donné tant de preuves dans son infortune : Ses Serviteurs me dirent qu'elle étoit la premiere à les encourager ; qu'elle les exhortoit souvent à recevoir plûtôt la mort que de manquer de fidelité à Dieu : Que semblable au jeune Tobie dans sa captivité, elle leur donnoit des leçons de Salut & abhorroit comme lui non-seulement les abominations des Infideles, mais jusques aux moindres choses qui pouvoient sentir la superstition. On tenta plu-

XXIV. Pieté & courage de Mademoiselle de Bourg.

fieurs fois de lui oindre la tête avec de l'huile selon la coûtume des Maures qui le font souvent à leurs enfans; mais quelque violence qu'on lui fit elle ne le voulut jamais souffrir dans la crainte qu'elle avoit que ce ne fut quelque pratique de la Loi de Mahomet. Aprés qu'on se fut rafraîchi, on ne pensa plus qu'à satisfaire aux engagemens que l'on avoit contractez pour sa liberté : Nous tirâmes avec plaisir de nos Caisses les 900. piastres qu'on envoya à l'instant chez les Juifs afin de les blanchir suivant le goût des Maures des montagnes. M. Dusault y joignit des presens pour le grand Marabout, & les autres Officiers qui lui avoient rendu un si bon office : Il en chargea le Maure même qui étoit venu de la part du Marabout, & n'attendoit que l'occasion de retourner à Bougie.

On voit par le détail de cette Histoire dans quel pitoyable état sont reduits, & à quels perils sont exposez ceux qui ont le malheur de tomber entre les mains des Maures de la Campagne ; ce qui n'arrive que trop souvent, soit par les

Naufrages qui font assez frequens sur ces côtes remplies d'écueils & où les tempêtes sont furieuses, soit par l'imprudence ou le desespoir des Esclaves d'Alger ou de Tunis, qui ennuïez de leur servitude, tentent à recouvrer leur liberté par la fuite : S'ils fuyent par terre, ils ne manquent pas d'être pris ; & s'ils cherchent à évader par mer, c'est souvent à la faveur de quelque méchant Esquif qu'ils trouvent à l'écart abandonné auquel ils aiment mieux encore se confier, qu'à la fureur de leurs maîtres barbares, & qui ne manque pas d'échoüer dans des lieux où ils sont bientôt repris par les Maures qui gardent exactement les côtes, & sont dans une attention continuelle, ou pour se garentir de quelque surprise, ou pour profiter du débris des naufrages : Quelque fois même ces Barbares viennent de nuit surprendre quelques-unes des maisons d'autour des Villes où il y a toûjours des Esclaves pour les cultiver & qui les enlevent aussi-bien que les Turcs qui ont le malheur de s'y trouver ; car ils ne les épargnent pas plus que les Crêtiens. En 1707. on en vit une preuve : un Dey d'Alger venoit d'être déposé ; on l'avoit embarqué avec son neveu pour l'envoyer en éxil, mais un mauvais tems ayant empêché le Vaisseau de doubler le Cap de Matifou à trois lieuës d'Alger, lui & son monde furent obligez de mettre pied à terre prés du Château du même nom. Là 400. Cabaïls ou Maures des montagnes, tous armez, vinrent fondre sur eux & les emmenerent à Coucou malgré la garnison du Château qui voulut s'y opposer, & firent perdre la vie au Dey, retenant le reste en captivité.

XXV. Estat des Esclaves Crêtiens à Alger

Pour les Esclaves d'Alger ils ne sont pas si malheureux : La Politique de ceux qui sont en dignité ; l'interest des Particuliers, & l'humeur un peu plus sociable de ceux qui demeurent dans les Villes, rend leur sort moins rigoureux du moins pour la plûpart ; mais ils sont toûjours Esclaves, toûjours haïs à cause de la Religion, toûjours accablez de travaux, & toûjours en peril de renier la foi, ou par débauche s'ils ont un peu de liberté,

ce

ce qui n'est que trop frequent, ou par désespoir s'ils se trouvent trop maltraitez.

Les Captifs dans Alger sont de deux sortes : Les uns sont au Belic ou Republique ; les autres sont en la puissance des Particuliers : car sitôt qu'un Corsaire a fait quelque prise, & que par une question de coups de bâton, triste prélude de leur captivité, il a forcé les Crêtiens captifs d'accuser leurs qualitez & leurs moyens, ou ceux des autres, il revient au port, & dés le lendemain de son arrivée, il mene les Esclaves à la maison du Dey, où les Consuls se trouvent ordinairement. On y examine rigoureusement s'ils sont passagers ou à salaire, car s'ils sont à salaire & pris dans un Vaisseau ennemi, on les retient en captivité ; mais s'ils sont Passagers, les Consuls les reclament, & pour l'ordinaire ils sont rendus, aprés quoi le partage se fait. Le Dey les ayant tous fait arranger, en prend de huit, un à son choix, c'est-à-dire, ce qu'il y a de meilleur : Sçavoir, les Capitaines, les Charpentiers & les Ecrivains qu'il

E

envoye au Belic. Il prend auſſi de ſon autorité les perſonnes qui ſont de grande conſequence, ſans préjudice de ſon huitiéme, il abandonne les autres aux Armateurs & à la Taiffe, qui les partagent moitié par moitié, & les menent au Baptiſtan ou Marché, où ſe fait la premiere vente : là ſe trouvent des Revendeurs, qui les promenent par les ruës, en publiant la qualité, la profeſſion ou métier de chacun, & le dernier prix qu'on en a dit, juſqu'à ce que perſonne n'augmente plus, & cette appréciation ne ſe monte jamais fort haut, parce que la derniere vente ſe fait en la maiſon & en la préſence du Dey ; là ſe rendent tous ceux qui ont envie d'en acheter, & étant remis de nouveau à l'enchere les uns aprés les autres, ils ſont livrez au plus offrant & dernier encheriſſeur, qui les emmene & en diſpoſe à ſa volonté. Le prix de la premiere appréciation appartient moitié par moitié aux Armateurs & à la Taiffe ; & ce qu'on a encheri pardeſſus à la ſeconde vente appartient entierement à la Republique, & ce profit est considerable, & passe souvent le prix de la premiere, parce que les Encherisseurs sçachant qu'on ne les delivre qu'à celle-ci, ne poussent pas l'enchere bien haut.

XXVI. Esclaves du Belic, ou Republique.

Les Esclaves du Belic portent tous à present l'anneau au pied & sont d stribuez en trois bagnes ou prisons dans lesquelles on les enferme tous les soirs aprés les avoir appellez tous chacun par leur nom; & les avoir exactement comptez : Le jour ils sont employez aux differens besoins & services de la Republique, comme aux Camps, dont ils portent les bagages & essuyent les plus grands travaux, aux plus vils services de la maison du Dey, aux ouvrages publics qui consistent principalement à démolir des murailles, couper des Rochers, traîner des Charettes chargées de materiaux pour bâtir. J'en ai vû qui avec ces travaux étoient encore chargez de grosses chaînes. Le Dey en envoye quelque fois en Mer, & en ce cas il leur laisse la troisiéme partie de leur part du butin & prend le reste pour lui. Enfin d'autres Esclaves du Belic s'employent

E ij

aux Tavernes, quand ils ont affez d'argent pour en acheter *quelqu'une, ou qu'ils peuvent en emprunter des Juifs, qui ne leur prêtent qu'à 3. ou 4. pour cent par chaque Lune, ce qui va quafi à 50. pour cent par an, fans parler des gros droits qu'ils payent au Dey tous les ans, à proportion du vin qu'ils vendent : il faut encore qu'ils entretiennent de leur gain deux ou trois Serviteurs, qui gagnent ordinairement une Piaftre par Lune. Ils font auffi chargez de l'entretien des Chapelles qui fe trouvent dans chaque Bagne, & ne peuvent fe difpenfer de donner par charité à manger à beaucoup de Pauvres Crêtiens Efclaves, qui ne trouvent pas de foulagement ailleurs. Ils ne peuvent pourtant en rien paffer le prix marqué au vin, qui eft le même pour tous, fans que ceux qui ont le meilleur aïent d'autre Privilege qu'un plus grand débit. Cependant il s'en eft trouvé qui ont amaffé en trois ou quatre années de bon menage, to it l'argent neceffaire pour payer tous ces frais, pour rembourfer leurs emprunts, qui se montent souvent jusqu'à sept & huit cent Piastres, & payer par-dessus leur rachat, qui va encore plus haut. Mais cette œconomie est bien rare, & la liberté qu'on leur donne d'aller & de venir librement hors & dedans la ville pendant le jour, avec la table toûjours mise chez eux, leur inspire bientôt une habitude de libertinage, qui nous les fait regarder comme les plus à plaindre, la corruption des mœurs étant souvent suivie du naufrage dans la Foy. Les Tavernes ne sont autre chose que des Caves & Magazins, qui n'ont du jour que par la porte: il y en a de plus ou de moins grandes, mais toutes trés-mal propres; ils y mettent leur vin, leurs lits & deux ou trois tables. Là les Turcs, les Maures, aussi-bien que les Crétiens vont boire ensemble, malgré la défense de leur Loy; & le Tavernier, quoiqu'Esclave soutenu par le Gardien & le Dey même, à qui il paye de gros droits, a le pouvoir de dépoüiller jusqu'aux Turcs lors qu'ils refusent de payer.

On donne aux Esclaves du Belic chacun trois petits pains par jour : On laisse ou à leur industrie, s'ils sçavent quelque métier, ou aux charitez des Chrétiens libres à supléer le reste. Ils travaillent tous dans la grande chaleur du jour, commençant la journée de grand matin, & continuant leur travail sans interruption jusqu'à deux ou trois heures avant le Soleil couché, & ainsi ils éprouvent toute l'ardeur de ce brûlant climat.

Leur travail ne cesse que le Vendredy, auquel jour ils sont libres de se reposer ou de travailler pour eux.

XXVII.
Esclaves des Particuliers.

Les Captifs des Particuliers sont plus ou moins malheureux, selon l'humeur des Patrons qui les achetent, & qui les employent à leurs services personnels, soit dans leurs maisons, soit dans leurs métairies, ou dans leurs boutiques. Souvent le bon ou le mauvais naturel de l'Esclave lui attire un traitement plus doux ou plus rude. Il s'en est trouvé quelques-uns aussi heureux que leurs Patrons, à la liberté prés, couchant dans la même chambre & mangeant à la même table. Les autrès generalement parlant sont mal nourris, chargez de continuelles injures ; frappez impitoyablement ; exposez à toutes sortes de cruautez ; sur tout ceux qu'on soupçonne pouvoir de leur propre bien donner une grosse rançon, sont les plus maltraitez. Ils sont recherchez par les Tagarins, qui sont des Maures venus d'Espagne, qui les achetent uniquement pour en profiter. Ces durs & interessez Patrons les font travailler au-dessus de leurs forces ; rançonnent tout ce qu'on leur peut faire de charitez, & les harcellent continuellement pour les contraindre à se racheter eux-mêmes à grand prix. Ce qu'il y a de plus fâcheux est que ce sont ordinairement les plus honnêtes gens qu'on voit reduits en cet état.

Les Esclaves Prêtres ou Religieux sont moins maltraitez que les autres, par la charité du Pere Administrateur de l'Hôpital, Religieux de nôtre Ordre, qui se charge pour la plûpart de payer à leurs Patrons ce qu'ils pourroient esperer de leur travail : les Marchands françois leur procurent en-

XXVIII. Prêtres ou Religieux Esclaves.

core quelque petit adouciſſement, mais auſſi ils ſont les premiers expoſez aux fureurs d'une barbare Populace, émuë au premier bruit qui court ſouvent du peu d'égard qu'on a pour les Maures chez les Crêtiens : En voici un exemple.

XXIX. Prétexte d'avanie faite aux Crêtiens.

Le 25. May 1706. une Barque Françoiſe partie de Marſeille, avoit pris quelques Turcs de paſſage, venus depuis peu de Gênes : ces Turcs remirent au Dey des Lettres de quelques-uns de leur Nation, qui étoient détenus dans les Galeres de Gênes, où ils ſe plaignoient de la rigueur des Gênois pour les forcer à ſe faire Crêtiens, juſqu'à leur refuſer de l'eau dans l'ardeur de leur fiévre, s'ils ne recevoient auparavant l'eau du Batême, & qu'aprés leur mort, on leur lioit une corde au cou, & qu'on les abandonnoit aux enfans qui les traînoient ignominieuſement par les ruës juſques hors la Ville, où ils les expoſoient à la Voirie ; les porteurs de ces nouvelles les confirmerent par ſerment. A cette lecture, le Dey jetta un grand cry, & verſa des larmes. Il les fit lire en plein Divan, & pour donner des preuves de son zele, malgré les meilleurs têtes de son Conseil, qui désaprouvoient sa trop grande crédulité & sa violence, il envoya prendre trois Religieux de saint François, Prêtres, Corses de Nation & Esclaves du Belic, & leur ayant reproché l'inhumanité de leur Republique, il les condamna à être brûlez tout vifs. Ils furent livrez au Mezoart qui les mena hors la Ville, au lieu du supplice, les mains liées derriere le dos. Le Crieur public marchoit devant, disant à voix haute, ainsi traite-t'on ceux qui contraignent les Musulmans à se faire Crêtiens. Le Peuple animé de ces cris, & des nouvelles vrayes ou fausses qu'il venoit d'apprendre, leur insultoit pendant tout le chemin, & les chargeoit d'injures & de maledictions. Ils arrivent au bucher, & se mettant à genoux, ils se donnent mutuellement l'absolution. Pendant qu'on y mettoit le feu, la canaille d'un côté s'empressoit à souffler la flâme : quelques Crêtiens Esclaves de l'autre, tâchoient de rétarder l'embrasement, il s'allumoit pourtant toûjours, nos

XXX. Trois Religieux condamnés au feu.

victimes en ressentoient vivement l'ardeur : la Sandale de l'un estoit déja brûlée, lors qu'on entendit une voix d'un Chaoux qui fendit la presse, & cria *Grace, Grace*; On les retira du feu, mais le peuple toûjours irrité, leur fit essuïer sa rage, les chargeant au retour de coups de poings, de babouches ferrées, & de pierres dont ces peres ne se pouvoient garentir, ayant les mains liées derriere le dos. Le plus âgé des trois qui avoit cinquante huit ans, étant tombé sur la face, pensa étoufer dans la bouë. La fureur des peuples étoit si grande que les Officiers de Justice ne pouvoient les sauver sans s'exposer eux-mêmes ; comme il arriva à un Capitaine de Vaisseau qui en reçût un dangereux coup, en voulant les mettre à couvert, par une humanité qui n'est pas ordinaire à ces Barbares : nonobstant ce coup, il continua, & étant entrez dans la Ville, il fit entrer les Peres dans la Fonderie, & en deffendit genereusement la porte contre la multitude acharnée à la vangeance : Un autre Capitaine, Grec de nation & de Religion, montra un semblable zele

& reçût plusieurs coups. Tout l'entretien interieur de ces Religieux, étoit de s'offrir en Holocauste à la Divine Majesté, comme ils témoignerent à M. le Vic. Apost. qui en a fait la relation, & l'un d'eux lui dit qu'il s'imaginoit dans ce tems essuïer une grosse gresle, & qu'à chaque coup, il disoit à Dieu, Seigneur, donnez-m'en encore davantage.

Leur grace fut accordée aux remontrances de M. le Consul de France, qu'ils trouverent encore à la maison du Dey où on les mena d'abord, & où il étoit demeuré, pour s'opposer à de nouvelles violences, en cas que pour satisfaire le peuple, on eut voulu leur donner la bastonade en échange du supplice du feu. Ils en furent quittes pour de nouveaux reproches qu'on leur fit, & le Consul par politique, leur parla aussi fort haut, pour appuïer l'ordre qu'on leur donnoit d'écrire incessamment & fortement à Gênes qu'on se gardât bien de forcer les Turcs à se faire Crétiens, & de les maltraiter mal-à-propos vifs ou morts. Le Dey dit au Consul d'y joindre ſes lettres, & qu'il s'en prendroit à lui, ſi telle violence arrivoit à l'avenir. Il fit les mêmes menaces à M. le Vic. Apoſt. & au Pere Adminiſtrateur de l'Hôpital, & leur enjoignit d'écrire à ce ſujet, l'un en France, & l'autre en Eſpagne. Ce fut ſur ces avis que le Roi attentif au repos de ſes Sujets, quelque part qu'ils ſoient, fit écrire à Gênes & à Ligourne, pour avoir des Certificats en bonne forme qui fiſſent connoître qu'il n'étoit pas vrai que chez eux on maltraita les Turcs, & qu'on les força à ſe faire Crêtiens. Ce ſupplice du feu eſt celui dont ils uſent à preſent le plus frequemment, quoique tous les autres tourmens qu'on voit dans toutes les Relations ſoient encore en uſage pluſque jamais, excepté l'empâlement.

Il ne faut donc pas s'étonner des efforts que font les Eſclaves dans quelque état qu'ils ſe trouvent, pour recouvrer leur liberté, & ſortir d'une ſituation, où ils ſont toûjours en crainte pour la vie & la Religion : leur miſere leur donne de l'induſtrie & redouble leur courage au de-là de leurs forces.

Le premier jour de May de l'an 1714. Des Captifs du Belic, Hollandois, Venitiens & Espagnols, au nombre d'environ cinquante-huit, travaillans à un Vaisseau de la Republique ; voïant arriver un Vaisseau Anglois, comploterent ensemble de s'en saisir pour se sauver. Le peril de cette entreprise parut trop grand à plusieurs, en sorte qu'il n'en demeura que trente-quatre fermes dans cette resolution : Un Hollandois qui conduisoit cette manœuvre, avoit dit à ses camarades, que lorsqu'ils seroient dans la Chaloupe, pour retourner à terre, à la fin du travail, & qu'aïant dit *Benedicamus Domino*, ils répondroient *Deo gratias*, ils eussent en même tems à se saisir des Maures qui les gardoient & à les jetter à la mer ; ce qui aïant été éxécuté, ils aborderent le Vaisseau Anglois, y entrerent brusquement, & couperent l'Ancre : le Capitaine & les Officiers du Vaisseau avec plusieurs Anglois, residens à Alger, qui se régaloient dans sa chambre, sortirent au bruit & coururent aux armes,

XXXI.
Fuite de plusieurs Esclaves.

mais les Esclaves les arrêterent & les firent descendre dans le fond de cale, les assurant qu'il ne leur arriveroit aucun mal ni à leurs effets. Le Hollandois dispose la manœuvre, met quatre pieces de Canon en état, & trouvant douze Fusils, il en arme les plus resolus de ses Compagnons. Aussi-tôt un grand nombre de Chaloupes turques coururent au Vaisseau, mais voyant les Fusils bandez, & les Canons pointez contr'eux, avec la resolution que marquoient les Fuyards, ils n'oserent approcher. Le Vaisseau prend le large, & quoiqu'il passat sous les Canons du Môle, qui faisoient un grand feu, ils n'en reçûrent aucun mal : en vain le Dey envoïa aprés un Vaisseau françois, qu'il trouva tout appareillé, qu'il fit monter à cinquante Turcs, & deux Galiotes de plus de quatre-vingts hommes chacune ; ils joignirent la nuit le Vaisseau fugitif, mais la contenance fiere des Captifs les fit retirer sans oser rien entreprendre, & trouverent à leur retour le Dey sur le Port le Sabre en main, les bras nuds jusqu'aux épaules, qui jettoit feu & flâme contre tous ses Officiers. Dés qu'il fut retourné chez lui, il fit prendre les Anglois avec le Consul, & sans les oppositions qu'y apporta le Consul de France, il les vouloit mettre tous à la Chaîne, jusqu'à ce qu'ils eussent payé cinquante mil Piastres ; mais ils en furent quittes pour demeurer trois jours renfermez dans le Bagne du Belic, où M. le Consul leur envoïa des Draps & des Matelats.

Le Frere du Consul Anglois, étant allé chercher le Vaisseau, le trouva à Mayorque, où les Esclaves étoient heureusement arrivez. Ils ouvrirent le fond de Cale, remercierent Messieurs les Anglois, en leur rendant le Vaisseau & tous les effets ausquels ils n'avoient point touché, & ce Vaisseau retourna à Alger 12. ou 13. jours aprés son départ. A cette avanture le Divan avoit resolu d'enchaîner les Esclaves du Belic deux à deux ; mais comme en cet état ils ne pouvoient pas travailler : Cette resolution n'eut point de suite.

Un si heureux succés reveilla

XXXII.
Autre fuite d'Esclaves.

l'esperance des autres Captifs, en sorte que trois semaines aprés, plusieurs de diverses Nations, mais la plûpart Mayorquins, comploterent d'enlever la nuit une des Galiotes du Port ; ils étoient environ soixante-dix ; ils se donnerent le rendez-vous, & dans le plus profond de la nuit ils descendirent par un Egoût sur le Port, mais les chiens qui y sont en grand nombre, se ruerent en abboyant sur les Esclaves, qui en tuerent quelques uns à coups de bâton & de pierre ; à ce bruit, les Turcs, tant ceux de la Gârde que ceux des Vaisseaux crierent de toutes leurs forces *Romi, Romi*, qui veut dire aux Crêtiens, aux Crêtiens. On accourut, & quarante des Captifs étoient déja entrez dans la Galiote, armée en course, qui devoit mettre à la voile au premier jour, & se trouvant plus forts que les Turcs qui la gardoient, ils les jetterent tous à la mer, & comme il falloit sortir du Port, embarrassé des Cables des Vaisseaux, dont il étoit rempli, & qu'ils vouloient passer par le chemin le plus court ; ils prirent le

parti

parti de se mettre tous à l'eau, de soûlever de leurs Epaules la Galiote & la tirer de ces embarras. Malgré tous les efforts qu'on fit pour empêcher leur dessein, ils se mirent en mer & gagnerent en peu de tems Mayorque. Le Dey a cette nouvelle s'écria, je crois que ces chiens de Crêtiens viendront à la fin nous enlever dans nos maisons. Ceux qui arrêtez par les Chiens & par les Turcs n'eurent pas le bonheur de joindre leurs compagnons essuyerent la rage de ces Barbares, la plûpart furent tuez, & les autres fort maltraitez.

Quoique plusieurs tentent souvent de recouvrer leur liberté, cependant la vigilance des Turcs & leurs précautions extraordinaires, rendent ces efforts inutiles, & ne font qu'exposer ces miserables Captifs à une servitude plus resserrée & plus dure, & souvent tous ceux de leur Nation à de fort mauvais traitemens, ainsi qu'il est arrivé à quatre Chevaliers de Malthe, dont la captivité a des circonstances qui meritent d'être données au Public.

XXXIII. Prise, & fuite tentée par les Chevaliers de Malthe.

Ces Chevaliers étoient Meſſieurs le Chevalier d'Eſparon ou Caſtelane ; le Chevalier d'Eſpenes ; le Chevalier Baulme, tous trois françois, & le Chevalier Balbiani de Luques. Ils avoient été pris à Oran lorſque cette Place tomba entre les mains des Algeriens, par la revolte de la Garniſon.

Ces Chevaliers ainſi pris par trahiſon, arriverent à Alger le 24. de Septembre de l'année 1707. où ils furent d'abord mis aux Bagnes du Belic confondus avec 234. Crétiens qu'on avoit amenez d'Oran avec eux : Mais ce lieu eſtant trés-incommode par la puanteur que cauſe la quantité d'Eclaves qui y couchent au nombre de plus de 2000. aprés y avoir paſſé ſeulement quatre ou cinq jours & autant de nuits : On les transfera dans l'Alcaſſave vieux Château des Deys d'Alger. Ils y furent d'abord prés de deux ans : mais en 1709. un accident imprévû leur fit ſentir ce que la captivité a de plus dûr chez ces Infideles.

Le Dey reçût nouvelle que les Chevaliers de Malthe, ſous le commandement de Monsieur le Chevalier de Mongon, avoient pris la Captane d'Alger montée de 650. Turcs & de 46. Crêtiens Esclaves: Que le combat de trois Vaisseaux Algeriens contre quatre Malthois, avoit été si sanglant que deux cent Turcs & deux Esclaves avoient été tuez, & tout l'équipage de la Capitane fait Esclave, qu'à peine les deux autres Vaisseaux Algeriens s'étoient sauvez. A cette nouvelle le Dey fit mettre les quatre Chevaliers dans les Basses-Fosses de l'Alcassave, chargez de chaînes du poids de cent quinze & cent vingt livres : là fort incommodez de leurs fers, & plus encore de l'affreuse situation du lieu humide, tout rempli d'Insectes & de gros Rats, sans autre nourriture que du pain & de l'eau. En vain ils cherchoient quelque soulagement : lors qu'ils entendoient passer quelqu'un, ils faisoient remuer leurs chaînes, afin d'avertir par ce bruit les passans du malheureux état où ils étoient, mais c'étoit en vain. Ils y demeurerent jusqu'à ce que le Consul François fut informé par le Chevalier d'Espesnes de tout ce qu'ils souffroient, & de l'extrémité où ils étoient, si grande, que s'ils demeuroient encore deux jours, il pouvoit compter qu'ils y mourroient. Aussi-tôt le Consul fut trouver le Dey, & lui representa que s'il continuoit a traiter ainsi les Chevaliers on feroit le même traitement aux Officiers Turcs qui étoient à Malthe.

Le Dey à cet avertissement, les fit tirer de la Basse-Fosse, & les fit mettre dans des lieux moins incommodes de l'Alcassave, leur laissant des chaînes de soixante à soixante & dix livres de poids, qu'ils porterent tout le tems de leur captivité, excepté les Fêtes de Noel & de Pâques, ausquels jours le Consul avoit obtenu que les Chevaliers viendroient déchaînez passer chez lui ces Fêtes solemnelles : ils eurent pourtant quelques momens de relâche à l'occasion que je vais dire.

M. de Clerambault Consul de France, épousoit Mademoiselle Durant, Sœur de M. Philippes Durant son predecesseur dans le Consulat. Allant annoncer son mariage au Dey, il prit occasion de lui demander pour le tems de ses Nôces la liberté des quatre Chevaliers qu'il souhaitoit y assister; il l'obtint, & pendant ces jours de réjoüissance, on chercha les moïens de rendre complete la joye de ces Messieurs, en négociant leur liberté. Le Dey à qui on en fit la proposition, demanda deux cent dix Turcs qui avoient été pris sur la Capitane, negligeant le reste, qui n'étoit que des Maures. Le Consul promit d'y travailler, & d'écrire à Malthe & en France pour ce sujet, ce qu'il fit aussi-tôt d'une maniere fort pressante. Cependant les Chevaliers demeurerent chez lui en liberté, & comptoient sur cet échange. Cette esperance jointe à la Fête des Nôces, donna lieu à de grandes réjoüissances, non seulement chez les Crêtiens, mais encore chez les Turcs, qui s'attendoient à revoir bien-tôt leurs parens & amis, detenus à Malthe, d'où on ne les renvoye presque jamais. Ce qui augmenta cette esperance, fut l'arrivée d'un Turc, qui dit au Port qu'il revenoit de Malthe, où il avoit été échangé avec un Soldat Crêtien, qui avoit payé à la Religion cinq cent piaftres pour fon rachat. Mais ce redoublement de joye fut bien court ; ce Turc échangé fut faluer le Dey, & lui dit, qu'il s'étonnoit d'avoir vû les quatre Chevaliers en liberté, & bien regalez chez le Conful François, pendant que les Mufulmans, pris avec lui, étoient à la chaîne à Malthe, & qu'il fçavoit de bonne part que la Religion ne les relâcheroit jamais.

Auffi-tôt le Dey envoya cinq ou fix Chaoux, prendre les Chevaliers & les remettre aux fers. Ils trouverent dans la Cour du Conful le Chevalier d'Efparon, qui ayant appris de l'un d'eux le fujet de leur venuë, monta tout trifte à l'appartement du Conful, difant aux Chevaliers, je vous apprens des nouvelles bien chagrinantes & pour vous & pour moi, nous rentrons dans nôtre premier état, voici des Chaoux qui ont ordre de nous remener à l'Alcaffaye, & de nous renfermer plus étroitement que jamais. Les pauvres Chevaliers changeant de couleur, purent à peine dire adieu à leurs Hôtes, les larmes aux yeux ; l'un à l'approche des Chaoux jette sa Perruque ; l'autre dépouïlle son Juste-au-corps ; & tous trois reprenant leurs anciens haillons, se livrerent aux mains de ces Barbares, qui les chargerent de nouvelles chaînes plus pesantes que les premieres, sur tout le Chevalier de Balbiani, que par malheur pour lui on sçavoit avoir à Malthe un Oncle Grand-Croix, & du nombre des sept Conseillers du Grand Maître.

Ayant perdu toute esperance d'être rachetez ou échangez, leur misere extrême leur fit tenter de s'en tirer par l'évasion : l'occasion leur en fut presentée par un avis secret qu'ils reçûrent sous le nom de Fr. Michel Santonia, Receveur de Malthe à Mayor : cet avis portoit qu'ils eussent à faire ensorte de se rendre prés de la mer à tel jour, à telle heure, du côté de la Porte nommée Babazon, que là un Brigantin de Mayorque lui avoit promis de les prendre secretement, & de les lui amener moyennant cinq cent Piastres pour chaque Chevalier, & encore une centaine pour les provisions. Ils employerent le tems qu'ils avoient jusqu'au jour marqué à limer peu à peu leurs chaînes, & à percer la muraille de l'Alcassave, vis-à-vis un gros arbre qui couvrit assez leur manœuvre pour qu'on ne s'en apperçût pas. Les Chevaliers ravis de ce succés, sortirent, & vinrent sur le bord de la mer, au lieu & à l'heure designée ; ils y passerent presque toute la nuit entre la crainte & l'esperance, mais personne ne se presenta pour achever ce qu'ils avoient si heureusement commencé. Alors ne sçachant quel parti prendre, & voyant le jour prêt à paroître, ils prirent la resolution d'aller chez un Marabout, lieu de refuge chez les barbares ; ils lui apprirent leur qualité, lui exposerent le miserable état qui les avoit forcez à prendre la fuite, & le prierent d'obtenir du Dey la grace qu'ils attendoient de son credit, & de sa protection.

Le Marabout partit sur le champ & aïant été joint par le Bostangi, qui depuis a été Dey d'Alger, les mena au Dey, & ils plaiderent tous deux

deux si bien la cause des Chevaliers, qu'on ne leur fit pas un crime de leur évasion, rien n'étant plus naturel que de tenter toutes choses pour recouvrer sa liberté : On se contenta de les separer, de les charger de nouvelles chaînes, de les enfermer plus étroitement, & de les garder en attendant qu'on les mit dans une Basse-fosse. Le Consul & les François libres apprenans cette manœuvre furent fort consternez, car si elle eut réussi, ils pouvoient s'attendre à être mis en leur place & maltraitez sans quartier.

On avoit vû un Vaisseau François commandé par le Sieur Janseaume, qui étant parti du Port d'Alger quelques jours auparavant, s'y étoit arrêté à côtoyer jusqu'à la veille.

Le Dey qui en fut averti fit donner la bastonnade au Domestique qui servoit les Chevaliers, pour sçavoir si ce Capitaine n'avoit point envoyé de Lettres au Consul, ou s'il n'avoit point eû quelque relation avec les Chevaliers ou d'autres Crêtiens. Ce domestique avoua qu'il avoit porté deux Lettres de la part

G

des Chevaliers au Capitaine Janseaume, l'une à son arrivée dans le Port, qu'ils en avoient reçû réponse, mais que de part & d'autre on lui avoit étroitement défendu d'aller chez le Consul ou chez le Vic. Apost. ou de leur en rien marquer. Cet aveu fit soupçonner que l'avis reçû de Mayorque étoit une adresse de ce Capitaine pour n'être pas suspect en cas que sa lettre fut surprise : Le Dey ne laissa pas de faire de grands reproches au Consul comme s'il y avoit eû quelque part, & de lui dire même que si ces Chevaliers s'évadoient une seconde fois, malgré son caractere, il le feroit mettre à la bouche du Canon.

XXXIV. Liberté des Chevaliers.

C'est ainsi que ces Chevaliers pendant plus de dix années ont éprouvé les rigueurs d'un esclavage qui les rendra sans doute compatissans à la misere de ceux qu'ils y ont laissé, & éloquens à en dire des nouvelles à ceux qui par toutes les loix divines & humaines se sentiroient obligez de contribuer à leur rachat, s'ils en étoient bien informez : Car après de si longues & de si dures épreuves, lors qu'ils avoient perdu toute esperance, la Providence ouvrit enfin une ressource par le rachat qu'on en fit moïennant une somme trés-considerable, dont nôtre Ordre & nôtre Confrairie de Marseille ont payé plus de la moitié.

Tant de mauvais traitemens, joints aux ardeurs du climat, ne pouvant manquer de faire tomber les pauvres Captifs dans des maladies frequentes & souvent aigues, dans lesquelles ils étoient autrefois abandonnez, sans aucun soulagement ; comme des bêtes, dont on n'attend plus de service, ont inspiré aux Religieux de l'Ordre de la Sainte Trinité, témoins de leurs extrêmes necessitez dans les frequentes Redemptions qu'ils y ont faites depuis l'établissement de l'Ordre, de faire tous leurs efforts, pour procurer aux Captifs malades & moribons, les secours spirituels & corporels dont ils auroient besoin. D'abord ils érigerent quelques Chapelles, dont la premiere, qui subsiste encore, fut érigée sous le nom de la trés-sainte Trinité, dans le Bagne du Belic, où les Esclaves

XXXV. Hopital d'Alger.

malades, avec les Sacremens, trouvoient quelque repos, & étoient soignez comme on pouvoit: mais depuis tous ces lieux differens furent réunis en un seul; dont les revenus & les Bâtimens ayant toûjours augmenté depuis prés de deux cens ans, par les soins du même Ordre, singulierement des Espagnols, qui en ont toûjours eû l'administration, est devenu l'Hôpital general & unique. Là sont reçûs & soignez les malades Crêtiens de quelque Nation qu'ils soient. Il y a actuellement trois Religieux Prêtres, dont l'un est Administrateur, avec un Apoticaire & un Chirurgien & quelques Domestiques. Depuis mon dernier voyage en 1700. je l'ai trouvé encore augmenté d'une grande Sale, où l'on doit mettre les Malades, afin que l'autre Sale où ils sont à present, & dont les Lits touchent à l'Autel, soit plus degagée, pour y faire plus décemment l'Office Divin.

XXXVI Fondation ou érection de l'Hôpital.

Le tems de sa fondation fut en l'an 1551. Le Religieux qui le fonda fut le P. Sebastien Duport, du Convent de Burgos en Espagne, d'un zele extraordinaire pour la Redemption des Captifs, qui aiant amassé plusieurs Aumônes, fut pour la premiere fois à Alger en 1546. où il racheta deux cens Esclaves : & touché de la misere & des necessitez où il avoit vû ceux qui tomboient malades ; après avoir quêté & ramassé de plus grosses Aumônes, il jetta les premiers fondemens de cet établissement : Il y retourna une troisiéme fois à la suite de Charles V. qui l'avoit admis dans ses conseils, & l'avoit emmené avec lui, lors qu'il voulut assieger Alger. On dit qu'il lui avoit prédit le naufrage de sa flotte. Après ces exercices de charité, il mourut plein de jours & de merites en 1556.

Cet Hôpital fut presqu'entierement réedifié en 1612. par les soins des PP. Bernard de Monroy, Jean d'Aquila & Jean de Palacio. Ces zelez Religieux avoient fait plusieurs redemptions, lors qu'ayant payé la derniere, une nouvelle venuë de Corse les fit arrêter. Une Femme des plus notables d'Alger, fille de Mahomet Aga, ayant été prise sur mer, lors qu'elle alloit

XXXVII. Réedification de l'Hôpital, ce qui en fit naître l'occasion.

pour fe marier ailleurs, fut conduite en cette Iſle de Corſe, où elle fut inſtruite de la verité de la Religion Crêtienne, & où touchée de la hauteur de nos Myſteres & de la pureté de nôtre morale, elle demanda inſtamment le Batême, qu'elle reçût avec les noms de Marie Eugenie, au lieu de celui de Fatime qu'elle portoit auparavant, & où ayant refuſé l'argent que les Turcs lui envoyoient pour ſe racheter, elle ſe maria à un Crêtien de l'Iſle & mourut en 1637. Ceux qui étoient allez pour la ſolliciter de ſe racheter, outrez d'avoir manqué leur coup, à leur retour à Alger, publierent qu'on l'avoit forcée de ſe faire crêtienne ; ce qui irrita ſi fort les Barbares, qu'ils firent prendre ces Religieux, les mirent aux fers & les renfermerent dans les cachots, les menaçant de les brûler tous vifs ; ils confiſquerent auſſi tout l'argent, qui avoit été payé pour cent trente Eſclaves, déja délivrez, qu'ils remirent aux fers. Ils ſouffrirent cette violence, avec une patience qui toucha le Dey & ſon conſeil, enſorte que quelque tems aprés on les tira de prison & on leur permit d'aller par la ville exercer leur charité envers les Captifs, mais on ne voulut jamais les laisser retourner en Espagne. Dans cette extrémité Dieu tira des richesses du fond de leur indigence ; car voyant l'Hôpital presque ruiné, ils entreprirent de le réedifier ; ils y firent les réparations convenables ; y mirent de nouveaux lits & trouverent de quoi soulager les malades, & leur donner des remedes: ils y racheterent plusieurs Captifs, ils consolerent ceux qu'ils ne pouvoient racheter ; ils leur administroient les Sacremens ; offroient pour eux le Saint Sacrifice, & leur obtenoient la liberté d'y assister ; ils exhortoient & fortifioient les Agonisans ; ils ensevelissoient les morts. Dans lesquels exercices deux consommerent leur vie. Aprés leur mort, le troisiéme nommé le Pere Bernard de Monroy fut recompensé de tout ce que son zele lui avoit fait entreprendre, par une longue prison, où chantant des Pseaumes jour & nuit ; aprés l'épreuve de tout ce que les fers, l'incommodité du

G iiij

lieu, les rigueurs de la faim & toutes sortes de mauvais traitemens peuvent faire reſſentir, il mourut chargé de merites devant Dieu le 10. Août 1622. agé de 60. ans. Les Captifs avoient tant de veneration pour lui, que malgré leur pauvreté, ils racheterent ſon corps que Frere Louis des Anges, détenu pour lors à Alger, enterra. On dit qu'il ſe fit pluſieurs miracles ſur ſon Tombeau.

XXXVIII Augmentation faite par le F. Pierre de la Conception.

Enfin cet Hôpital fut notablement augmenté par le Frere Pierre de la Conception, qui d'abord ayant été marié, puis devenu veuf, avoit paſſé pluſieurs années dans la vie heremitique, preſſé par un zele qui ne lui laiſſoit aucun repos dans ſa ſolitude, ſe dévoüa tout entier à l'Ordre de la Sainte Trinité, dont il prit le petit habit, & ayant fait un voyage dans le Perou, où il ramaſſa beaucoup d'aumônes, comme il avoit fait en Eſpagne, il ſe rendit à Alger; il en employa une partie à racheter pluſieurs Captifs, & ſe ſervit du reſte pour remettre l'Hôpital dans l'état où il eſt à preſent. Il y paſſa pluſieurs années au ſervice des Eſclaves malades & moribons : & enfin poussé d'un zele ardent que sa Sainte fin justifie, il entra dans une Mosquée le Crucifix à la main, & y prêcha la verité de nôtre Religion avec tant de force, qu'il fut condamné à être brûlé à petit feu, ce qui fut éxécuté malgré les efforts de ses amis, & de quelques Turcs des plus considerables, qui par une humanité mal placée le sollicitoient de dire qu'il avoit bû, lors qu'il avoit suivi les mouvemens de son zele ; il fut six heures à souffrir avec une patience invincible la violence du feu, dont on augmentoit l'ardeur par degrez. Il chantoit pendant ce tems les loüanges de Dieu & prêchoit Jesus-Christ crucifié, jusqu'au dernier moment de sa vie. Ce que les flâmes épargnerent de ses Ossemens fut jetté à la mer, d'où les Esclaves ne purent repêcher que l'os d'une Jambe, qu'on garde dans l'Hôpital.

Nonobstant toutes ces augmentations, l'Hôpital est encore trop petit pour le grand nombre de malades de toutes Nations, tant libres qu'esclaves qu'on y reçoit, & qu'on y soigne avec une attention qui touche jusqu'aux Turcs même. Les Reglemens qu'on y observe, portent entr'autres qu'on n'y doit point recevoir d'Esclave, ou lui donner aucun remede extraordinaire sans le consentement de son Patron; que les personnes du sexe n'y seront pas admises, mais que deux fois le jour le Chirurgien & l'Apoticaire les iront visiter dans leurs maisons particulieres, si elles sont libres, ou chez leurs Patrons si elles sont Esclaves : que la priere du matin & du soir se fera fort exactement. Au soir on y recite le Rosaire en commun : que le profit des remedes qu'on donne aux Turcs doit revenir à l'Hôpital trois fois la semaine. Les Religieux & les Officiers qui le desservent, y font regulierement les mortifications que l'on fait dans les Monasteres les plus reformez d'Espagne. Le Pere Administrateur a l'inspection de tout aussi-bien que des Revenus qui montent à plus de 2000. Piastres par an, qui ne suffisent pas pour toutes les dépenses necessaires ; ce qui a fait convenir les Crêtiens qui negocient à

Alger, de donner pour chaque bâtiment qui arrive au Port trois Piaſtres, ce qui s'éxecute éxactement : le Patron de chaque Eſclave qu'on y porte malade, donne en entrant un tiers de Piaſtre pour les frais de ſa ſépulture en cas de mort, mais on le lui rend à ſa ſortie s'il réchape.

Le lieu de leur ſépulture eſt hors la Porte de Babaloüet, dans un terrain ſabloneux, aſſés reſerré dans ſa largeur, mais qui s'étend fort loin en longueur le long de la mer : Ce Cimetiere eſt le fruit d'une rare charité. Un P. Capucin, Confeſſeur de Dom Jean d'Autriche, avoit été fait Eſclave à Alger : ce Prince lui envoya une ſomme conſiderable pour ſe racheter ; mais pendant ſa captivité, voyant l'inhumanité avec laquelle on laiſſoit la plûpart des Captifs ſans ſépulture, préferant cet éxercice de miſericorde à ſa propre liberté, employa une partie de cet argent à acheter le fond de ce Cimetiere, & de ce qui lui reſtoit ; il en racheta quelques Eſclaves. Il mourut Captif, laiſſant à la poſterité un bel exemple de vertu & de charité.

XXXIX. Cimetiere des Crétiens. Son Origine.

N'étant pas encore bien remis de ma maladie, on me conseilla un jour de sortir par cette porte, afin d'y prendre un peu l'air, parce que c'est l'endroit de tous les dehors de la Ville où le terrain est uni & propre à la promenade. A peine avions-nous passé quelques maisons, que nous vîmes les sepultures des Turcs & des Maures, la plûpart separées les unes des autres par des murailles plus ou moins hautes, qui renferment les Tombeaux des Familles; nous en vîmes entr'autres sept de figure quarrée, & couverts d'autant de Dômes, soutenus chacun de quatre pilliers ou colonnes : on nous dit que c'étoit les Tombeaux de sept Deys, qui par un évenement bien digne d'en instruire la posterité, avoient dans un même jour été mis sur le Trône & massacrez par le même Peuple. De-là nous nous rendîmes au Cimetiere des Crêtiens, pour y reverer les cendres d'un grand nombre de Saints Confesseurs à present dans l'oubli & dans l'abjection, mais dont Dieu reserve à reveler les combats & la gloire au jour de son dernier avenement.

De l'autre côté nous vîmes le Cimetiere des Juifs, où l'on nous montra la place, où depuis cinq ou six jours on avoit brûlé un Juif, que des gens bien sensez croyent innocent. Un Turc poussé d'une fureur extraordinaire, soit qu'elle vint d'une atrabile extrêmement échauffée, ou de quelqu'accez de manie, ayant tué de son couteau cinq ou six Juifs qu'il rencontroit au hazard, & blessé plusieurs autres, se trouva quelques momens après dans sa maison, avoir la langue coupée. Lors qu'on le vit en cet état, où il ne pouvoit s'expliquer lui-même ; on s'informa qui en pouvoit être l'auteur ; d'abord un Turc dit qu'il n'en falloit pas chercher d'autre que lui, & que dans le transport où on l'avoit vû, il avoit bien pû tourner sa fureur contre soi-même, & s'être coupé la langue de ses dents. On le crut : mais un jour après, deux Turcs aïant accusé un Juif d'être l'auteur de cette mutilation, le Juif fut pris & brûlé sur le champ, sans autre forme de procez : On voyoit sur la place la quantité de pierres que les

XL. Cimetiere des Juifs.

enfans & la populace lui avoient jetté pendant son supplice. Ces avanies sont frequentes aux Juifs, qui par un terrible jugement de Dieu sont l'objet de la haine de toutes les Nations.

Comme j'écris ceci non seulement pour informer les personnes charitables, de l'état des Crêtiens captifs, & leur offrir une ample & pressante matiere à exercer les œuvres de charité à l'égard de pauvres Esclaves, qui ne peuvent par eux-mêmes, leur exposer leur misere : Mais aussi pour ceux d'entre nos Religieux, qui seront dans la suite chargez de l'emploi qu'on m'a confié, il ne leur sera pas inutile d'avoir une connoissance plus exacte du lieu où ils seront envoyez, du Gouvernement, des Maximes, & du genie de ceux avec lesquels ils auront à negocier. Cette raison me fait entrer dans un plus grand détail de ce que j'en ai appris, tant par moi-même que par les memoires que m'ont fournis des amis fideles & dignes de foi, qui y ont long-tems sejourné.

XLI.
La ville d'Alger.

La ville d'Alger, nommée Gezair par les Turcs, Capitale du Royaume de même nom, est située à trente-six degrez quarante-huit minutes de latitude, & à vingt-quatre degrez trente minutes de longitude. Elle est bâtie sur le penchant d'une Montagne. Les maisons terminées en terrasses, & toutes blanchies, en rendent la decouverte agreable à la vûë : Pour moi en approchant du Port, je la vis comme un amphitheatre, où la foi & la constance de tant d'Esclaves, le zele & la charité de tant de nos Peres, & la Religion de tant de Crêtiens ont depuis si long-tems combattu contre des Barbares pires que les Lions & les Tigres, & ont augmenté le nombre des Martyrs : La veneration d'un lieu qu'ils ont arrosé de leur sang, & illustré par mille grands exemples de misericorde ou de constance, m'inspiroit une sainte impatience d'y aborder & de recuëillir quelques étincelles du beau feu qui les animoit.

Ses murailles toutes baignées du côté de la mer m'en rendoient l'eau respectable, pour avoir tant de fois été teintes du sang des Crêtiens, precipitez sur des Rochers & morts dans cet element, pour n'avoir pas voulu renoncer la Foy. Elle a plus d'une lieüe françoise de circuit, & ses murailles qui n'ont que de petits fossez, sont flanquées de plusieurs Tours quarrées, & d'égale hauteur, où il n'y a rien de distingué que les gros Harpons de fer ou Ganges que l'on voit en plusieurs endroits, où l'on jette les Crêtiens, & ausquels ils demeurent accrochez jusqu'à ce qu'ils expirent. On fait aussi quelquefois mourir les Maures de ce supplice, quand ils ont commis un grand crime. Les ruës d'Alger sont fort étroites, & les maisons se joignent les unes aux autres, ensorte qu'on pourroit presqu'aller de terrasse en terrasse par toute la Ville, qui est sans aucun Jardin, ni place publique, ni ornement. On assure qu'il y a plus de cent mille Habitans, y ayant peu de maisons où il n'y ait plusieurs familles.

XLII. Le Port est fermé par un Môle
Le Port d'environ cinq cent pas, qui de la terre ferme va jusqu'à un Rocher, où est le Fanal, avec trois batteries de Canon de fonte, & augmenté depuis

depuis peu de plusieurs fortifications, où on a élevé de nouvelles Batteries. Voila (disois-je en entrant) où quantité de nos chers Freres ont vû leur liberté faire naufrage au Port. La Ville a cinq Portes, dix grandes Mosquées & cinquante petites, trois Colleges, & quantité de petites Ecoles pour les enfans qui doivent être instruis publiquement, où l'on ne manque pas de leur inspirer dés leur bas âge la haine du nom Crêtien.

XLIII. Les environs.

Tous les environs de la Ville, aussi-bien que le Coteau qui regne le long de la Rade, sont remplis de Jardins ou de Maisons de Campagne, qui forment un païsage fort agréable à la vûë. Ils sont pourtant sans aucune simetrie, separez les uns des autres par des hayes vives. Le Terroir en est fertile, aussi est-il souvent arrosé des larmes & des sueurs des pauvres Esclaves, qui en essuyent tout le travail & n'en goûtent pas toûjours les fruits.

XLIV. Fort & Cap de Matifou.

De l'autre côté de la Rade, vis-à-vis de la Ville, il y a un Fort d'environ vingt pieces de Canon, & qui se nomme le Fort de Mati-

H

fou du nom du Cap où il eſt ſcitué; il y a toûjours Noube ou Garniſon: Il fut rebati à l'occaſion des Galeres de France qui moüillerent en cet endroit dans le tems des bombardemens. Il y a encore deux petits Forts, l'un appellé des Anglois, parce qu'ils y vinrent moüiller auſſi ; il eſt garni d'environ douze pieces de Canon. L'autre, de quatre Canons ſeulement, ſur la pointe du Cap Peſcade au Nord-Oüeſt d'Alger, conſtruit à l'occaſion d'une Galere qui s'y refugia à cauſe du mauvais traitement, à l'abri des Rochers qui y ſont, & ſe ſauva. Tout au haut de la Ville, il y a encore une eſpece de Fort, où il y a toûjours Garniſon ; il eſt ſans aucune forme, on le nomme Caſaba ou Alcaſſave. Il y a encore trois Forterreſſes prés la Porte Babalouet, la premiere nommée des Tagarins, la deuxiéme environ un quart de lieüe au deſſus de la Ville, nommée de l'Etoile, & la troiſiéme à vûë de celle-ci & un peu plus éloignée, nommée l'Imperador.

XLV. Le Gouvernement d'Alger.

Le Gouvernement d'Alger eſt à preſent preſque Monarchique, le

Dey seul decidant de toutes choses, tant pour le Civil que pour le Criminel suivant sa volonté : Il assemble quelques fois le Divan general ou les principaux Officiers, mais c'est seulement par politique pour les grandes affaires, & pour ne pas être seul responsable des évenémens, leur laissant ainsi une ombre de Republique. Il est élû le plus souvent par les Soldats, dont chacun à sa fantaisie nomme celui qu'il veut, jusqu'à ce qu'il s'en trouve quelqu'un pour lequel toutes les voix se réunissent, & alors ils s'écrient tous ensemble à la bonne heure que Dieu lui accorde toute felicité & prosperité, & bon gré mal gré ils le revêtent du Caftan & le mettent en place. Le Cadis vient aussi-tôt lui lire ses obligations qui sont en substance, que Dieu l'appelle au Gouvernement de la Republique & de sa Milice, qu'il est en place pour punir les méchans & faire joüir les autres de leurs Privileges & de leur paye, & qu'il doit appliquer tous ses soins pour la prosperité du païs ; ensuite de quoi tous lui prêtent serment de fidelité. Dans sa Cour tout au fond est son Tribunal, qui consiste en une petite élevation de bois couverte d'un Tapis : Là assis comme les Tailleurs, il demeure chaque jour depuis cinq heures du matin jusqu'à midi, & depuis une heure jusqu'à quatre pour entendre tous les Particuliers ; il decide sur le champ sans frais ni appel, ayant seulement quatre grands Ecrivains ou Ministres d'Etat à sa droite ; il n'y a que ce qui regarde la Religion dont la discussion est reservée au Cadis.

XLVI. Tribunal du Dey, où il donne Audiance.

Si ce poste est onereux, il n'est pas moins dangereux : quoiqu'il soit maître absolu de la Republique, qu'il gouverne generalement tout le Royaume, qu'il punisse ou recompense à sa fantaisie, qu'il ordonne les Camps, les Armemens & les Garnisons, sans rendre à personne compte de sa conduite. Il a cependant de grandes mesures à garder, & l'on voit dans ce Royaume de frequentes & sanglantes revolutions procurées par l'inconstance d'une fiere Milice, qui souvent ou se rebute de la rigueur, ou abuse de la bonté avec laquelle elle est gouvernée, & qu'il est trés-difficile de contenir long-tems dans le devoir. De six Deys qui ont regné depuis 1700. que j'en partis, il y en a eû quatre de tuez, & un qui menacé du même sort se démit du Gouvernement: Un seul est mort dans sa dignité.

La Justice que rend le Dey est fort prompte & sans frais. Lorsque quelqu'un a un Procez, soit pour dettes ou autres choses, il va porter sa plainte au Dey, qui envoye sur le champ chercher la partie ; ils sont interrogez l'un devant l'autre. Si le debiteur ou le crediteur fait paroître des temoins, & s'il convainc l'autre de faux serment, on donne à l'instant au parjure trois cent coups de bâton, & on lui fait païer le double de la dette, ce qui fait que ce cas arrive rarement. Quand le debiteur avoüe la dette, & que par de bonnes raisons il prouve qu'il n'a pû s'acquitter plûtôt, on lui demande en combien de tems il pretend payer, ce qui ne peut jamais passer une Lune ; on lui accorde huit jours plus que le tems qu'il

XLVII. Justice rendüe sans formalités & sans délai.

H iij

a demandé, & s'il ne satisfait pas, on envoye un Chaoux de Maure qui va chez lui vendre ses meubles & effets à sa porte même, jusqu'à la concurrence de la somme dûë, qui est délivrée au demandeur, sans dépens de part ni d'autre. Si cet homme est sans établissement, il est mis en prison jusqu'à ce qu'il satisfasse. La discussion des heritages est pour l'ordinaire renvoyée au Cadis.

XLVII. Etrangers mieux traitez que les Turcs.

La Justice criminelle n'a pas plus de formalitez ; mais il y a deux balances tout à fait inegales ; pour les Turcs d'une part, & de l'autre pour les Maures & les Etrangers. Aucun Turc ne peut être puni, s'il n'est dûëment convaincu, ou par témoins irreprochables, ou parce qu'il a été surpris en flagrant délit ; encore ne punit-on point les crimes de conscience, s'ils ne sont suivis de quelque scandale formel ; car ils pretendent que Dieu ne leur a donné le soin que de l'Etat & des Loix pour les maintenir par la Justice civile & criminelle ; mais qu'il n'appartient pas aux hommes de décider du fond des consciences, que Dieu seul peut connoître. Lors qu'un Turc est convaincu, il n'est jamais châtié en Public, quelque crime qu'il ait commis ; mais il est conduit dans la maison de l'Aga de la Milice chargé de toutes les éxecutions, où suivant les ordres du Dey & la qualité de son délit, il est ou étranglé, ou bâtonné, ou condamné à telle somme ; c'est l'Aga qui lui lit sa sentence & l'éxecute à l'instant.

Les informations ne sont pas si regulieres, & l'on ne prend pas tant de mesures pour le supplice des Maures ou des Crêtiens. Quand un Maure a volé la moindre bagatelle, on lui coupe la main sur le champ, & on le promene sur une Bourique, le visage tourné vers la queüe, sa main penduë au col, avec des boyaux ou tripailles de Mouton sur l'Epaule. Cette prompte & rigoureuse Justice fait que les vols sont trés-rares, quoi-que dans un païs trés-barbare & chez des Arabes naturellement voleurs ; mais ils ne suivent cette inclination qu'en campagne, où il est dangereux d'aller sans bonne escorte. Pour les Crêtiens libres ou Esclaves, les Turcs ne gardent aucune foi ni justice avec eux; la seule crainte des Puissances, dont ils n'osent s'attirer l'indignation, ou l'interêt qu'ils ont de s'attirer des Etrangers, donne des bornes à leurs injustices. La Religion même, selon le préjugé de la plûpart, leur fait un merite devant Dieu des persecutions qu'ils reveillent de tems en tems, & des plus horribles supplices ausquels ils les condamnent au premier ombrage qu'ils conçoivent.

XLIX. Mepr s & haine du Dey pour les Maures.

Les Deys d'Alger suivant le genie & les conseils de la Republique maltraitent les Maures par une étrange politique. L'interêt de la Republique pour maintenir son autorité seroit de menager les Maures qui composent presque tout le Roïaume d'Alger, & qui sont repandus dans toutes ses Provinces, où il y a fort peu de Turcs. Le voisinage des Rois de Maroc & de Tunis, dont les Etats sont peuplez & gouvernez par des Maures, donnent au Dey d'Alger des inquietudes continuelles; ses Sujets d'un côté ayant une profonde veneration pour le Roy de Maroc, qu'ils regardent comme Cherif; & de l'autre te un grand penchant pour se ranger sous la domination du Bey de Tunis, où les Maures gouvernent & sont les maîtres absolus; cependant ils maltraitent les Maures dans tout le Royaume d'Alger; ils les tiennent si bas, & les traitent avec tant de hauteur que ces pauvres Esclaves tremblent au seul nom de Turc. Il n'est pas concevable quelle fraïeur en conçoivent les Maures, & quelle superiorité les Turcs gardent sur eux. C'est ce qui passe l'imagination, témoins les deux exemples que l'on a vûs il y a peu d'années, dans la guerre que le Dey Chaban Cogis a faite; la premiere au Roy de Maroc, la seconde à celui de Tunis. Prétendant avoir reçû quelqu'insultes du Roy de Maroc, il resolut de s'en vanger, & partit d'Alger seulement avec six mille Turcs & quatre mille Maures, & entra dans le Royaume de Fez où le Roy de Maroc, étant venu au-devant de lui avec 60 mille hommes, fut battu malgré cette grande inegalité, & obligé d'envoyer son Fils aîné à Alger demander la paix avec des presens considerables.

I

Dans une autre conjoncture, le même Dey apprit que Mahamet Bey de Tunis, suivant les Maximes de sa Republique & ses vrais intérêts, abaissoit encore plus les Turcs que les Turcs n'abaissoient les Maures dans Alger ; qu'il ne mettoit que des Maures dans l'emploi, soit en campagne, soit dans les garnisons ; qu'il affoiblissoit les Turcs peu à peu & tendoit à les anéantir ; que d'ailleurs il entretenoit une exacte correspondance avec le Roy de Maroc. Le Dey jugea que ces Puissances unies pourroient un jour accabler la Republique d'Alger, située entre ces deux Etats : ce fut ce qui lui fit prendre le Dessein de les prevenir. Aprés avoir fait ceder le Roy de Maroc, il déclara la Guerre au Bey de Tunis, sous le pretexte de proteger le Beau-frere de ce Bey, qu'il tenoit dans l'oppression. Mahamet Bey vint au-devant de lui, jusques sur les Frontieres d'Alger, avec vingt-cinq mille Maures, bien armez, dix-huit pieces de Canon de fonte, avec lesquelles il auroit dû s'emparer de tout le Païs, dont les

Habitans étoient tous portez pour lui. Cependant Chaban Dey, aïant seulement pris avec lui trois mille Turcs de la Milice d'Alger, cinq cents hommes de celle de Tripoly, & environ quinze cent Maures, alla fierement à lui, le battit, prit son Canon & ses Tentes, qui étoient magnifiques : & eût encore la hardiesse avec si peu de monde de traverser cent lieües de Païs ennemi, de mettre le Siege devant Tunis, où le Bey s'étoit refugié, & où il y avoit plus de cinquante mille hommes en état de porter les armes. Il tint cependant la Ville assiegée pendant cinq mois, & ayant fait venir quelque secours de Troupes par Mer, tant d'Alger que de Tripoly, il obligea le Bey à se sauver par la fuite, abandonnant ses femmes, ses Esclaves & son Royaume ; le Dey mit en sa place Benchouquer, revint triomphant à Alger avec deux cent mille Piastres Sevilianes de butin, grand nombre d'Esclaves Chrêtiens, de meubles riches, & des joïaux pour des sommes immenses.

C'est l'effet de cette superiorité qu'ils affectent & qu'ils ont soin d'entretenir fur ceux qui relevent de leur domination, dont nous voyons encore des exemples repandus dans tout l'Empire du Turc, où les Grecs, les Armeniens, les Egyptiens, les Arabes & toutes les Nations qu'il a fubjuguées, n'ont plus rien de la valeur de leurs Ancêtres anéantis par la fierté des Turcs, & fe trouvent reduits dans leur propre païs au même état d'indolence & de pufillanimité que font les Maures en Barbarie. C'eft qu'on les accoûtume à refpecter dés l'enfance les Turcs qui les dominent, & à fouffrir d'eux les fouflets, les crachats, les injures, fans ofer repliquer, & que la moindre refiftance eft punie avec la derniere feverité.

L. La Milice. Ce font eux dans Alger qui compofent le corps de la Milice; ils ont de trés-grands Privileges; font comme Seigneurs, ne payent aucuns droits; ne pouvant être châtiez en public, comme je l'ai dit, & l'étant fort rarement en particulier. Le plus miferable de la Milice fait ranger à fa fantaifie le Maure le plus diftingué. Ils fe foûtiennent tous les uns les autres, & quelque chofe qu'ils entreprennent, ils ont toûjours raifon ; ils font bien logez aux Cacheries ou Cazernes, trois dans chaque chambre & des Efclaves entretenus aux dépens du Public, pour les fervir ; on leur fournit chacun quatre pains, avec leur paye : ils achetent la viande un tiers meilleur marché qu'elle n'eft taxée par la Police pour le Public.

Ils ne laiffent aux Maures pour armes que des Lances, des Sabres & des Couteaux, & ne les admettent point à la paye ; ils fe refervent le droit de porter les armes à feu, qu'ils ont foin d'entretenir bien propres & en bon état, auffi-bien que les Chevaux qui leur font fournis par la Republique. Quand ils trouvent un Maure mieux monté qu'eux, ils changent fans façon de Cheval, ce qui fait qu'ils font toûjours bien montez.

Au refte, il leur eft deffendu, & ce feroit une lâcheté pour eux, de rien ramaffer dans le combat des dépoüilles de l'ennemi, ils ne joüent jamais d'argent, quelque modique que foit la fomme, & le plus débauché d'entre eux dans les plus grands emportemens ne prononcera pas le Saint nom de Dieu indignement. Ils oublient facilement leurs querelles particulieres, & le premier moment paſſé, c'eſt une indignité pour un Turc de ſe ſouvenir des injures qu'il a reçûës; ils n'ont d'eſtime que pour les armes, & nul n'eſt reputé homme entre eux, s'il n'eſt ou n'a été ſoldat.

La principale maxime de la Republique, au ſujet de la Milice, eſt de conſerver ſes principales forces, dans la ville même d'Alger, afin d'être en état de l'envoyer par tout où il eſt neceſſaire.

Les Beys. Comme le Royaume d'Alger a une grande étenduë, il y a encore des Troupes ſous la conduite des trois Beys, nommez par le Dey, & établis par ſon autorité Generaux d'armée & Gouverneurs des trois Provinces, qui partagent tout le Royaume; ſçavoir, le Bey du Levant, celui du Couchant, & celui du Midy. Ils commandent en ſouveraineté aux Camps & aux Païs qu'ils gouvernent; ils tirent les droits des Villes; ils ramaſſent le Carage ou Tailles de la Campagne,

& les revenus de la Republique, dont ils viennent tous les ans à Alger rendre compte au Dey & remettre l'argent dans le Trésor public. Dans Alger ils n'ont aucun pouvoir ; ils y sont seulement reçûs avec quelque ceremonie & distinction : Le Dey leur donne ses ordres quand il le juge à propos ; mais ordinairement ils ont la carte blanche ; ils reçoivent aussi de lui un Cafetan. Quelque honneur qu'on leur fasse à Alger, ils s'exemptent tant qu'ils peuvent d'y aller. Sur le premier pretexte, envoyant quelqu'un pour rendre compte à leur place, parce qu'ils craignent d'être malvenus, & ce qui arrive souvent d'y perdre la tête. Outre douze mille hommes de bonne Milice, qui sont à la paye d'Alger, & toûjours prêts à recevoir les ordres du Dey, ces trois Beys ou Gouverneurs sont obligez de tenir encore d'autres forces sur pied. Le Bey du Ponant entretient toûjours deux mille Coloris ou Fils de Turcs dans Tremecen, & quinze cent Maures qui sont toûjours sous ses yeux. Le Bey du Levant a aussi avec lui quinze cent Maures entretenus, avec trois cent Spahis ou Cavaliers Turcs, qu'il a foin de payer. Celui du Midi entretient cinq cent Maures & cent Spahis Turcs. Outre que dans un befoin tous ces Beys peuvent faire marcher avec eux tel nombre de Maures qu'il leur plaît.

Il y a de plus quatre Nations toutes Maures, que la Republique exempte de tous impôts, parce qu'elles font obligées de fournir ce qui s'enfuit, Sçavoir :

1º. Les Zoüars, dans le befoin, donnent à la Republique cinquante Tentes, ou mille hommes, qui font bons foldats & bien armez, à la demie paye que l'Aga qui les commande leur mange fouvent.

2o. Les Arabagis font obligez de fournir cinq cens hommes, ou vingt cinq Tentes, & le bois & tout ce qui eft neceffaire pour voiturer des Canons & Affuts.

3º. Les Gebeges donnent cinq cens hommes ou vingt-cinq Tentes. Ce font eux qui ont foin des bales, poudres, & boulets, & de fournir ce qu'il faut pour les transporter.

4º. Les Topigis fourniffent les

Canoniers, & la manœuvre du Canon, tant dans l'armée que dans les garnisons.

Pour la Marine les Officiers font un corps considerable, quoiqu'ils ne puissent se mesler de rien de ce qui regarde l'Etat ; mais parce que c'est par leur conseil & leur bravoure, que tout ce qui concerne la Mer se resout & s'éxecute ; on les menage avec beaucoup de circonspection. Il est surprenant de voir comme ils entretiennent leurs Bâtiments en bon état, vû qu'ils ne trouvent rien dans leur païs qui y soit propre, car il y a trés-peu de bois sur tout pour des mats ; ils n'ont ni cordages, ni goudron, ni voiles, ni ancres, ni même de fer aux environs d'Alger. Dés qu'ils peuvent seulement avoir assez de bois neuf, qu'ils font venir de Bougie, pour former le fond du Vaisseau, ils achevent le reste des débris des Vaisseaux de prise, qu'ils sçavent parfaitement menager, & trouvent ainsi le secret avec de vieux Vaisseaux d'en faire de neufs, bienfaits & bons voiliers. Entre toutes les Puissances des côtes de

LII.
La Marine.

Barbarie, les Algeriens fur mer font les plus forts pour la bonté, & le nombre de leurs Vaiſſeaux, qui eſt d'environ vingt-cinq, depuis dix-huit juſqu'à ſoixante Canons, ſans les Caravelles, Barques, ou Brigantins, & donnent aſſez d'exercice à tous les Marchands Crêtiens de l'Europe, qui negocient dans la Mediterannée, pour engager tous les Princes à ne negliger aucune occaſion de faire ou d'entretenir la paix avec eux. Mais excepté la France qui eſt toûjours à portée de les châtier, ils n'y donnent pas aiſément les mains, parce que la guerre leur donne occaſion de faire un plus grand nombre de priſes, qui ſont les plus ſolides & les plus conſiderables revenus de la Republique, tant pour les Bâtiments & marchandiſes dont elle profite, que pour les Eſclaves, des travaux & du rachat deſquels ils tirent un grand revenu. On peut juger de l'avantage qu'ils retirent de leurs pirateries, puiſque depuis le 10. Decembre 1712. juſqu'à nôtre départ d'Alger, le nombre des priſes ſe montoit à ſoixante-quatorze ; &

celui des Captifs Crétiens à mille six cent soixante-huit. Ces succez encouragent les Turcs, & font que leurs forces sur mer augmentent tous les jours, par le grand nombre de ceux qu'attire l'espoir d'un semblable profit ; à quoi il faut ajoûter qu'une des principales loix de la Republique, est de ne laisser jamais diminuer ses forces : ainsi lors qu'un Vaisseau Corsaire a fait naufrage, ou a été pris, les particuliers qui l'avoient fait construire, ou armer à leurs dépens, sont obligez d'en construire un nouveau de la même force ; ainsi la Republique n'y perd rien, & gagne au contraire par cette autre loi, qui la rend heritiere de tous les biens & effets, meubles & immeubles, de tous ceux d'entre les Turcs ou Maures, qui meurent sans enfans ou sans freres, par quelque accident que ce puisse être, même en combattant pour l'Etat : elle fait vendre tout à son profit, & lors que quelqu'un revient de l'esclavage, elle en est quitte pour lui donner seulement un année de la paye qu'il recevoit avant son malheur. Ainsi la Republique augmente toûjours ses revenus par la guerre ; il n'y a que le Dey qui pour son interêt particulier, entend quelques fois des propositions de Paix. La raison est que la Milice étant fort mutine & seditieuse met sur son compte tous les mauvais succez des entreprises, ausquelles elle-même l'auroit engagé. La perte de quelques Vaisseaux & la captivité de leurs amis, émeut ces mutins à la premiere nouvelle, & ces émotions ne se passent presque jamais sans qu'il en coûte la vie au Dey. Nous en avons vû de nôtre tems deux exemples ; Car du tems du premier Bombardement, que la France fit à Alger, ils massacrerent leur Dey, nommé Baba Assen ; & pendant le second Ibrahim auroit eû le même sort, s'il n'avoit pris la fuite avec le fameux Bacha Mezemorto.

Ils ne se mutinerent pas de même, quand les Anglois leur prirent vingt-six Bâtiments de course ; la Milice trouvant de quoi se consoler dans la prise de trois cent cinquante-trois Vaisseaux marchands Anglois, qui leur apporta un profit immense, ce qui fit que les Anglois acheterent à prix d'argent la paix avec Alger, qui jamais ne la leur auroit accordée, sans sa rupture avec la France, tant cette paix est interessante pour le commerce.

Il ne faut donc pas s'étonner des efforts que font à present les Hollandois pour renoüer la bonne intelligence avec Alger, qui depuis quelques années donne la chasse à leurs Negocians, malgré tous les Traitez precedens. Nous étions encore dans cette ville, lors qu'il arriva un Capidgy de la part du grand Seigneur, pour negocier cette Paix. Sa Hautesse ayant bien voulu faire cette démarche, en reconnoissance des mouvemens que l'Ambassadeur Hollandois s'étoit donné pour la paix de l'Empire avec l'Ottoman : On sera peut-être bien aise de sçavoir les circonstances de sa reception.

Ce Capidgy, nommé Assen Aga, étoit parti de Tunis, pour se rendre par terre à Alger : Etant arrivé la nuit du 3. au 4. Decembre 1719. à un fort, nommé Caratak, à une lieüe & demie de la Ville ; il en

LIII. Envoyé de la Porte.

voya un Chaoux au Dey, pour lui donner avis de son arrivée : Dés le matin le Dey envoya au-devant le Divan, les Janissaires & plusieurs autres soldats, ayant tous en tête leurs bonnets de distinction ; ils partirent commandez par leurs premiers Officiers & arriverent au Fort où ils saluerent le Capidgy, & l'escorterent jusqu'à la Ville, à l'entrée de laquelle l'Envoyé fut salué de trois coups de Canon, puis conduit à la maison du Dey, precedé de toute cette Milice, dont l'Aga à Cheval precedoit immediatement le Capidgy, monté sur un Cheval richement enharnaché, & arriva jusqu'au milieu de la cour du Dey, à la porte de laquelle l'Aga qui le precedoit avoit mis pied à terre : le Dey étoit déja au fond sur son siege ordinaire, environné de l'Amiral, de tous les Capitaines de Vaisseaux, & des anciens Conseillers, qui aprés avoir baisé la main au Dey, s'étoient rangez chacun à leurs places : Le Moufti s'y trouva aussi avec le Cady & le Marabout, tous trois distinguez par des Turbans de differentes grosseurs, selon leur distinction, & s'étoient assis à la droite, un peu au-dessous du Dey, auquel ils ne baiserent point la main, ils lui firent une simple reverence; mais le Dey, selon sa coutume à leur approche, se leva & les embrassa tous trois. Tout le Divan ainsi assemblé & placé selon la coutume attendoit le Capidgy; lequel arrivé au milieu de la Cour, descendit de Cheval & soutenu de ses gens par les deux bras, s'avança vers le Dey & lui baisa la main. Le Dey se leva, l'embrassa, & s'étant remis à sa place, & ayant fait asseoir le Capidgy à sa gauche, lui parla un peu de tems: le Capidgy se leva, & prit des mains d'un Valet de pied du Grand Seigneur la Lettre de sa Hautesse, qu'il portoit en ceremonie & avec beaucoup de respect, & l'ayant portée sur sa tête & baisée, la presenta au Dey, qui se leva & fit la même chose par deux fois, & l'ayant remise à un de ses Ecrivains, il reprit sa place, s'entretenant avec le Capidgy, & pendant la conversation il prit le Café; ensuite le Dey se leva & tout le monde avec lui; il s'avança jusques vers le milieu de la Cour, où il resta debout les mains croisées, pour entendre la lecture de la Lettre du Grand Seigneur, & celle de l'Aga des Janissaires, & du Capoudan Bacha de Constantinople, qui se fit tout haut devant toute l'assemblée, qui étoit environ de deux mille personnes, toutes dans la même posture que le Dey. Le chef des Huissiers ou Chaoux cria d'abord tout haut ; voici l'Ordre de l'Empereur qu'on va lire, écoutez attentivement. On lût, & voici sa teneur, comme je l'ai reçû des mains de M. de Fiennes, Interprête du Roy pour les Langues Orientales, qui l'a traduite ainsi.

" Au Dey & Bacha d'Alger,
" Mehemet Bacha, Prince choisi
" pour remplir la Dignité dont il
" est Possesseur, qui a été conser-
" vé par les secours du Trés-Haut,
" & à vous Moufti trés-docte, &
" vous Juges remplis d'Eloquence
" & d'équité, & aussi à toutes les
" personnes remplies de Science,
" & à tous les Chefs de Milice,
" combattans pour la Foi, & à tous
" nos fideles Sujets d'Alger, Salut.
" Nous

" Nous vous faisons sçavoir, par
" la teneur de noble & sublime Or-
" dre, que l'Ambassadeur de Hol-
" lande, qui est presentement à nôtre
" excelse Porte ; nous ayant repre-
" senté que vous aviez declaré la
" Guerre à la Hollande sans sujet,
" & que cela étoit injuste & contre
" les Articles des Traitez, qui leurs
" ont été accordez par nôtre benite
" Porte avec laquelle ils sont en
" Paix. Le tout ayant été éxaminé
" avec attention, Nous avons été in-
" formez, que la Guerre injuste que
" vous avez déclarée aux Hollan-
" dois, est contre les Articles que
" ledit Ambassadeur d'Hollande a
" exposé ; par lesquels Articles, il
" est specifié, que pendant qu'ils
" seront en paix avec nôtre excel-
" se Porte, il ne sera donné aucu-
" ne atteinte sur leurs personnes,
" ni sur leurs effets, par les Sujets
" d'Alger, Tunis & Tripoly ;
" neanmoins vous avez trangressé
" les Traitez, & leurs avez pris
" pour environ cinquante mille
" Ecus d'effets, & leur Consul a été
" obligé de se retirer en France.

" Ayant eû égard aux remon-

K

"trances respectueuses, faites par
"ledit Ambassadeur d'Hollande,
"au seüil de nôtre benite Porte,
"Nous avons envoyé nos Ordres
"& nos intentions cy-devant sur
"ce sujet ; l'effet n'ayant point re-
"pondu à ce que nous devions at-
"tendre des fideles Sujets ; Nous
"vous envoyons le present Ordre,
"auquel vous devez vous confor-
"mer, lequel Ordre vous sera re-
"mis par Assen Aga, un de nos
"Capidgis Bachis. Nôtre intention
"est que vous envoyez deux Offi-
"ciers à Constantinople ; lesquels
"étant commis pour traiter la Paix
"avec lesdits Hollandois, expose-
"ront leurs raisons. Vous sçavez
"que les Sujets qui desobeïssent à
"leur Empereur, sont coupables,
"& souvent exposez aux punitions
"envoyées de la part du Trés-
"Haut, comme il est marqué dans
"le Noble Alcoran. Ainsi il vaut
"mieux que vous vous conserviez
"l'applaudissement & la bienveil-
"lance, que le blâme & la haîne :
"C'est pourquoi il faut que vous
"éxecutiez ce qui vous est ordon-
"né par le present Ordre, au haut

« duquel est le noble Signé, au-
« quel vous devez ajoûter foi.

Pendant la lecture tout le monde étoit dans un respectueux & admirable silence; dés qu'elle fut finie, le Chef des Chaoux cria trois fois *Satha, Satha, Satha*, qui exprime le respect & la soumission avec laquelle on devoit recevoir l'ordre de l'Empereur: Ensuite chacun retourna à sa place, où le Dey s'entretint encore avec le Capidgy Bachy; & la conversation finie, cet Envoyé alla monter à Cheval à la même place, où il étoit descendu en entrant, & fut conduit à la Maison, qui lui étoit préparée, par la même Escorte & dans le même ordre qu'il avoit été amené.

On voit par ce recit quel respect les Algeriens ont pour tout ce qui vient de la part du Grand Seigneur; mais on voit par les effets que c'est là tout le tribut qu'ils lui rendent; & l'on ne s'est pas encore apperçu que cet Ordre ait eû des suites favorables aux Hollandois. Quoique cet Envoyé soit parti d'Alger en même tems que nous, pour aller à Tunis, M. Dufault le prit sur son

K ij

bord pour le rendre à Tunis, où nous devions le joindre, si la Providence n'en avoit disposé autrement.

LIV. Bacha.

Autrefois le Grand Seigneur avoit un pouvoir absolu sur cette Republique, & y envoyoit un Bacha revêtu de son autorité, & representant sa personne, qui comme dans tous les autres païs dépendant de sa Hautesse, étoit le Chef du Gouvernement ; Mais depuis Alger a secoué ce joug : Et quoique l'Envoyé du Grand Seigneur y conserve encore le nom & la dignité de Bacha, il ne lui reste plus aucune autorité ; il n'y a aucun pouvoir. S'il assiste aux Divans generaux, il n'y a aucune voix ; il lui faut la permission du Dey pour sortir de sa maison, où il vit tranquillement dans son Domestique : la Republique pour cela de deux Lunes en deux Lunes, lui donne deux mille Pataques, la pataque est environ vingt-cinq sols de nôtre monnoye, avec les provisions de Ris, de Couscoussou, de viande, & de ce qui est necessaire pour l'entretien de sa Maison.

On ne sçait si c'est pour cette

raison de ne pas laisser tant avilir la dignité de son Bacha, qu'il a envoié le Caftan au Dey d'aprésent & continué de réünir le titre de Bacha à la dignité de Dey dans une même personne, comme il avoit dejà fait dans son Predecesseur Baba Aly, qui fut en même tems Dey d'Alger & Bacha du Grand Seigneur. Ce fut celui-ci qui d'entre tous les Deys depuis 1700. est mort tranquille dans son lit, revêtu de ces deux dignitez ; peut-être par cet avantage temporel, Dieu a-t'il voulu recompenser un trait de generosité, dont il usa à l'égard d'une Fille Crêtienne, qui merite d'être raconté.

Anne-Marie Fernandez, native de Tolede, âgée de seize ans, ayant été prise avec sa Mere & une Sœur nommée Flore, fut conduite par un Chaoux à la maison du Dey Baba Aly, le premier Septembre 1711. Entrant dans la Cour au moment que le Dey donnoit lui-même la paye à la Milice ; cette jeune Fille prevenüë des sentimens de sa Religion, & prevoyant que sa jeunesse & sa beauté, alloit exposer sa Foi & son innocence à de

LV. Histoire d'Anne-Marie Fernandez.

trés-grands perils, profita de la confusion que causoit la foule des Soldats, & alla dans la bouë se couvrir le visage, & commença à se déchirer les joües & les bras, aprés s'être recommandée à Dieu, & avoir invoqué avec beaucoup de larmes le puissant secours de la Sainte Vierge. La paye étant achevée, cette pauvre Victime toute tremblante fut presentée au Dey, qui la fit monter à son appartement, il chercha l'occasion de la rassurer par de grandes promesses, exagerant le bonheur qu'elle pouvoit esperer si elle étoit soumise à ses volontez, & comme dans ses protestations il tentoit de la caresser, cette jeune Fille repoussa genereusement toutes ses caresses & ses violences; disant qu'elle ne vouloit pas acheter sa protection, ni les avantages qu'il lui offroit au prix de son ame, qu'elle étoit son Esclave, qu'il la condamna aux travaux, qu'elle les subiroit, mais qu'elle ne pouvoit consentir à aucun crime, parce qu'elle étoit Crêtienne. Elle continua de resister toûjours avec une égale constance à la violence que le Dey continuoit de lui faire, jusques à ce qu'indigné de se voir vaincu, aprés lui avoir donné plusieurs coups de poing & de pied, il se retira tout en colere. Ce n'étoit-là que le prelude des combats qu'il lui a falu soutenir. Dés le soir même le Dey revint à la charge & la trouva aussi inebranlable que le matin ; ses cris entendus jusques hors le Palais firent juger de la violence qu'on lui faisoit, & l'on vit que sa constance n'avoit pas été ébranlée, quand on apperçût le Dey tout en fureur, qui la traînoit par les cheveux du haut de son Escalier jusqu'en bas.

Voyant qu'il n'avoit pû réussir dans ce premier assaut, il changea de batterie ; il l'a mit dans un appartement distingué, avec une Noire pour la servir, & l'alloit souvent trouver, lui faisant beaucoup de protestations inutiles, ajoutant tout ce qui peut ébloüir les jeunes personnes de son sexe, des habits magnifiques & des bijoux précieux; mais plus curieuse de garder sans tache sa robbe nuptiale, elle les refufa malgré les prieres, les commandemens, & les inſtances que le Dey lui fit pendant plus d'un mois. Pour lever ce qu'il traitoit de ſcrupule, il fit venir une fille crêtienne, eſclave du païs & de la connoiſſance de cette jeune Vierge, comme pour lui tenir compagnie, & qui en ſa preſence ne fit aucune façon de prendre de la main du Dey de ſemblables habits & de s'en vêtir. Cette jeune mais genereuſe Fille la couvrit de confuſion, lui reprochant ſa lâche condeſcendance, & le criminel oubli qu'elle faiſoit des vœux de ſon Baptême; le Dey ne pût s'empêcher d'admirer l'une & n'eut que du mépris pour l'autre qui ſe rendoit ſi facilement : mais ſon admiration rendoit ſa paſſion plus vive. Il crût que l'air de la Campagne pourroit lui amolir le cœur, & que parmi les plaiſirs elle deviendroit moins auſtere & plus traitable. Il la fit vêtir malgré elle de beaux habits, la fit monter ſur une Mule, à la maniere du païs, enfermée dans une eſpece de loge ou de lanterne, magnifiquement ornée, & la conduire

duire dans le Jardin de son Oncle. Comme elle se persuadoit que le Dey si passionné ne manqueroit pas de la suivre, & que dans la Campagne ses cris deviendroient inutiles ; elle commença de les pousser dans toutes les ruës de la Ville, par où elle passa, afin que tout Alger fut témoin de la violence qu'on lui faisoit, & que les Crêtiens qui l'entendoient fussent excitez à la secourir du moins par leurs ferventes prieres devant le Seigneur : C'est ce qu'elle ne cessa de leur demander, implorant l'aide & le secours de nôtre Seigneur à grands cris, & demandant l'intercession de la sainte Vierge.

L'Oncle du Dey avec tous ses efforts & ses artifices, ne gagna rien sur le cœur de cette jeune Vierge ; ils lui étoient moins dangereux que la presence de son Persecuteur, & aprés les assauts qu'elle avoit soutenus ; les menaces, & les promesses n'avoient guére de force pour ébranler sa constance ; elle se trouvoit là comme à l'abry, & ne commença à trembler, que lors que le Dey aprés trois semaines, la fit revenir chez lui, où il avoit déja renfermé sa mere & sa sœur, pour voir si par leur moïen, il n'ébranleroit pas sa constance: il les flatta de leur liberté, si elles l'engageoient à être plus complaisante. Mais ce fut en vain, & cette union ne servit qu'à les rendre toutes trois plus fermes dans la vertu & dans la Religion. M. le Vic. Apost. & le Pere Administrateur de nôtre Hôpital, touchez de son état, se rendirent chez M. de Clairambaud, Consul de France, pour conferer ensemble sur les moïens de faire cesser une si cruelle & dangereuse persecution, & sur la maniere dont on devoit parler au Dey. Ils sçavoient la réponse qu'il avoit faite aux plaintes qu'on lui avoit portées contre un Patron, qui usoit de semblables violences envers une Crêtienne son esclave : il avoit répondu c'est son bien, il peut en disposer comme il le juge à propos : Cependant M. de Clairambaud se chargea de lui porter la parole, & le fit avec beaucoup de discretion; le Dey lui repondit qu'il ne forceroit pas son Esclave à renier. M.

le Conſul s'en revint tout triſte, jugeant aſſez par cette réponſe que le Dey ne renonçoit pas à continuer ſes pourſuites ; ce qu'il fit avec plus d'artifices & de violence que jamais : juſqu'à ce que Dieu voulant finir les combats de ſa ſervante, changea tout d'un coup la fureur du Dey en admiration, & que touché de la conſtante vertu de ſon Eſclave, il lui donna ſa liberté, avec celle de ſa mere, & de ſa ſœur. Elle furent toutes trois embarquées le 20. May 1717. dans un Vaiſſeau, dans lequel nos Peres d'Eſpagne ramenoient deux cent trente Eſclaves, qu'ils avoient rachetez. Tant la vertu eſt eſtimable quand elle eſt conſtante, puiſqu'elle jette un éclat qui la fait admirer & recompenſer par un Roy barbare & paſſionné.

LVI. Les Vicaires Apoſtoliques Alger.

Les Vicaires Apoſtoliques dans Alger ſont tous choiſis de la Congregation de Saint Lazare, depuis leur établiſſement dans cette Ville, procuré par le zele du P. Vincent Paul, qui y avoit éprouvé toutes les rigueurs de la captivité, & vû avec un extrême regret les perils où ils étoient expofez, & le peu de zele qu'on avoit en France pour procurer à ceux de la Nation les fecours fpirituels dont ils ont un fi grand befoin. On y envoye des perfonnes d'un zele & d'une charité infatigable, qui leur eft bien neceffaire, pour remplir comme ils font dans toute fon étenduë les devoirs d'une fonction autant difficile qu'elle eft profitable à ces Crêtiens perfecutez, avec la charge d'une Eglife, toûjours dans l'oppreffion, au milieu des fcandales, qui font fouvent tomber les foibles & leur donne beaucoup d'exercice; ils ont encore à fouffrir de l'infidelité des Barbares, qui au premier ombrage les expofent à de nouvelles perfecutions.

Tout environnez qu'ils font de perils fur mer, fur terre, de la part des Infideles, des Juifs, des Heretiques, & des faux Freres; ils fe foutiennent avec une conftance merveilleufe, & une vie fi exemplaire, un zele fi bien conduit, qu'ils en convertiffent plufieurs, fur tout des Heretiques, & reconcilient de grands pecheurs, qu'on voit changer de vie ; arrêtent par leurs larmes & leurs exhortations pressantes ceux qu'ils voyent prés de renoncer à la Foi ; inspirent de grands remords à ceux qui l'ont fait, & personne depuis leur établissement & celui de l'Hôpital ne peut se plaindre de n'avoir pas ce qui lui est necessaire pour faire son salut.

Aussi Dieu les protege-t'il d'une maniere sensible, & benit leurs travaux par des conversions considerables, & par la confiance parfaite que tous les Crétiens de toutes Nations leur temoignent.

Deux ont déja consommé leur course, par une glorieuse mort, ayant été mis par les Barbares à la bouche du Canon, & envoyez au Ciel comme victimes de leur ressentiment, aussi bien que de la haine du nom Crêtien, qu'ils avoient si genereusement prêchez & soutenus. L'un, fut M. le Vacher, qui en 1683. fut mis par l'ordre de Meze-Morto à l'embouchure d'un Canon, lorsque M. du Quesne vint pour la seconde fois jetter des Bombes dans la Ville ;

le second, fut M. Montmasson qui eût le même sort, en l'année 1688. quand M. le Maréchal d'Etrées la bombarda encore une fois. Voici l'extrait d'une Lettre qu'un témoin oculaire en a écrit à un de nos Peres. L'Auteur est le Frere Jacques le Clerc, de la Congregation de saint Lazare, resident depuis longtems à Alger, pour y servir de Compagnon aux Vicaires Apostoliques; on y voit des circonstances, qui montrent quelle matiere on trouve là pour éxercer le zele & la patience.

LVII. Lettre du Frere Jacques le Clerc.

En l'année 1686. dit la Lettre, M. Michel de Montmasson étoit Vicaire Apostolique, dans le même tems que le R. P. Antoine d'Espinosa étoit Administrateur de l'Hôpital, & Mezemorto Bacha & Dey d'Alger. En 1688. l'Armée navale de France parut devant cette Ville, sur la fin du mois de Juin; c'étoit pour avoir satisfaction des contraventions que ces Puissances Barbares avoient faites à la Paix. Le Commandant de cette Armée ne fit aucune démarche pour la demander, & ces Barbares n'en faisoient pas non plus, pour sçavoir les prétentions du Commandant de ladite Armée navale : on commança à tirer des Bombes sur la Ville ; les Barbares de leur côté se vangerent sur les François, & les mirent à la bouche du Canon, M. de Montmasson, Vicaire Apostolique, & M. le Consul de France les premiers, & continuerent d'en mettre quasi tous les jours quelques uns, jusqu'au nombre d'environ quarante, tant que l'Armée jetta ses foudres. M. de Montmasson avoit eû la precaution de mettre une somme considerable d'argent en dépôt entre les mains du P. Antoine d'Espinosa, Administrateur de l'Hôpital ; ce qui fait connoître son merite & sa prudence, par la confiance que M. le Vic. Apost. avoit en lui.

Le Bombardement dura environ quinze jours, pendant lesquels mon tour vint, qui fut le 7. du Mois de Juillet ; on me prit & me conduisit pour subir le sort des autres, je veux dire d'être mis à la bouche du Canon : mais mon heure n'étoit pas encore venuë, il plût à la divine Providence de me referver pour quelqu'autre fin à elle connûë. Je fus donc conduit pour aller facrifier à Dieu la vie qu'il m'avoit donnée ; mais je n'eus pas plûtôt fait environ deux cent pas, que je me vis reconduire au lieu d'où j'étois parti, qui eft un Fondoüe à la porte de Babazon, lieu où on avoit conduit M. le Vicaire Apoftolique, M. le Conful de France, les Capitaines François, & les Efclaves Crêtiens des Bagnes. Je croiois que ce fut pour me faire fouffrir de plus cruels tourmens que celui du Canon, ainfi que le bruit couroit alors, qu'on vouloit faire fouffrir aux François, qui étoit de les cloüer fur des planches en Croix. Cependant quand je fus arrivé au Fondoüe, le Gardien Bachy, nommé Baba Aly, me demanda fi j'étois Frere du Vicaire Apoftolique, qu'on avoit mis au Canon les années précedentes, ou de celui qu'on venoit d'y mettre, je lui répondis que je n'étois point le Frere charnel de Pere ou de Mere, mais que nous nous qualifions de Freres entre nous ; il me dit alors de n'avoir point de peur & que je restasse là en repos. Le soir précedent j'avois envoyé par un serviteur de l'Hôpital un billet au Pere d'Espinosa, Administrateur, & lui representois l'extremité où je me trouvois; qu'on avoit déja fait mourir mes deux Confreres, sçavoir, M. le Vic. Apost. & nôtre Frere François Francillon. Ce dernier étoit un Laïque qui avoit échappé ce genre de mort du tems de M. le Vacher; que je me recommandois à ses prieres & à sa protection.

Dés la nuit suivante il envoya un Mayorquin de ses amis, nommé Plumel, homme d'esprit & adroit, qui negocia ma délivrance, en promettant au Gardien Bachy deux cent vingt Piastres, & m'assura qu'il n'y avoit rien à craindre pour moi. Ledit Plumel apporta la somme convenuë quelques heures aprés & la compta au Gardien Bachy en ma presence; on me fit ensuite couper les cheveux & changer d'habit, & la nuit suivante conduire par ledit Plumel & deux sous-Gardiens au Jardin du Pere Administrateur, où je restai environ quinze jours, jusqu'au départ de l'Armée, recevant pendant ce tems toutes les caresses & amitiez possibles du Pere Administrateur.

Quelques jours aprés que l'Armée eut levée l'ancre, le Dey me fit appeller, c'étoit Ibrahim Cogis, qui étoit revenu du Siege d'Oran de cette année 1688. J'y fus conduis par ledit Gardien Bachy, qui me presenta à lui, & m'y laissa pour rendre compte de ce qu'on me demanderoit ; j'y demeurai environ quinze jours, au bout desquels je demandai ce qu'on vouloit faire de moi, le Cazenador où Tresorier du Dey me demanda où je demeurois avant de venir chez eux, je lui dis que j'étois chez le Pere Administrateur, & il me dit à l'instant d'y retourner ; j'y fus donc conduit par l'Ecrivain du Dey, qui étoit un Crêtien, le Pere Administrateur me reçût encore volontiers, & m'a toûjours consideré & traité avec toute la charité possible, pendant environ quinze jours. La France fit la paix avec ces Barbares en Septembre 1689. je fus appellé par le Commissaire du Roy, qui étoit venu pour la traiter, pour demeurer à sa maison, & avoir soin de sa Chapelle & de la Sacristie ; & avant mon départ pour France, je rendis au Pere Administrateur la somme qu'il avoit deboursée pour moi. Enfin je pris congé de ce Pere, qui me voulut bien donner de nouveaux temoignages de son affection. Sa charité dans ce tems du Bombardement se fit encore connoître à l'égard de huit ou dix Capitaines ou Patrons François, qui sauverent leurs vies à force d'argent, il les reçût à son Jardin, & leur donna le refuge & la nourriture, pendant le sejour de l'Armée en rade. Aprés le départ de l'Armée, le Pere Administrateur retourna de son Jardin à l'Hôpital ; il y reçût les Malades à l'ordinaire, l'Infirmerie ayant été fort peu endomagée par les Bombes ; il y reçût cinq ou six Prêtres ou Religieux Esclaves, les Chapelles des Bagnes ayant été détruites par les Bombes, & ils y resterent plusieurs mois.

Ce vertueux Frere vint comme il le dit faire un voïage en France, mais il ne fut pas long ; on le renvoya bien-tôt continuer son emploi, qui est de servir & de seconder le zele des Missionnaires Apostoliques, chez un peuple qu'il a assez long-tems pratiqué, pour en connoître les mœurs & les manieres.

LVIII. M. Duchesne Vicaire Apostolique.

Celui qui exerce à present cette charge de Vicaire Apostolique est M. Duchesne, qui depuis quinze ans travaille avec un zele infatigable à s'en acquiter de maniere à ne rien devoir à ses predecesseurs, que les grands exemples qu'ils lui ont donnés, ausquels il ajoûte de nouveaux exemples de charité pour les Esclaves, d'une grande attention à entretenir une parfaite intelligence avec M. le Consul, d'un grand soin à exhorter tous les Crêtiens libres à frequenter les Sacremens, & par la bonne foi qu'il leur recommande dans le commerce sur tout avec les Infideles, de faire honneur à la Religion, d'une grande fermeté à maintenir la Discipline & les Canons contre les Excommuniez, d'une grande douceur à ramener les Heretiques au sein de l'Eglise, & d'une assiduité édifiante à rendre visite aux malades, quoique souvent attaquez de maladies contagieuses dans l'Hôpital, avec l'Administrateur duquel il est dans une union qui fait la consolation de tous ces pauvres affligez ; il me seroit facile de donner des preuves de ce zele apostolique, si je ne me trouvois pressé de revenir à mon Journal & de le finir.

Le 12. Decembre le P. Comelin & moi fumes à l'Audiance du Dey ; il étoit dans son appartement, au plus haut de sa maison du côté de la mer, assis sur son Sofa, les Jambes nuës & croisées, les pieds hors de ses Babouches, sur un grand Tapis de Perse, aux extremitez duquel étoient deux gros Coussins de Damas rouge, le reste de la Chambre étoit couvert de Tapis de Turquie, les murailles étoient toutes garnies d'un côté de Sabres, enrichis de pierres précieuses, d'autre côté de Pistolets fort riches & fort propres, & d'autre part d'autres Armes à proportion ; il avoit pour Officiers, son Truchement, un Chaoux & deux autres Turcs, le Truchement de la Nation étoit entre nous deux : Le P. Comelin avoit dans une Audiance précedente entamé la negociation pour dix Esclaves, tant du

LIX.
Audiance.

Belic que de la chambre du Dey, pour lesquels il avoit fait une offre, qui n'ayant pas été acceptée, l'avoit contraint de ne racheter que trois de ce nombre, pour le prix de cent trente Piastres ; il en demanda encore trois dans nôtre Audiance, sçavoir, Pierre Dunic & Philippe son fils, avec Pitre Chirurgien ; ces Esclaves presens, il offrit pour eux au Dey trois mille Piastres, le Dey dit qu'il vouloit y joindre un quatriéme Esclave de sa chambre, c'étoit un grand garçon bien-fait de Hambourg, aussi present ; on remontra au Dey que ce quatriéme ne convenoit pas étant Étranger & Lutérien.

Les Officiers assûrerent qu'il étoit Catolique, & le Dey prenant la parole, dit qu'il ne s'en embarassoit point, qu'il étoit Crêtien, qu'il vouloit le joindre aux trois autres, & que pour les quatre il demandoit cinq mille Piastres : il ajouta pour se disculper de cette rigueur, que nous avions racheté plusieurs Esclaves sans sa permission, qu'il n'accordoit jamais qu'aprés avoir vendu un nombre des ſiens ; nous lui répondîmes, que nous n'ignorions point ce devoir, que l'Ambaſſadeur de l'Empereur de France nous avoit preſenté à lui dans ſa premiere Audiance, & lui avoit déclaré le ſujet de nôtre venuë, qui étoit de racheter les Sujets de Sa Majeſté, & que nous avions ſon ſilence & ſa bonne reception pour ſon conſentement.

Cependant nous tînmes ferme à ne vouloir que les trois, pour leſquels le P. Comelin avoit offert juſqu'à trois mille Piaſtres ; tout cela eſt inutile, répartit le Dey, je vais les envoyer tous quatre par un Chaoux, bon-gré mal-gré vous les prendrez au prix que j'ai dit, & vous ne ſortirez pas d'Alger que je ne ſois ſatisfait. Alors un des Chaoux qui étoit preſent fut baiſer la main au Dey, & le pria de diminuer cinq cent Piaſtres, ce qui fut accordé ; mais nous demeurâmes fermes, répondant à toutes ſes menaces, qu'il étoit maître dans ſes Etats ; mais que les fonds nous manquant, nous ne pouvions racheter les Eſclaves à un ſi haut prix ; à quoi il répliqua, que ſi nous avions commencé par les siens, il nous auroit fait meilleur marché, mais qu'ayant manqué à ce devoir, nous ne devions esperer aucune grace : Nous prîmes congé de lui, & dés le jour même il envoya les trois Esclaves qu'on avoit marchandés & fit dire qu'il envoïeroit le quatriéme la veille de nôtre départ.

LX.
La Fête de Noël solemnisée.

Nous nous délassâmes de toutes les fatigues que nous donnerent ces negociations, tant avec le Dey qu'avec ses Sujets. Les Fêtes de Noël en donnerent l'occasion. L'Office se fit avec autant de liberté & de solemnité qu'en terre crêtienne, ayant celebré la Messe de minuit au son des Trompettes, des Flutes & des Hautbois, qui se firent entendre depuis dix heures du soir jusqu'à deux heures du matin.

Dés que les Fêtes furent passées, Nous retournâmes le 27. Decembre chez le Dey ; il étoit au lieu ordinaire de ses Audiances, ayant à sa droite ses quatre grands Ecrivains, enfermez dans une espece de Bureau, tenant leurs Regiſtres devant eux. Nous avions porté des Squins, qui furent exactement pesez, éxaminez

minez & comptez par un Juif & par le Tresorier qui s'en saisit. Pendant cet examen on apporta le Café, qu'on nous presenta aprés le Dey & les quatre Ecrivains ; l'argent compté, & les droits des Portes payez pour les quatre Esclaves, nous nous retirâmes pour ne penser plus qu'à nôtre départ.

Nous avions racheté soixante-trois Captifs ; & les Reverends Peres de la Mercy, qui travailloient de leur côté pour ceux de leurs Provinces, en avoient racheté environ trente cinq, qui tous ensemble furent conduits à la maison du Dey, ils y furent passez en revûë, & chacun reçût la Carte-franche, & nous les conduisîmes aussi-tôt à la Marine pour nous embarquer & faire nôtre route vers Tunis, afin d'y racheter les Esclaves que nous devions y trouver en grand nombre, & de-là passer à Tripoly pour le même sujet, mais la Providence en disposa autrement. M. Dufault, qui s'étoit engagé à porter sur son bord d'Alger à Tunis l'Envoyé de la Porte, avec sa suite, qui étoit d'environ trente Turcs, nous dit

LXI. Esclaves rachetez, & passez e revûë.

M.

qu'il n'y restoit plus de place pour nous & nos Esclaves, mais qu'il avoit pourvû à nôtre transport; c'étoit une Flûte qu'il avoit achetée, sur laquelle il mit pour Patron François Souchon, qu'il avoit pris à Marseille, & avec lequel il avoit fait quelques voyages sur les Côtes de Barbarie. Il étoit sans emploi depuis plusieurs années à cause de son extrême vieillesse. Le tems étant propre pour la navigation, nôtre Flûte se mit en rade, sous le vent du Vaisseau de M. Dusault; nous avions pris sur nôtre bord deux de nos Religieux Espagnols, qui alloient fonder un Hôpital à Tunis; ils avoient tenté d'en faire de même à Oran, mais n'y ayant pas eû de succez ils s'étoient contenté d'y faire seulement une Mission pour y renouveller la ferveur des Crêtiens, & les encourager à tenir ferme dans ce qu'ils avoient promis à Dieu; quoique sous la puissance des Barbares, qui dans la nouveauté de leur domination, en une Ville qu'ils venoient de prendre, les traitoient avec plus de défiance & de rigueur.

Le 4. Janvier 1720. aprés la vi- — LXII.
site de nôtre Barque, faite par le Départ
Capitaine du Port ; le Truchement d'Alger.
de la Nation nous donna ordre de
mettre à la voile pour Tunis, de la
part de M. Dusault, qui suivant sa
promesse devoit faire voile en même tems & nous suivre à vûë, mais
il ne partit que le lendemain, sans
nous donner de rendez-vous, ni
aucuns Signaux, ce qui ne nous
donna pas peu d'inquietude, parce
que le reste de nos fonds étoit demeuré sur son Vaisseau, sur lequel
il avoit aussi pris Mademoiselle du
Bourk & sa Gouvernante avec
quelques Esclaves.

Nous avançâmes vers Tunis toûjours à la vûë des Côtes, & dés le
5. au matin nous étions déja à la
hauteur de Gigery à cinquante
lieües d'Alger, mais à l'entrée de
la nuit, il s'eleva une bourasque terrible qui nous mit dans un double
peril, ou d'être ensevelis dans les
eaux par les lames de mer qui cou-
vroient notre Barque de Proüe à
Poupe, & la faisoient craquer &
s'entrouvrir, ou d'échoüer sur les
Côtes, vers lesquelles le vent nous

portoit avec violence, les Mariniers qui connoissoient mieux le peril que nous vinrent à nôtre chambre nous l'annoncer, & nous dirent qu'il étoit tems plusque jamais de recourir à Dieu, & d'ajouter aux prieres quelque vœu au nom de tout l'équipage, ce qu'on ne manqua pas d'executer. On mit à la cape jusqu'au matin 6. pour éviter la Côte, & toute la journée nous fûmes à la derive pour relâcher à Alger, & on ne fut occupé qu'à soutenir la tempête & à chercher un azile, & le 7. au matin quelques Esclaves de nôtre bord qui avoient fait plusieurs courses avec les Corsaires, reconnurent les Côtes d'Alger; ce fût un bonheur, car nôtre vieux Patron nous conduisoit à plus de quarante mille au-dessus.

LXIII. Retour à Alger.

Nous gagnâmes le Port à l'entrée de la nuit, & heureusement, puisque la tempête recommença plus que jamais le lendemain. Tous nos amis voyant le peril, furent ravis de nous revoir; mais on étoit fort en peine de M. Dusault, qui devoit avoir essuyé le plus fort de la tempête, qui fût le 8.

& le 9. Il n'y eut que le Dey qui parut fâché de nôtre retour, il envoya nous dire de remettre à la voile dés le lendemain, & qu'il ne vouloit pas que tant d'Esclaves séjournassent dans son port; mais M. le Consul appuyé fortement par l'Amiral d'Alger, lui ayant representé que la Barque n'étoit plus en état de tenir la mer & qu'elle avoit besoin d'être radoubée, il le permit. Nous fûmes huit jours à remettre la Barque en état, qui se trouva fort mauvaise, trop vieille & trop delabrée pour se mettre sûrement en mer, ce qui nous fit essayer toutes les voyes d'en trouver une plus sûre; mais n'en ayant pas trouvé, nous fûmes contraint de remettre à la voile le 15. au matin.

On délibera long-tems si on feroit route vers Tunis, ou si l'on profiteroit du vent pour revenir à Marseille. L'incertitude où nous étions, si nous trouverions M. Dusault à Tunis, où il nous auroit été dangereux d'arriver avec tant de Captifs sans nos effets. Les murmures de nos Esclaves, impatients de revoir leur païs, &

LXIV. Second départ d'Alger le 15. Janvier.

découragez de se voir reconduire vers des Infideles aussi barbares que les premiers, en danger d'être remis aux fers par quelqu'avanie assez ordinaire dans le païs, le mauvais état de plusieurs, & les nouvelles dépenses qu'il nous falloit faire pour les conduire de Port en Port en si grand nombre, nous obligerent de prendre la route de Marseille, à trente lieües de laquelle Ville nous nous trouvions déja. Le 20. Janvier 1720. sur le soir, le vent changea tout-à-coup, & nous repoussoit si fort que le Patron vouloit nous remener une seconde fois à Alger, mais nous aimâmes mieux relâcher au Port Mahon, où nous arrivâmes heureusement le 21.

LXV. Port Mahon.
Avant que d'entrer, une Chaloupe du Fort Saint Philippe, vint nous reconnoître, & nous fit entrer entre les deux Forts le Saint Philippe & le Philippet. Nous moüillâmes à une petite Isle, destinée pour les Bâtimens qui viennent du Levant, dans laquelle nous avions la liberté de mettre pied à terre, sous la garde de deux Soldats, qu'on nous avoit envoïez.

Nous fimes demander au Gouverneur des Ouvriers pour remedier s'il se pouvoit au mauvais état de nôtre Barque, & à faire là nôtre quarantaine, croyant en être quittes pour huit ou dix jours. On répondit au premier chef, que les Ouvriers nous coûteroient bien des frais & du tems ; que nous n'en trouverions pas à moins d'une Piastre & demie par jour, & que nous ne pouvions les avoir sans nous obliger à les défrayer pendant toute la quarantaine, qu'ils seroient obligez de faire dés qu'ils auroient touché nôtre bord ; ce fut aussi la réponse qu'on fit au second article de nôtre demande, qu'il ne pouvoit nous dispenser de la quarantaine entiere : Que sur les plaintes qu'il avoit reçûës, tant de la Cour de la Grande Bretagne, que de celle de France même, de sa trop grande facilité à en abreger le tems, il avoit donné sa parole d'honneur qu'il la feroit faire dans la rigueur. Ce qu'il nous confirma, lorsqu'il nous fit l'honneur de nous rendre visite à nôtre bord, nous assurant que nous pouvions compter sur lui pour toute autre chose.

Ce Gouverneur se nomme M. du Quesne. Celui de S. Philippe, nommé M. Petit, François de naissance, nous fit le même honneur, & les mêmes offres de service : Nous fûmes aussi visitez par plusieurs Marchands François, entr'autres par M. Signoret de Languedoc, chez qui le Pere Dominique Busnot avoit logé à Cadix, & qui plein d'estime pour lui & pour nôtre Ordre, eût la bonté de se charger de toutes nos commissions. Il nous acheta du bled pour faire du pain & du biscuit, dont nous avions grand besoin, nos provisions étant presque consommées ; il nous fit aussi avoir une barique de vin, & un baril de harang. Cependant n'ayant pû réparer nôtre Barque, dont la Pompe se boucha, sans qu'on pût ni la remettre en état, ni en trouver une autre à acheter, nous nous vîmes contrains de naulifer une Tartane françoise d'Agde, prête à faire route vers Marseille, & nous convînmes du prix de mille livres, payables à Marseille. Pendant cet intervale, un de nos Captifs habile Charpentier, trouva le secret de déboucher la Pompe, ce qui fit que le Patron qui sçavoit que nous avions naulisé une Tartane, vouloit lever l'Ancre pendant la nuit sans nous avertir, ce qui nous auroit exposé à un peril évident de perir, parce qu'on ne doit pas sortir de Mahon sans avoir été visitez, autrement on est coulé à fond : Voyant que nous ne voulions plus tous demeurer sur son bord, ni désister de la parole que nous avions donnée, il consentit de faire route à part, pourvû que nous lui donnassions neuf des meilleurs Mariniers d'entre les Esclaves, avec un Matelot Provençal, qu'il avoit pris à Alger ; nous leur donnâmes à chacun cinq Piastres & des provisions; & aprés avoir pris des passeports & avoir été visitez, nous sortîmes du Port.

La Baye, ou Port Mahon, d'où nous sortions, est un Golfe large & profond, ayant à son entrée le Fort de S. Philippe à la gauche, & celui de Philippet à la droite, distant l'un de l'autre d'une demie portée de canon. Le premier est une ancienne Forteresse bâtie sur un Roc, sur lequel les Anglois ont ajouté plusieurs Fortifications : on y voit une batterie de trente pieces de gros Canon à fleur d'eau, qu'on ne franchit pas impunément. Le second Fort moins considerable, a été construit par les Anglois au pied d'une haute montagne escarpée, au sommet de laquelle est une Tour pour la découverte des Vaisseaux qui sont en mer. A la vûë desquels on arbore un Pavillon qui y demeure, jusqu'à ce qu'ils soient entrez dans le Port, ou qu'on les perde de vûë ; on en arbore un de même au fanal du Fort S. Philippe.

Le Golfe n'est pas également large part tout ; on y voit plusieurs petites Isles qui font dans cette Baye plusieurs petits Golfes, où les Barques dans les mauvais tems se mettent à couvert. Dans l'Isle qui est au milieu, on a bâti un Hôpital pour les Soldats : Au Fort de S. Philippe il y a plusieurs Habitations qui forment une espece de Bourg ; comme il est trop exposé aux vents de mer, les Bâtimens ne s'y arrêtent point.

Pour la Ville qui est Capitale de Minorque, & que nous ne vîmes que du côté du Port, elle nous parût peu de chose ; les Barques mouillent à son Talut, les gros Vaisseaux se tiennent plus au large. Nous y vîmes les quatorze gros Vaisseaux pris sur les Espagnols au combat de Syracuse ; nous vîmes aussi prés de l'Isle, où est l'Hôpital, quelques débris de l'Amiral, que les Espagnols firent sauter en l'air, y ayant mis le feu pendant que les Anglois enivrez de vin encore plus que de leur nouvelle victoire étoient assoupis.

Les terres des environs du Port-Mahon sont fort steriles & les vivres y sont fort cheres ; la mer n'y est pas plus poissonneuse ; on y pêche quelques mauvaises Huîtres, avec de grandes Nâcres de la figure de nos Moûles, mais dont quelques unes ont jusqu'à deux pieds de longueur sur une largeur proportionnée ; on tire de ces grandes Moûles une espece de mousse qui se file comme la soye ou le coton & dont on fait des ouvrages.

En quittant Minorque, quand

nous fûmes à la pointe de l'Isle, nous fîmes route vers les côtes d'Espagne comme les plus proches, & le Capitaine Souchon, qui nous avoit suivis la premiere journée, nous quitta pour aller à Marseille; mais comme il n'avoit pas le vent bon, il courut la mer fort long-tems: & nous étions déja arrivez à Marseille depuis plusieurs jours, lorsque nous apprîmes qu'il avoit été obligé de relâcher à Civita-véchia, aprés avoir tenu long-tems la mer, fait plusieurs fausses routes & consommé ses vivres, tout l'Equipage étant tout à fait extenué de la faim & de la fatigue, ce qui nous fit benir Dieu du dessein qu'il nous avoit inspiré, car si nous étions demeurez avec lui, nous aurions immanquablement peris.

LXVI. Arrivée à Palamos.

Pour nôtre Tartane elle approcha les côtes d'Espagne environ à six lieües au dessous de Barcelonne, nous passâmes devant S. Fœlix, delà nous moüillâmes à Palamos, où le mauvais tems nous ayant arrêté, nous y fîmes quelques provisions. Nous voulions profiter du retardement pour y faire la quarantaine,

mais le Gouverneur de Gironne [*]
à qui on avoit envoyé un exprés,
n'ayant point ce pouvoir, nous fit
offrir fort obligeamment d'écrire à
Barcelonne au Capitaine General,
afin de nous obtenir cette grace,
mais le Patron de nôtre Tartane qui
ne gagnoit pas dans les sejours, mit
à la voile malgré nous, & la priere
que nous lui faisions d'attendre au
moins jusqu'à ce que nous eussions
celebré la Messe à l'occasion de la
Fête de S. Jean de Matha, nôtre Patriarche, qui arrivoit ce jour-là, il
mit au large de grand matin ; mais
il fut obligé de rentrer à Palamos
sur le midy, où étant encore à jeûn,
je celebrai la Sainte Messe comme
je l'avois souhaitté.

Nous remîmes à la voile le 10. à
la pointe du jour : nous passâmes à
la hauteur de Paraflagels, du Cap
de S. Sebastien, & du Cap de
Quers, entre lesquels nous vîmes
plusieurs Barques qui étoient à la
pêche du Corail. Arrivez à Portoventre, premier Port de France,
nous trouvâmes la Tartane chargée
des Chevaux & des dépêches que

LXVII. Arrivée à Portoventre.

[*] M. le Baron du Huart.

M. Dufault envoyoit en Cour, elle étoit partie d'Alger environ deux heures avant nous, & nous nous trouvâmes heureusement ensemble dans ce Port, où nous demeurâmes dix jours, à cause des grandes Tempêtes qu'il fit; nous n'en partîmes que le 21. pour nous rendre à Agde, où la Ville étant éloignée, nous mîmes pied à terre, ce qui nous fut un vrai soulagement.

LXVIII. R o à Marsill.
D'Agde nous fumes à Céte, où nôtre Patron voyant que le dernier jour de Fevrier le vent étoit assez favorable, mit à la voile de grand matin, & sur le midy nous traversâmes les bouches du Rône, à deux portées de Canon de la terre; ce passage est terrible, & est fameux sous le nom de Golfe de Lion, par les nauffrages frequens qui s'y font. Le vent étant tombé sur les trois heures aprés midy, il ne nous en resta que fort peu pour nous pousser trés-lentement vers Marseille, où nous n'arrivâmes qu'à onze heures de nuit, & où nous prîmes fond à la chaîne du Port, ne voulant pas exposer à tenir la rade.

Le premier Mars on nous transfporta avec nos Esclaves & nos effets dans les Infirmeries, où les Intendans de la Santé se trouvant assemblés, parce qu'il étoit jour de Bureau, ils délibererent, qu'ayant été deux mois, ou environ, en route, que n'ayant aucune marchandise, ni aucun Malade sur nôtre Tartane, nous n'avions pas besoin de quarantaine : Ainsi dés le même jour nous sortîmes & disposâmes toutes choses pour la Procession. On la fit avec tout l'éclat & toute la magnificence possible, aussi bien que dans toutes les Villes considerables par où nous avons passé en revenant à Paris, & de là à Rouen. Nous avons eû la consolation de voir par tout le zele des Prelats, des Ecclesiastiques, des Magistrats, & de tout le Peuple, s'attendrir & s'animer à la vûë de ces cheres Victimes, échappées à la fureur des Barbares, retirées des perils de renoncer la Foy, & renduës à leur liberté.

Ces spectacles ont tellement touché ceux qui en ont été les témoins, que chacun à l'envi s'est efforcé de donner des marques de sa charité, par les aumônes qu'il répandoit, & qui ont presque suffi pour les frais de leur marche. Mais qu'auroit-on fait si on les avoit vûs dans l'état pitoyable de leur captivité, extenuez, chargez de fers, accablez de travaux, dans les tentations continuelles de desespoir, haïs & persecutez par la Religion même de ceux avec lesquels ils avoient à vivre & éloignez de leurs familles, de leur Patrie & de ceux dont ils pouvoient attendre quelque secours ?

Il est vrai que nous avons laissé peu d'Esclaves françois dans Alger; mais outre qu'ils en font chaque jour de nouveaux, sans se beaucoup embarrasser des Traitez ; qu'ils en prennent souvent sur les Vaisseaux des autres Puissances, avec lesquelles ils n'ont pas la Paix, il y en a un si grand nombre & de si malheureux dans le Royaume de Maroc, qu'à la premiere revolution qui ne sera pas long-tems sans arriver dans cet Etat, le Roy étant fort vieux, nous nous attendons d'avoir une ample moisson ; nous ne manquerons pas alors de faire les derniers efforts, pour peu que celui de ses enfans qui lui succedera, se rende plus traitable, comme il est à presumer, dans son nouveau Gouvernement.

On nous écrit aussi de Constantinople qu'il y a beaucoup de François qui souffrent une dure servitude dans les Galeres du Grand Seigneur, qui par toutes les voyes qui leurs sont possibles, tâchent de nous faire entendre leurs cris & leurs gemissemens. Les nombreuses Redemptions que nos Peres de Vienne ont faites depuis plusieurs années des Sujets de l'Empire, leur font sentir encore plus vivement le malheur qu'ils ont de se voir si éloignez, & de se croire presqu'oubliez des François, desquels seuls ils peuvent attendre du secours. C'est ce que m'écrit le P. Jacques Caschot de la Compagnie de Jesus, répondant à une lettre que j'avois eû l'honneur de lui écrire, par laquelle je lui demandois des nouvelles de plusieurs Esclaves, dont on m'avoit donné des memoires : Sa réponse est de Constantinople le 21 Juillet 1719. en voici la teneur : " Je me donne " l'honneur de répondre à la vôtre

LXIX. Esclaves de Constantinople.

"du 15. Mai, renduë le 19. Juin,
"avec les incluses. J'ai envoyé à
"Andrinople au Sieur Valton,
"dont j'attens réponse pour fer-
"mer celle-ci. Il y a sur les Gale-
"res de Constantinople beaucoup
"de François, partie pris à la Mo-
"rée, partie sur des Bâtimens de
"Malthe, & vous pourriez faire
"une belle recolte de ces misera-
"bles abandonnez. Il faudroit al-
"terner vos Redemptions, & ve-
"nir une fois à Constantinople &
"l'autre en Barbarie. Ceux de Cons-
"tantinople sont plus tourmentez
"& privez de secours spirituels :
"car la plûpart des Beys ou Pa-
"trons ne permettent l'entrée à
"aucun Religieux dans leurs Gale-
"res. J'ai souvent entendu dans de
"semblables Bâtimens des confes-
"sions de trente & quarante ans,
"vû qu'aucuns Prêtres latins n'a-
"voient eû la permission d'y en-
"trer, & l'Esclavage de Barbarie,
"comparée à celui de Constanti-
"nople, est une demie liberté, com-
"me assurent ceux qui ont été Es-
"claves en Barbarie, & qui sont
"à present Esclaves à Constanti-

" nople. Les Esclaves ici sont trés-
" chers, ils sont neanmoins dignes
" de compassion, étant privés de
" tout secours spirituel & temporel.
" Je vous recommande ces délais-
" sez. J'ai l'honneur d'être, &c. A.

Depuis nôtre retour en France, l'inquietude où nous étions de sçavoir ce qu'étoit devenu M. Dusault. aussi bien que le Pere Bernard de nôtre Ordre, qui étoit toûjours demeuré sur son bord avec le reste des fonds destinez pour le rachat des Esclaves François, qui pouvoient être à Tunis & Tripoly, s'est trouvée heureusement dissipée par les nouvelles que nous a données successivement ce Religieux, de leur départ d'Alger, de leur arrivée à Tunis, de leur favorable negociation, & de son debarquement à Marseille avec les Esclaves rachetez de nos fonds.

LXX. Lettres du P. Bernard au sujet des negociations de Tunis.

Les Lettres portoient, que n'aïant pû mettre à la voile le même jour que nous partîmes d'Alger, M. Dusault fit lever l'ancre dés la pointe du jour du lendemain 5. Janvier, dans l'esperance de nous rejoindre incessamment. Son Vais-

LXXI. Depart de M. Dusault d'Alger pour Tunis.

feau en fortant du Port falua le Château de dix-neuf coups de Canon, auquel le Château répondit par quatre.

Le vent favorable jufqu'aprés midi devint fi contraire fur le foir & fi fort pendant la nuit, qu'il obligea le Capitaine de fe ranger fous les baffes voiles, & de paffer la nuit fans avancer. Le 6. tout ce que pût faire le Capitaine fut de prendre le large, pour éviter la côte de Barbarie, dont les plus forts Vaiffeaux ont peine à fe retirer, lors que le vent du Nord y donne. Le 7. le 8. & le 9. on demeura à la Cape, tantôt fous la grande voile, tantôt fur la Mifaine. Le 10. le vent devenu plus favorable, on fit route fur les Ifles Mayorque & Minorque, & la découverte qu'on fit le 12. de la premiere de ces Ifles, fit d'autant plus de plaifir à tout l'Equipage, que jufqu'alors on avoit toûjours été dans la crainte d'échoüer à chaque moment fur la côte de Barbarie. Le 13. le Capitaine aprés avoir reconnu le terrain de l'Ifle, fit cingler à bon vent fur celles de S. Pierre, qu'un broüillard continuel & épais ne permettoit pas de reconnoître. Le 14. au matin on reconnut la Garitte, & le Soleil prenant le dessus ne tarda pas à faire appercevoir la côte de Barbarie, ce qui engagea de passer le reste du jour & la nuit entiere presque sans voile & de tenir le large ; Le Capitaine se flattant d'arriver le lendemain à la rade de Porte-farine, fit mettre dés le matin toutes les voiles, mais le calme qui le prit vers la Tache-blanche le força d'y moüiller & d'y jetter l'ancre.

Le 16. au matin on tira un coup de Canon, pour faire venir à l'obéissance tous les Capitaines & les Patrons des Vaisseaux & Barques Françoises qui se trouvoient dans la rade, ce qui fut éxecuté : mais avec le secours & malgré les efforts de toutes leurs Barques ou Chaloupes, ce ne fut que le lendemain, qu'à la faveur d'un petit vent & d'une espece de marée, on put remorquer le Vaisseau, & s'avancer vers la bouche du Port. Aprés avoir mis pied à terre, & s'être délassé pendant quelques heures des fatigues de la mer, M. Dufault avec les personnes de sa suite, fut ren-

LXXII.
Arrivée
à P...
farine.

dre visite au Gouverneur de Porte-farine qui le reçût avec toutes les marques de distinction. Mais comme il y fut question du ceremonial ou du salut dû au Vaisseau du Roy à son arrivée dans le Port, le Gouverneur n'osant saluer le premier, sans ordre du Bey ou Roy de Tunis, qui pour lors étoit au Camp, demanda du tems à M. l'Envoyé, pour avoir sur ce sujet des ordres précis. Le Chancelier de la Nation Françoise profita de cet intervale pour informer pareillement de l'arrivée de M. Dusault M. Baile Consul à Tunis, qui en partit aussi-tôt pour se rendre à Porte-farine, accompagné des Principaux de la Nation pour lors residens dans cette Ville.

Le Gouverneur ne reçût réponse du Bey que le 22. & donna aussi-tôt les ordres pour le salut qui fut fait de toute l'artillerie des trois Châteaux, chacun même par distinction ayant tiré deux coups à boulets.

LXXIII. Arrivée à Tunis.

Le 24. M. Dusault, accompagné du Consul, du Chancelier, de deux Députez & plusieurs autres de la Nation, prit la route de Tunis, où il arriva le soir même, quoique par terre il y ait prés de quinze lieües de Porte-farine. M. le Consul avoit eû soin de faire porter toutes les Provisions necessaires, sans laquelle précaution ils auroient couru risque de ne trouver dans toute la route qu'une Riviere pour se desalterer.

Le Pere Bernard s'étant crû obligé de rester quelque tems à Porte-farine, pour la consolation & le soulagement des Esclaves qu'il y trouva occupez à l'entretien des Vaisseaux de la Republique, ne pût rejoindre M. Dufault que le 20. de Fevrier. Charmé de la beauté & de la magnificence du Palais où il le vit logé, & qui étoit autrefois la demeure des Beys de Tunis, il fut encore plus satisfait de le trouver non-seulement en bonne santé, malgré les fatigues du voyage, mais encore dans la disposition de negocier incessamment pour le rachat des Esclaves.

Jusqu'à ce que M. Dufault eût eû reçû de nos nouvelles, il n'avoit point voulu faire aucune démarche

LXXIV. Negociation pour le rachat des Esclaves.

à ce sujet, esperant encore que nous pourrons le rejoindre. La lettre que nous lui écrivîmes de Port-Mahon, & qu'il reçût vers ce tems-là, par laquelle il apprit les risques que nous avions courus, aussi-bien que la resolution que nous avions été necessité de prendre de repasser en France, le determina à engager le Pere Bernard d'employer le reste de nos fonds, qui étoient sur son bord, au rachat des Esclaves François, qui se trouvoient pour lors à Tunis.

La Liste fut donnée tant de ceux qui étoient actuellement dans la Ville, que de ceux que leurs Patrons retenoient à la Campagne, & à qui on donna la permission de venir s'y faire inscrire, on fut ensuite à l'Audiance du Bey pour lui en proposer le rachat, mais le Bey s'étant imaginé que M. l'Envoyé en étoit chargé de la part du Roy, lui en demanda d'abord un prix exorbitant.

M. l'Envoyé lui fit entendre que cette negociation particuliere n'étoit pas de son fait, cela regardoit le Ministere du Papasse ou du Pere Bernard qu'il lui presentoit, & qui n'avoit n'avoit qu'une certaine somme à employer ; mais soit pour ne vouloir pas se dedire, soit parce qu'il esperoit avoir ce qu'il avoit demandé, il s'en tint toûjours à sa premiere proposition qui étoit de deux cent Piastres Sevilianes pour chaque Esclave, sans comprendre les droits des Portes & autres, qui se montent toûjours à quarante Piastres pour chaque Esclave. La Piastre Seviliane étoit pour lors de six livres dix sols de nôtre monnoye, & la Piastre Asprine de quatre livres quinze sols. La contestation dura quelques jours, le Pere Bernard malgré toutes les instances du Bey & des Maures n'offrant toûjours pour chaque Esclave que deux cent Piastres Asprines ; & il ne falut pas moins que l'experience de M. Dufault, pour les obliger de convenir de ce dernier prix.

Voyant en effet qu'il ne gagnoit rien à temporiser avec ces hommes plus avides d'argent, que disposez à entendre raison, il crut que la nouvelle de son départ, jointe à l'indifférence qu'il affecta depuis ce tems pour consommer ladite negociation, les rendroit plus traitables, & il ne fut pas trompé dans sa conjecture, car à peine eût-il donné ses ordres pour faire transporter ses balots du Palais où il étoit logé, au Fondou ou lieu de la residence du Consul de France, & comme assigné le jour qu'il devoit s'embarquer & faire lever l'ancre, que le Bey & les Maures craignant qu'on ne prefera les Esclaves de Tripoly aux leurs, comme on les en avoit menacez, firent faire de nouvelles propositions d'accommodement, & accepterent les premieres offres qui leur avoient été faites.

Les conventions terminées, M. Dufault avec sa prudence ordinaire, fit assembler son Conseil, en presence du Consul, du Chancelier, & des Députez de la Nation, pour faire l'ouverture des Caisses, & remettre au Pere Bernard les sommes qui y étoient restées, aprés en avoir dressé un procés verbal, & pris acte du nombre des sacs & pieces, ce qui fut éxecuté par le Chancelier. En moins de six jours tous les Esclaves François, détenus pour lors à Tunis furent rachetez, au nombre de soixante, comprises deux familles de Sardaigne, dont on eût pitié, en les voiant sans ressource & comme sans esperance d'être jamais rachetées.

M. Dusault esperoit ramener avec lui les Esclaves, mais le nombre lui paroissant trop considerable pour être embarqué sur son Vaisseau il changea de resolution, & engagea le Pere Bernard de penser incessamment à naulifer une Barque pour le trajet, l'occasion favorable s'en presenta & le Capitaine Aidoux de Cassis des environs de Marseille, étant prêt à faire voile, s'offrit de lui-même de transporter toute la troupe & de leur fournir d'eau.

Toutes les provisions necessaires pour le transport faites & chargées sur la Barque, le Pere Bernard ne songea plus qu'à faire embarquer tout son monde & à se disposer au départ. Un évenement imprevû pensa rompre toutes ses mesures & le retenir dans le Port plus longtems qu'il n'attendoit, car le jour même de l'embarquement, qui étoit le 17. Mai, ayant fait avertir la Garde de la Doüanne, le Secre-

LXXV.
Embarquement des Esclaves, & adresse d'un Italien pour se sauver parmi les autres.

taire du Divan & les autres Turcs qui ont inspection sur les Esclaves pour en faire la revûë; toute la vigilance de ces Inspecteurs ne pût empêcher qu'un Esclave Italien, originaire de Rome, nommé Jean Malottin, qui appartenoit au premier Secretaire du Divan, se glissa parmi les autres passa en revûë devant son maître même, & sans en être apperçû, se jetta confusement avec les autres sur le Sandal, qui est une espece de Bâtiment Turc destiné pour transporter les Esclaves jusqu'au Vaisseau où on les embarque.

Le Patron qui à son retour ne trouva plus son Esclave, se plaignit hautement qu'on lui avoit enlevé un homme, & autorisé du Bey, vint en demander la restitution à M. Dusault. M. Dusault ignorant du fait, envoya chercher le Pere Bernard, & en presence des Turcs lui demanda avec une espece de mécontentement s'il étoit vrai qu'il eût fait sauver un Esclave Italien à la faveur des François & s'il pouvoit ignorer la parole d'honneur qu'il avoit donnée de n'en laisser passer aucun sur son bord qui n'eût été racheté : Le Pere Bernard lui répondit qu'il venoit du Vaisseau du Roy où il n'y avoit aucun Esclave : qu'il n'avoit admis sur l'autre Vaisseau, nommé le Saint François, que ceux qui avoient passé en revûë, qu'il étoit aisé de le justifier par la visite qu'on en pouvoit faire. M. l'Envoyé dit aux Turcs qu'ils pouvoient se satisfaire, & qu'il leur permettoit de faire eux mêmes la visite sur le Vaisseau où étoient les Esclaves, & de chercher celui dont ils étoient en peine.

Les Turcs contens de cette permission se retirerent dans l'esperance de faire la visite. Le lendemain dés le matin ils se rendirent au Vaisseau du Roy pour prendre le Pere Bernard, qui les y avoit prevenus, & le prier de se transporter avec eux jusques sur le Vaisseau Saint François, pour y faire la recherche qu'on leur avoit accordée.

Descendu sur leur Barque ou Sandale, il les accompagna jusqu'au Vaisseau des Esclaves, où étant montés il les introduisit d'abord dans la Chambre, & pendant qu'on allumoit les Fanaux pour faire la recherche, leur fit presenter le rafraichissement de plusieurs sortes de liqueurs qui les mirent de bonne humeur. La visite fut exacte, on descendit dans l'Estive ou fond de Calle, on parcourut les couroirs ou entre-deux ponts; ils entrerent dans toutes les chambres, & aprés être revenus sur le pont, avoir examiné tous les Esclaves les uns aprés les autres sans trouver celui qu'ils cherchoient, & qui cependant étoit sous leurs mains & au milieu d'eux, ils prirent pour vrai ce qu'on ne leur avoit dit que comme une simple conjecture, qu'il avoit profité du départ d'une Barque Genoise partie la nuit precedente.

Sur le Tillac du Vaisseau étoit une espece de Tonne dressée sur l'un de ses fonds & à demie pleine d'eau; les Esclaves aprés l'avoir défoncée par le haut y avoient renfermé l'Italien, qui plus inquiet d'entendre toûjours à ses oreilles les discours de ses Inquisiteurs, qu'impatient de la posture genée où il se trouvoit, craignoit plus le grand air (qu'il ne refpiroit cependant qu'avec peine) que l'eau où il étoit plongé prefque jufqu'au cou.

Mais les Turcs voyant venir de tems en tems les Efclaves tirer de l'eau de ce Tonneau pour leur ufage, loin de foupçonner fi prés d'eux celui qu'ils cherchoient, ne penferent qu'à reprendre la route de la Ville, & par leur départ laifferent à ce pauvre Efclave tout tremblant la liberté de fe mettre plus à fon aife, comme aux autres tout le plaifir de voir jufqu'où peuvent aller la rufe & la patience de celui qui cherche fa liberté, ou qui veut la recouvrer quand il l'a perduë.

Si l'expedient parut auffi rifible que fingulier, le Pere Bernard profita du fuccés pour porter l'Efclave à la reconnoiffance, & par ce qu'il devoit à Dieu, l'engager à lui être fidele.

Cet obftacle levé le Pere Bernard retourna à terre pour avoir fes dernieres expeditions, & aprés avoir pris congé de M. Dufault & des Principaux de la Nation, il fe rembarqua le 19. au foir.

LXXVI.
Départ de Tunis.

Le 20. Mai dés le matin le Capitaine fit lever l'Ancre, & à la pointe du jour paſſa ſous le vent du Vaiſſeau du Roy, qu'il fit ſaluer de trois coups de Canon, & qui répondit par un ſalut egal.

Les ſix premiers jours le tems fut aſſez favorable, le calme ſucceda & dura deux jours avec un broüillard ſi épais qu'on ne ſe voïoit pas, ce qui engageant le Pere Bernard de faire regler l'eau, dans l'apprehenſion d'un calme plus long, lui fit éprouver toute la dureté d'une troupe auſſi ingrate que groſſiere, plus ſenſible à la moindre privation qu'aux avantages conſiderables qu'il venoit de leur procurer : Et on ſeroit bien à plaindre ſi dans les plus ſaintes entrepriſes, on n'attendoit pour recompenſe que la gratitude des hommes. Le calme ceſſa & le vent redevint ſi favorable que le 29. Mai on aborda heureuſement à Marſeille.

LXXVII.
Arrivée à Marſeille.

Le 30. Mai dés le matin le Pere Bernard accompagné du Capitaine ſe rendit à la conſigne, pour prevenir Meſſieurs les Intendans de la Santé. M. Rolland, qui étoit du nombre

nombre, & ami du P. Bernard, s'y trouva heureusement ; reçût ses dépositions, & permit aussi tôt au Capitaine de faire débarquer les Esclaves, les balots, & de faire tout transporter au Lazaret ou Infirmerie ; on accorda un canton séparé aux Esclaves ; on logea le P. Bernard dans les grandes Galeries ; & le Lundi 3. Juin, jour de Bureau ou d'Assemblée, il fut déliberé qu'on se contenteroit de dix jours pour la Quarantaine qu'on est obligé de subir. Le P. Ministre ou Superieur des Religieux Trinitaires, qui étoit venu au-devant du P. Bernard, se chargea des paquets pour la Cour, & des Lettres pour le Reverendissime P. General.

On a crû pour la satisfaction du Public devoir joindre à ce recit la Liste des Esclaves rachetez tant à Alger qu'à Tunis ; & pour ne point manquer à la reconnoissance qu'on lui doit, on n'a pas craint d'entrer dans le détail des differentes receptions que leur ont fait tous les peuples des principalles Villes du Roïaume, par où ils ont passé.

F I N.

PREMIERE LISTE

Des Esclaves Crétiens, rachetez à Alger; avec le Journal de leur route, & de leur reception dans les principales Villes du Roïaume.

FRANÇOIS-Papillon de la Ville de Paris, âgé de cinquante-quatre ans, esclave pendant quatre ans.

René Moreau de Paris, âgé de quarante ans, esclave quatre ans.

Louis Jaret de Monluet prés de Lyon, âgé de quarante-un ans, esclave quatre ans.

Barthelemi Germain d'Avignon, âgé de trente-six ans, esclave quatre ans.

Guillaume Mouriez de Marseille, âgé de soixante ans, esclave quatre ans.

Antoine Campergue de Monton en Auvergne, âgé de cinquante-huit ans, esclave cinq ans.

Mathieu Verlic de Prague, âgé de trente ans, esclave quatre ans.

Hermand Andric de Dorgue, âgé de soixante ans, esclave vingt-sept ans.

Louis Sever de Strasbourg, âgé de trente-huit ans, esclave quatre ans.

Antoine Forel des Isles de Terceres, âgé de vingt-quatre ans, esclave sept ans.

Michel Albe du Havre de Grace, âgé de quarante-trois ans, esclave dix ans.

François Onzola de Frioul, âgé de cinquante-six ans, esclave trente-cinq ans.

Nicolas Boys de Dunkerque, âgé de cinquante-six ans, esclave quatre mois.

Corneille Simon de Breda, âgé de vingt-huit ans, esclave quatorze mois.

Philippe-Thomas de Corse, âgé de cinquante ans, Esclave dix-huit ans.

Antoine de Pierre de L'Isle, âgé de quarante-cinq ans, esclave six ans.

Pierre Tavelle d'Aurillac en Auvergne, âgé de trente-six ans, esclave quatre ans.

Pierre Favre de Bergerac en Perigord, âgé de cinquante ans, esclave quatre ans.

Jacob Arensen de Bruge, âgé de trentecinq ans, esclave quatre ans.

Lucas de Jouvenne de Fioume, âgé de trente sept ans, esclave 7. ans.

Jean Grimaldi de Dunkerque, âgé de quarante-huit ans, esclave quatre ans.

Jean Lero de Chartres, âgé de soixante ans, esclave cinq ans.

Antoine Carelle de Lyon, âgé de soixante-six ans, esclave cinq ans.

Jean-Baptiste Richy de Marseille, âgé de soixante-sept ans, esclave trente-sept ans.

Toussaint le Verd d'Evreux, âgé de trente-un ans, esclave cinq ans.

François Pelican de Gand, âgé de cinquante-quatre ans, esclave cinq ans.

Jean Cassien de Dunkerque, âgé de trente-quatre ans, esclave trois ans.

Jean Damas d'Ostende, âgé de trente ans, esclave quatre ans.

Laurent Petersen d'Ostende, âgé de cinquante neuf ans, esclave vingt-un ans.

Jacques Maurice de Montanar proche Turin, âgé de cinquante-cinq ans, esclave cinq ans.

Lucas Sapia de S. Reme, âgé de quarante-deux ans, esclave onze ans.

Laurent Charpentier de Liege, âgé de trente cinq ans, esclave cinq ans.

François le Blanc de Livourne, âgé de quatre-vingt deux ans, esclave trente trois ans.

André du Bramy de Pologne, âgé de soixante seize ans, esclave trente huit ans.

Jean-Charles Masse de Hambourg, âgé de vingt trois ans, esclave quatorze mois.

Jean-Baptiste Dragues de Genes, âgé de trente ans, esclave onze ans.

Tilman Hubert de Bruxelles, âgé de vingt deux ans, esclave deux ans & demi.

Gerard Smith d'Ostende, âgé de vingt quatre ans, esclave quatre ans.

Michel Smith d'Ostende, âgé de vingt huit ans, esclave quatre ans.

Jacques Tousque de Lubiana, âgé de quarante ans, esclave douze ans.

Catharina Gonçales de Palerme, âgée de trente ans, esclave cinq ans.

André Snuffe d'Ostende, âgé de trente huit ans, esclave vingt trois ans.

Nonciade Urpigel de Naples, âgé de soixante ans, esclave trente trois ans.

Marie Antoine Gabeça de Genes, âgée de vingt-sept ans.

Marie Gabeça sa fille de Genes, âgée de dix ans.

Jean Hego de Gand, âgé de trente trois ans, esclave douze ans.

Jean Piqueline d'Ostende, âgé de soixante ans, esclave quarante cinq ans.

Pierre Dunic d'Ostende, âgé de quarante huit ans, esclave dix huit mois.

Philippe Dunic son fils, âgé de dix ans, esclave dix huit mois

Pierre Goëns, Chirurgien d'Amsterdam, âgé de trente quatre ans, esclave onze ans.

Jean Pitre Jamssen de Hambourg, âgé de vingt ans, esclave deux ans & demi.

Dominique Bataille de Dunkerque, âgé de trente trois ans, esclave deux ans.

Pierre Angeoya de Malte, âgé de soixante douze ans, esclave neuf mois.

Pierre wacmar d'Ostende, âgé de trente six ans, esclave quatre ans.

Barthelemi Dœruse d'Ancone, âgé de trente huit ans, esclave treize ans.

André Grispard de Dunkerque, âgé de dix neuf ans, esclave quinze mois.

François Cousin de Plaisance en Terre-neuve, âgé de dix neuf ans, esclave neuf mois.

Mr Thomas du Bourk, Prêtre de Paris, âgé de trente ans.

Mademoiselle Marie-Anne du Bourk, aussi de Paris, âgée de neuf ans.

Angelique Benerekot sa Femme de Chambre de Strasbourg, âgée

rachetez.

de vingt-huit ans..

Louis Crence son Chef de Cuisine, de Joigny en Bourgogne, âgé de vingt-neuf ans.

Joseph Michelbourg, autre de ses Domestiques, de Strasbourg, âgé de vingt-un ans.

LEs Esclaves susdits arriverent à Marseille le 20. Mars de l'année 1720. & dispensez de la quarantaine, furent conduits Processionellement dés le lendemain à l'Eglise Cathedrale ; on les y reçut au son des Cloches. Et aprés plusieurs Antiennes chantées dans le Chœur, ils parcoururent la plus grande partie de la Ville à l'édification d'un peuple, presque sans nombre.

Monseigneur l'Evêque de Marseille voulut être témoin d'un spectacle si interessant ; il étoit debout, & seul sur son Balcon, lorsqu'on passa devant son Palais. La Confrairie des Penitens de la Trinité precedoit la Communauté ; les Esclaves la suivoient ; l'Officiant en Habit de Cérémonie accompagné des quatre Recteurs du Bureau, qui tenoient chacun un flambeau à la

Marseille.

a iiij

main, terminoit la Procession.

Aix. De Marseille les Esclaves se rendirent à Aix; ils furent prévenus à la Porte de la Ville, par les Religieux de l'Ordre, qui y ont une Maison.

Quoique le tems fut peu favorable, les ruës ne laissoient pas d'être pleine de monde, même du premier rang : Et la Musique de la Cathedrale vint au Convent chanter le Salut au retour de la Procession.

Lambesc. A Lambesc, les Religieux Trinitaires qui y ont une Maison, vinrent en Corps recevoir les Captifs à la Porte de la Ville ; & la Procession se fit le lendemain avec station à la Paroisse, & à une Communauté de Religieuses Ursulines.

S. Remi. Messieurs les Consuls de S. Remi voulurent assister en Cérémonie à la Procession qui se fit à la principale Eglise de cette Ville.

Arles. Le Peuple d'Arles signala sa charité & son zéle, en accourant en foule au-devant des Esclaves, jusqu'au dehors des Portes de la Ville, dés qu'il apprit leur arrivée. Les PP. de l'Ordre les y prévinrent, d'où ils les conduisirent jusqu'a leur

Maison, avec toute la pompe & la magnificence possible. La Procession se fit le lendemain à l'Eglise Cathedrale, où la Benediction du S. Sacrement fut donnée par le Religieux Officiant ; & le *Pange lingua* chanté par les Chanoines. M. l'Archevêque donna aux Captifs & aux PP. députez, toutes les marques de bonté qu'on sçauroit désirer. Il invita ceux ci à manger avec lui, & interposa son autorité pour leur procurer une relique de Saint Roch.

<small>Monsieur le Janson.</small>

A Tarascon, la Procession se fit à la fameuse Collegiale de Sainte Marthe. Le P. Bruno le Clerc qui officioit y donna la Benediction du S. Sacrement. Messieurs les Consuls revêtus de leurs Habits de Cérémonie, honorerent la Procession de leur présence.

<small>Tarascon.</small>

La Ville d'Avignon ne parut pas des moins zélée pour faire honneur aux Captifs : On les conduisit jusqu'à la Majore ou Eglise Cathedrale, avec toute la pompe imaginable. Le P. Baudier Ministre de Tarascon, qui prêchoit le Carême dans une des principales Paroisses,

<small>Avignon.</small>

fit une exhortation des plus touchantes au sujet de la charité envers les Esclaves. M. le Vice-Legat & M. l'Archevêque témoignerent beaucoup de satisfaction à la vûë de ce spectacle : Le premier ordonna qu'on défraïat toute la troupe pendant trois jours ; & on reçut de plus trois cens livres des Administrateurs de la Confrairie.

Boulesne. D'Avignon on passa par Boulesne & Montlimar ; on fit la Procession dans la premiere de ces Villes, à cause d'une Confrairie érigée depuis long-tems dans la Paroisse : On ne fit que passer par la seconde quoique l'Hôpital y soit gouverné par des Sœurs de la Trinité.

Valence. Le samedi 23. Mars veille des Ramaux, on arriva à Valence, & on fut loger au Louvre. La Procession commença à l'Eglise de l'Hôpital, administrée par des Sœurs de la Trinité : La Superieure qui se nomme de Grandmaison avoit pris le soin de rassembler une jeunesse nombreuse, d'une magnifique parure ; & le Superieur du Seminaire, avec ses Seminaristes, se chargea de conduire les Captifs qui suivoient le

Clergé, précedé par la Confraire des Penitens blancs. Presque tous les Chanoines se trouverent à leur place dans le Chœur de la Cathedrale, où on chanta plusieurs Antiennes. M. l'Evêque aprés avoir vû passer la Procession dans la Cour du Palais Episcopal, & fait ses liberalitez, alla prendre son Rochet pour donner la Benediction solemnelle. La Cérémonie finit par le Salut du S. Sacrement, qui se fit dans la Chapelle de l'Hôpital.

Le Mercredi 27. on se rendit à Vienne, & le Jeudi Saint sur les quatre heures le Clergé de Saint Martin où il y a une Confrairie érigée, s'offrit de conduire processionellement les Esclaves jusqu'à l'Eglise Métropolitaine dediée à Saint Maurice.

M. l'Archevêque engagea les Penitens blancs associez à l'Ordre, d'assister à la Cérémonie : il témoigna même qu'il se seroit trouvé à l'Eglise s'il n'eut été incomodé d'un gros rhume, & de la fatigue du Saint Crême. Les Captifs furent logez dans les Cazernes de la Ville qui sont magnifiques.

Vienne.

Le 29. jour du Vendredi Saint, aprés avoir assisté à l'Office chez les PP. Minimes, les Esclaves vinrent coucher à S. Simphorien. M. Vigneron Prieur de Limon, Benefice de l'Ordre, vint les recevoir avec toute la cordialité possible, & le Clergé de la Paroisse voulut distinguer sa pieté en les prevenant pareillement dés la porte de la Ville.

Lyon. Le samedi Saint on partit pour Lyon, où on arriva sur les deux heures aprés midi. Les PP. du Tiers Ordre de S. François, autrement dit Penitens, qui ont leur Maison dans le Fauxbourg de la Guillotiere, offrirent des rafraîchissemens aux Esclaves, en attendant les Religieux de l'Ordre qui devoient les y venir prendre. Ce ne fût qu'avec toutes les peines qu'on pût passer le Pont du Rhône ; & si une Compagnie de Soldats sous les armes ne se fût trouvée à la porte du Pont pour accompagner les Esclaves jusqu'au Convent de la Trinité, il ne leur eût pas été possible d'y arriver, & de se débarrasser de la foule. La fameuse Place de Bellecour étoit remplie de monde : Les fenêtres & les balcons n'étoient pas moins occupez ; c'étoit à qui signaleroit son empressement & sa joïe, en faisant répondre le bruit des boëtes au son des tambours, des trompettes & des timbales. Les Fêtes de Pâques se passerent à disposer les Esclaves au devoir Pascal ; on fit venir des Confesseurs qui entendoient l'Allemand ; deux Prêtres seculiers & un Pere Jesuite confesserent ceux qui n'entendoient & ne parloient pas bien le François ; les PP. députez confesserent les autres. La Communion Pascale leur fut administrée dans l'Eglise du Convent. On crut éviter la trop grande affluence du peuple en différant la Procession jusqu'au Mercredi ; mais le délai ne servit qu'à en rendre le concours plus nombreux. Chacun voulut être le témoin d'un spectacle non moins singulier que touchant, les yeux trouvant de quoi se satisfaire où on ne pensoit qu'à interesser les cœurs. Plus de cinquante Gardes bordoient le Corps de la Procession pour rendre la marche plus reguliere. Les trompettes & les timbales suivoient immediatement, la Banière portée par un Ecclesiastique. Chaque Esclave étoit accompagné & conduit par deux Anges tout couverts d'or, d'argent & de pierreries. Les hautbois séparoient les Captifs des Peres qui les avoient rachetez : Une Jeunesse aussi nombreuse que choisie, & magnifiquement revêtuë, marchoit immédiatement aprés : L'un habillé à la Royale, representoit S. Louis, suivi de plusieurs Pages : D'autres sous la figure de sainte Agnés, de sainte Catherine & de la sainte Vierge, faisoient distinguer les principaux protecteurs ou les differentes Patrones de l'Ordre. Le Corps de la Communauté composé de belles voix, marchoit sur deux colomnes, & alternativement avec divers instrumens de Musique, chantoit le Cantique *In exitu Israël* : Le Superieur revêtu d'un Pluvial, porté par plusieurs Anges faisoit la clôture. On passa en cet ordre dans l'Eglise Métropole : M. de Villeroi qui en est Archevêque se trouva au pied de l'Escalier exterieur du Gouvernement, qui donne dans la Place, & ne put s'empêcher d'applaudir à

rachetez.

une œuvre si sainte par ses liberalitez encore plus que par ses paroles & par ses larmes. A la vûë de l'Hôtel de Ville, on fût salué par une décharge de plusieurs boëtes ; il s'en fit une pareille en entrant aux Cordeliers, qui vinrent en Corps recevoir la Procession avec l'encens & l'eau benite. Les PP. de saint Dominique en userent de la même maniere ; la décharge des Boëtes se renouvella dans Bellecour. M. le Prevôt des Marchands qui étoit sur sa porte, complimenta les PP. députez de la maniere la plus gracieuse, & leur promit de faire un present aux Captifs au nom de la Ville. Le present fut de cinquante écus, sans compter le vin d'honneur qui avoit déja été envoïé quelques jours auparavant : Il étoit prés de six heures du soir quand on rentra dans le Convent, où la Cérémonie fut terminée par le Salut, plusieurs décharges de Boëtes, la Symphonie accompagnée des trompettes & des timbales.

Le 6. Avril les Esclaves partirent de Lyon pour Villefranche. Environ à une lieuë de Lyon : ils

Villefranche.

firent rencontre de M. le Marquis de Varennes, qui s'arrêta quelque tems pour s'informer des principales circonstances du Naufrage de Madame la Comtesse du Bourk sa sœur; & aprés avoir entretenu quelque tems Joseph Michelbourg domestique de cette Dame, il lui donna un écu, & continua sa route vers Lyon, & selon toutes les apparences vers Marseille, où il alloit au-devant de Mademoiselle du Bourk sa niéce, qu'on y croyoit arrivée avec M. Dusault. La pluïe presque continuelle, & les mauvais chemins n'empêcherent pas de ga-

Mâcon. gner Mâcon. M. l'Evêque y reçut les Esclaves avec tout l'accueil possible : Le Chapitre de la Cathedrale s'offrit de les conduire processionellement, & on y recueillit prés de cent soixante livres.

Châlons. De Mâcon on passa à Tournu, de Tournu à Châlons sur Saone, où M. l'Evêque ne donna pas moins de marques de sa charité, de son zéle pour les Captifs, à qui il accorda également de faire la Procession & la quête.

Baune. De Châlons ils allerent coucher

cher à Chagni, de Chagni à Baune, où ils furent reçus de la Collegiale avec toute l'affection & l'honneur qu'on pouvoit attendre : Les aumônes y furent confidérables ; & il n'y eut pas de Communauté Religieufe qui ne voulût fe fignaler par fes liberalitez.

Le famedi 13. Avril, arrivez à Dijon, les P.P. députez commencerent par la vifite de Meffieurs le Grand Vicaire, l'Intendant & les Echevins. Le premier accorda avec plaifir la demande qui lui fut faite de publier la Proceffion aux Prônes des Paroiffes, & d'y recommander les Captifs. Le Chapitre de la Collegiale qui avoit été prévenu, députa trois Chanoines pour affurer qu'ils recevroient les Efclaves avec toute la diftinction qu'on pourroit fouhaiter. Leurs Cloches dés midi annoncerent la Cérémonie. On s'y rendit fur les quatre heures, & fix Chanoines à la porte, trois de chaque côté, reçûrent la Proceffion jufqu'au pied du grand Autel, l'Orgue joüant toûjours, & toutes les Cloches fonnantes. Meffieurs les Hofpitaliers du S. Efprit accompagnez de dix-huit ou vingt tant Prêtres que Clercs du petit Seminaire, formoient le Corps de la Procession. Le Clergé précedoit les Esclaves; & M. le Commandeur en Etole terminoit la marche. Ces M^rs portent une double Croix blanche sur un habit noir, & sur le revers de leurs aumusses qui est bleu. A la tête devant la Croix étoient les trompettes de la Ville. Les hautbois suivoient immédiatement les Captifs. Le Clergé & les Esclaves ne furent pas plûtôt placez dans le Chœur, qu'un Chanoine revêtu d'un magnifique Pluvial de drap d'or, accompagné d'un autre portant aussi l'Etole, & de deux Acolytes, se mit à genoux au milieu de la derniere marche de l'Autel, & entonna le *Te Deum*, qui fut continué par la Musique. M. le Commandeur étoit à la droite du Chanoine officiant; l'autre Chanoine étoit à la gauche. Aprés le *Te Deum*, l'Orgue & la Musique alternativement chanterent *O Crux Ave*, & on donna la Benediction avec la sainte Epine, que l'Officiant presenta à baiser à tout le Clergé & aux Captifs l'un après l'autre. L'Orgue ne cessa pas de joüer, & les Cloches de sonner jusquà la sortie de la Procession, que six Chanoines reconduisirent jusqu'à la porte de leur Eglise dédiée à S. Etienne. De là on fit plusieurs stations ; au bon Pasteur, dont on célébroit la Fête, & où la Confrairie des Esclaves est établie. Aux Ursulines dont l'Eglise & l'Autel sont magnifiques ; enfin, à l'Hôpital du S. Esprit, où le *Te Deum* fut chanté pour la seconde fois.

Le Mercredi 17. Avril, Messieurs les Chanoines Reguliers qui y ont une Abbaïe considérable, s'offrirent de faire en faveur des Captifs ce qu'avoient fait à Dijon Messieurs les Hospitaliers du S. Esprit. Les PP. députez avec leurs Esclaves se rendirent sur les trois heures à l'Abbaïe, qui est située hors la Ville dans une trés belle place, ils y furent reçûs au son des Cloches, & l'Orgue joüa à leur entrée, ainsi qu'au retour de la Procession. Il y eut station aux trois Communautez des Benedictines, Ursulines, Carmelites ; & dans chacune les Religieuses chanterent un Motet

Chatillon sur Seine

en Musique, même les Carmelites. Les Cordeliers en Corps & en Chapes d'Eglise, reçûrent la Procession, & presenterent l'eau benite & l'encens. Le Prieur de l'Abbaïe portoit un Reliquaire, où étoit une Côte de l'Apôtre Saint-Pierre; & toutes les Paroisses devant lesquelles on passa, firent sonner leurs Cloches. Quatre des principales Dames de la Villes s'offrirent de recüeillir les aumônes des Fidéles.

Bar sur-Seine. De Chatillon, les Captifs passèrent par Mussi, qui appartient à M. l'Evêque de Langres, par la Gloire de Dieu Maison de l'Ordre : Et le 18. au soir arriverent à Bar-sur-Seine : Ils y furent prévenus jusqu'à un quart de lieuë de la Ville, par le Ministre & les Religieux de l'Ordre qui y ont une Maison. Le Clergé de la Paroisse les y vint prendre le lendemain 19. pour les conduire processionellement à la grande Eglise où la Messe fût chantée, & d'où ils furent reconduits jusqu'au Convent avec la même Cérémonie.

Troyes. Dés le même jour ils partirent pour Troyes, & y arriverent le 20.

sur les deux heures aprés midi. Les PP. députez commencerent par rendre visite à Messieurs les grands Vicaires, & au Maire de la Ville, qui peu aprés envoïa par honneur le vin de Ville. Le 21. qui étoit le troisiéme Dimanche aprés Pâques, la Procession se fit au Convent des Carmelites, où le R. P. Morel Ministre du Convent de la Trinité, qui est dans le Fauxbourg de la Ville, chanta la grande Messe, & où un Pere de l'Oratoire qui avoit prêché le Carême à la Cathedrale, fit une exhortation des plus vives & des plus touchantes. M. le Maire voulut encore signaler sa liberalité par un magnifique souper qu'il envoïa à la Communauté pour les Esclaves.

Le Mardi 23. les Captifs furent coucher à Arcy distant de six lieuës, & ne purent arriver à Châlons sur Marne que le 25. aprés midi. Le lendemain 26. Messieurs les Chanoines de la Cathedrale qui est dediée à S. Etienne, reçûrent les Esclaves dans le Chœur de leur Eglise au son des Cloches, & firent chanter le *Te Deum* par l'Orgue & la Musique:

Châlons sur Marne.

L'affluence du peuple étoit si grande, que la Balustrade de la Tribune se renversa du côté de la Nef ; & ce fut comme un miracle qu'il n'y eut personne de tué ou blessé. Messieurs de la Collegiale de Nôtre-Dame demanderent qu'on fît station dans leur Eglise, & retarderent pour cet effet leur Office. La Cérémonie se termina par la grande Messe, qui fut chantée dans l'Eglise du Convent par le P. Laboureur, pour lors Ministre. Il y eut Musique & Simphonie. La Ville avoit donné seize Gardes, quatre Tambours & la Simphonie. Tous les Gardes & Tambours portoient les Livrées de la Ville. Le 27. les Freres du Tiers Ordre accompagnez des Gardes & des Tambours de la Ville, conduisirent jusqu'à l'extrêmité du Fauxbourg les Captifs, qui aprés les avoir remerciez prirent la route de Reims.

Reims. Quoiqu'il n'y ait point de Maison de l'Ordre dans cette Capitale de toute la Champagne, & qu'il n'y eut point d'apparence que jamais il s'y fût faite aucune Procession de Captifs, Messieurs les Grands-Vi-

rachetez.

caires en l'absence de son Eminence M. le Cardinal de Mailly, qui en estoit Archevêque, & Messieurs du Chapitre de la Métropole en accorderent la permission avec plaisir. Le Clergé de la Paroisse de S. Pierre se chargea de les conduire. Les principales stations furent aux Abbaïes de S. Pierre-les-Dames, & de S. Denis, possedée par des Chanoines Reguliers. On fut reçû à l'une & à l'autre au son des Cloches ; & les Chanoines Reguliers chanterent le *Te Deum* alternativement avec l'Orgue. Les aumônes de la Ville se monterent à plus de 800. livres, sans compter celles du Chapitre de la Cathedrale, qui fut de cinquante livres ; & ce que M. Favar Receveur des Décimes avoit en dépôt.

Les Esclaves furent également bien reçûs aux Abbaïes de S. Nicaise & de S. Remi, où on leur fit voir la Sainte Ampoule, & le riche Tombeau de S. Remi.

Le 2. Mai ils prirent le chemin de la Fere en Tartenois, & arriverent le 4. à Cerfroid, premiere Maison & Chef de tout l'Ordre de

Cerfroid.

la Sainte Trinité ; ils y séjournèrent le Dimanche & le Lundi 5. & 6. aprés avoir été reçûs avec tout l'accueil possible, & les Cérémonies ordinaires en ces conjonctures.

Meaux. La Ville de Meaux voulut se distinguer dans la reception qu'elle fit aux Esclaves. Le Clergé & la Bourgeoisie semblérent se disputer à qui leur feroit plus d'accueil. Le Mercredi 8. veille de l'Ascension, fut le jour de la Cérémonie. Messieurs du Chapitre de la Cathedrale s'offrirent d'avancer leurs Vêpres pour ne point trop retarder la marche. Ils resterent dans leur Chœur chacun à leur place, & le Corps de Musique au milieu. Les Cloches sonnerent à l'entrée de la Procession. Le P. Agatange Morel Visiteur Provincial, entonna le *Te Deum*, qui fut continué alternativement par l'Orgue & la Musique ; & on chanta un Motet composé exprés pour les Esclaves. Cinquante Bourgeois en Armes, avec des Habits uniformes, le Plumet sur le Chapeau, précedez de leurs Tambours, Trompettes, Timbales & Drapeau,

Drapeau, commençoient la marche; suivoit la Communauté sous sa Croix, accompagnée de plusieurs Chantres de la Cathedrale; les Esclaves ensuite, conduis chacun par deux Anges. Douze ou quinze Valets de Ville empêchoient la populace de causer du tumulte ou du désordre. M. le Curé de S. Martin prêcha dans la Cathedrale avec toute l'éloquence & l'onction qu'on pouvoit attendre. Il y eut station dans sa Paroisse, & à l'Abbaïe de Nôtre-Dame. Les Captifs séjournerent à Meaux le jour de l'Ascension, & en partirent le lendemain pour le Pont-aux-Dames, Abbaïe de l'Ordre de Cîteaux : Ce fut à la sollicitation de Madame Dormesson, qui en est Abbesse, qu'on leur fit prendre cette route; & elle sçût bien leur faire connoître que c'étoit moins sa curiosité que sa pieté qui avoit fait le motif de son empressement à les voir. Ils furent reçûs dans l'Eglise du Monastere au son des Cloches. Le *Te Deum* y fut chanté par les Religieuses; on leur servit un dîner magnifique; & une aumône considérable acheva de signaler le zéle & la charité de cette digne Abbesse. De là ils prirent le chemin de Lagny par Coupvrai ; le Superieur ou Ministre de Coupvrai aprés les avoir reçûs à la tête de sa Communauté, leur fit donner des rafraîchissemens & prendre des forces pour aller jusqu'à Lagny, où ils coucherent. Dés le lendemain Samedi, ils en partirent pour Paris. Madame d'Orleans Abbesse de Chelles, voulut les voir à leur passage ; leur aïant pour cet effet assigné une heure : Ils se rendirent à l'heure marquée à l'Abbaïe, où ils furent reçûs au son des Cloches. Les Religieuses accompagnées de l'Orgue, chanterent le *Te Deum*, avec plusieurs Antiennes ; & S. A. R. témoigna combien elle avoit été touchée de ce spectacle, par une aumône de trois cens livres qu'elle fit donner.

Vincennes. Les Captifs coucherent le Samedi 11. à Vincennes, y séjournerent le Dimanche ; & le Lundi 13. dés le matin se rendirent à l'Abbaïe de Saint Antoine des Champs, où les Mathurins de Paris devoient les venir prendre.

Il n'est pas possible d'exprimer quel fut en cette rencontre le concours du peuple, qui voulut être le témoin d'un spectacle aussi singulier dans sa pompe, que le sujet en étoit touchant. Les ruës n'étoient pas assez vastes pour contenir la multitude. Les balcons, les fenêtres des maisons étoient également remplies de personnes de tout sexe, de tout rang. Les Gardes même ou Archers de la Ville, qui bordoient les deux côtez de la Procession d'un bout à l'autre, suffisoient à peine pour percer la foule & ouvrir le passage.

Un Capitaine de la Ville, suivi de plusieurs Officiers, de quatre trompettes & deux timbales, commençoit la marche. Suivoient immédiatement sous leur Banniere & leur Croix les Confreres Porte Reliques, revêtus d'Aubes & de Ceintures, au nombre de cent, marchans sur deux colomnes, & portans des branches & des couronnes de laurier. Au milieu paroissoient portées par d'autres Confreres les Reliques de Saint Cristophe, Saint Sebastien, Saint Roch,

Saint Pierre, Saint Jean, Saint Bonaventure, Saint Leonard, la Sainte Epine, la vraïe Croix, & l'Image de la Vierge accompagnée d'Anges & de flambeaux. A la suite marchoient le Colonel de la Ville, les Major & Aides Major, deux Enseignes, & plusieurs autres Officiers; un Ange portant l'Etendart de la Redemption; les hautbois & bassons. Sous leur Banniere suivoient les Captifs l'un aprés l'autre, accompagnez & conduits chacun par deux Anges magnifiquement vêtus; plusieurs Etendarts portez de distance en distance par d'autres Anges; les Peres députez la Palme à la main, précedez de plusieurs portans des branches de laurier. Aprés eux marchoient un Capitaine de la Ville; deux Guidons; douze Cadets; plusieurs autres Officiers; les trompettes & les timbales. La Communauté sous sa Croix & sa Banniere terminoit la marche.

L'Antienne de S. Antoine chantée, & le compliment fait par un Ange à Madame l'Abbesse, la Procession sortit de l'Abbaïe pour se rendre à l'Eglise Métropole, par la

Place Roïale, les ruës S. Antoine, du Temple, Sainte Croix, Saint Merry, des Arcis, & le Pont Nôtre-Dame. Son Eminence, Monseigneur le Cardinal de Noailles, avoit eû la bonté d'envoïer au R. P. General son agrément, & toutes les permissions necessaires: Et Messieurs les Doyen & Chanoines n'obmirent rien de ce qui pouvoit en cette rencontre signaler leur pieté & leur zéle: Outre l'empressement qu'ils témoignerent de recevoir les Esclaves avec honneur, plusieurs de leurs Beneficiers parurent députez & dispersez à cet effet au grand Portail au milieu de la Nef, & à la porte du Chœur, qui étoit ouvert dans lequel cependant on n'entra pas, pour éviter la confusion: On se contenta de faire station devant la Chapelle de la sainte Vierge, dont tous les cierges étoient allumez comme ceux du Chœur; & la procession défila par le long des sous-aîles du Chœur & de la Nef. Les Captifs furent reçûs dans l'Eglise des Mathurins par le General de l'Ordre, aprés lui avoir été presentez par l'Ange, chargé de lui porter la parole en leur nom ; & il leur donna succeſſivement à tous ſa Benediction pendant que le *Te Deum* ſe chantoit alternativement par le Chœur, les trompettes, timbales & autres Inſtrumens.

La pluïe n'aïant pas permis de partir le lendemain auſſi matin qu'on l'avoit projetté, pour aller chanter la Meſſe en l'Egliſe des RR. PP. Feuillans ; elle fut célébrée en celle du Convent, au ſon de l'Orgue, des trompettes & des timbales ; & le tems aïant changé, la Proceſſion ſortit dans le même ordre juſques en ladite Egliſe des PP. Feuillans. Elle paſſa par deſſus le Pont Royal, à la vûë du Roi & de toute la Cour qui étoit aux fenêtres d'un des Pavillons du Louvre. Sa Majeſté par ſa liberalité leur fit connoître qu'elle n'étoit pas moins ſenſible à leurs beſoins, qu'elle s'étoit intereſſée pour accelerer leur délivrance.

On ne peut qu'on ne rende ici témoignage à la generoſité, la magnificence des RR. PP. Feuillans. Leurs Autels richemens parez, luminaire des plus conſidérables ;

le Prieur à la tête de sa Communauté, présentant l'eau benite & l'encens, ne furent encore que les moindres marques de leur piété, de leur zéle. Leur empressement, leur adresse à faire comme éclipser en un moment tout le Corps de la procession, à en disperser les differentes personnes qui en faisoient partie dans les vastes lieux du Monastere, qui est des plus beaux & des mieux entendus de Paris, firent sensiblement connoître que la charité est ingenieuse pour se communiquer ; & que la politesse & les belles manieres ne sont pas si étrangeres au Cloître, qu'on voudroit quelquefois le faire entendre. Plus de quatre cens personnes dont étoit composée la procession, ressentirent les effets de leur liberalité prévenante. Les Religieux, les Officiers, les Esclaves & les Anges, chacun selon sa condition & ses besoins, y trouva dequoi se délasser des fatigues du matin, dequoi reprendre des forces suffisantes pour continuer la route de l'aprés midi, qui dura presque jusqu'au soir. M. le Duc de Chartres étoit sur le balcon du Palais Roïal. La Samaritaine par son carillon, témoigna la part qu'elle prenoit à un spectacle si interessant. M. le Prince de Conti au milieu de la ruë dauphine, après avoir interrogé plusieurs Esclaves de la portiere de son Carosse, leur fit une aumône digne de son rang. M. le Premier Président à la porte des Cordeliers leur donna pareillement des marques de son affection & de sa tendresse : Et s'il y eut quelque dérangement de tems en tems dans la marche, on ne peut en accuser que la charité du peuple, qui fut portée au-delà de ce qu'on pouvoit attendre ; l'argent tombant pour ainsi dire à poignée des fenêtres, & les Captifs étant obligez de s'arrêter presqu'à chaque pas, pour recevoir ce qu'un chacun s'empressoit de leur donner : Ils séjournerent le 15. à Paris & en partirent le 16. pour Roüen, par Poissy & Gisors.

A Poissy, le Pere Philemon, l'un des députez, avec dix ou douze Esclaves des plus infirmes & des plus fatiguez, prit la commodité des Batelets pour se rendre à Roüen plûtôt, & avec moins de peine. Le Pere Comelin accompagné du Pere Bruno-le-Clerc, avec le reste des Esclaves, reprit par terre la route de Gisors, où il arriva la veille de la Pentecôte, & fut reçû par les Religieux de l'Ordre, le Clergé de la Paroisse, avec tout l'éclat & l'affection qu'on pouvoit désirer. La Cérémonie se fit le jour même de la Pentecôte. M. le Curé prêcha, & toute la jeunesse voulut se distinguer en se rassemblant en Corps, & se mettant sous les armes en habits uniformes.

En l'année 1700. la Ville de Pontoise n'avoit rien obmis de ce qui pouvoit signaler sa charité, son zéle envers les Captifs. Le Clergé de toutes les Paroisses, réüni pour venir au devant de soixante-six qui avoient été rachetez dans les Roïaumes d'Alger, Tunis & Tripoli, pour les aller chercher jusques à la fameuse Abbaïe de Maubuisson : Les stations qui se firent dans toutes les Paroisses, & presque toutes les Communautez, avec les acclamations de tout le peuple, au son de toutes les Cloches de la Ville. L'Eloquent & patetique discours que

M. Bornad Docteur de Sorbonne, & Curé de la principale Paroisse, dediée à S. Maclou, s'offrit de faire à ce sujet: La pompe & la magnificence du Cortege auquel un chacun s'empressa de contribuer; les liberalitez des grands & des petits de toutes les Communautez, & des moindres particuliers, en furent des preuves réélles & sensibles: Il est à présumer qu'une Ville si naturellement charitable & polie, n'eut rien rabatu en 1720. de ses dispositions premieres. Si le Ministre & les Religieux du Convent n'eussent un peu trop apprehendé de la mettre une seconde fois à l'épreuve, ou plûtôt n'eusse préferé l'humble silence de leur tranquile retraite à l'éclat, au tumulte d'une Cérémonie qui auroit pû ou leur donner trop de gloire, ou troubler l'observance reguliere ; & c'est ce qui obligea les PP. députez avec leur troupe, de prendre la route de Poissy, pour Gisors & Roüen.

Le Mardi 21. Mai, seconde Fête de la Pentecôte, tous les Captifs se trouverent rassemblez avec les PP. députez dans la Maison de Roüen :

rachetez.

Mais la proceſſion qui s'en fit ce même jour, ſe trouva malheureuſement dérangée par une pluïe abondante qui tomba, lorſqu'à peine elle ne faiſoit que ſortir du Convent. La Paroiſſe de S. Godar en recüeillit avec joïe les débris, & lui donna lieu de ſe rallier juſqu'à ce que la pluïe fût ceſſée. Elle continua ſa marche juſqu'en l'Egliſe Métropolitaine, dédié à la Sainte Vierge. Dés le midi une des groſſes Cloches, nommée la Princeſſe, en avoit annoncée la venuë; & ne ceſſa point de ſonner juſqu'à la ſortie de la proceſſion de ladite Egliſe où on étoit entré au ſon de l'Orgue : & le *Te Deum* fut chanté dans le Chœur par la Muſique, comme l'Antienne de la Vierge en faux bourdon. Pluſieurs Chanoines s'y trouverent par honneur. Aprés un long circuit, il y eut pluſieurs autres ſtations, à S. Oüen, aux Jeſuites, aux Minimes & à S. Nicaiſe, Paroiſſe de la Maiſon. En entrant dans la célébre Abbaïe de S. Oüen l'Orgue joüa; les deux groſſes Cloches ſonnerent, & quatre Benedictins ſe trouverent à l'entrée du

Chœur pour recevoir les Esclaves, & inviter ceux qui composoient la procession à prendre place. Aux Jesuites il y eut Prédication par le P. Malecot, qui s'étendit fort sur le Naufrage de Madame la Comtesse du Bourk. Les Minimes reçûrent en Corps la procession; & à S. Nicaise, M. le Curé en Chape, accompagné de deux autres Chapiers, la prévint avec l'eau benite & l'encens, l'Orgue joüant, & les cloches sonnantes; & aprés plusieurs Antiennes chantées, la reconduisit jusqu'au bout du Cimetiere.

La Communauté ne formoit pas seule le Corps de la procession; plusieurs Ecclesiastiques des Seminaires s'y étoient joints en grand nombre. Les trompettes & timbales précedoient la Croix; les hautbois & bassons suivoient les Esclaves qu'une multitude d'Anges accompagnoit par ordre; la Cinquantaine en habit d'Ordonnance étoit sous les armes; le Commissaire en chef de la Ville en habit de cérémonie, terminoit la marche. Les Etendarts étoient portez de distance en distance par une jeunesse magnifiquement vêtuë ; & de jeunes Clercs en Surplis portoient des flambeaux autour du Crucifix & de l'Image de la Sainte Vierge.

Le Mercredi 22. le P. Comelin appella par nom & surnom tous les Esclaves Flamans, & partit avec eux pour se rendre en Flandres. Il y eut environ quinze Esclaves qui resterent à Roüen jusqu'au jour de la Trinité, d'où le P. Philemon de la Motte les conduisit à Lizieux, suivant le désir de la Communauté & de la Ville, qui les avoit demandez : Ils y arriverent le 28. & le 29. veille du S. Sacrement, il s'y fit une procession. La Cathedrale les reçût avec honneur au son des cloches ; on y chanta le *Te Deum* alternativement avec l'Orgue ; il y eut station dans les deux Paroisses de la Ville, & n'y furent pas moins honorablement reçûs : On alla ensuite aux Jacobins où le P. Ambroise Toumin, Ministre des Trinitaires, chanta la grande Messe ; & le P. Gabriel Vallée prêcha avec applaudissement. L'Abbaïe des Dames ; la Paroisse S. Désir ; Messieurs du Seminaire ;

donnerent également des témoignages de leur piété, & de leur zéle pour les Captifs. Une Compagnie de Cavaliers à pied marchoit sur les deux aîles de la procession, pour empêcher le désordre. Il y avoit à la tête des trompettes & des tambours; & l'ordre qui fut gardé n'y plût pas moins que la multitude d'Anges, d'Etendarts & de Drapeaux qui en faisoit l'ornement.

Les Captifs de leur propre mouvement se rendirent le lendemain Fête du S. Sacrement à la Cathedrale, & assisterent à la procession generale, & se rangerent deux à deux à la suite du S. Sacrement, porté par M. l'Evêque.

Le Vendredi suivant, ils furent congediez aprés avoir reçû de quoi s'habiller, & se défraïer jusques chez eux ; à la reserve cependant de quatre, qui aïant temoigné vouloir passer au Havre, furent conduits jusques à Honfleur, par les PP. Philemon, de la Motte & Gabriel Vallée ; & où ils y furent reçûs avec autant d'accüeil & de distinction qu'à Lizieux, quoiqu'en un aussi petit nombre.

SECONDE LISTE

Des Esclaves Crétiens, rachetez dans la Ville & Roïaume de Tunis, au mois de Mai de l'année 1720. par le P. Joseph Bernard, Religieux de l'Ordre de la Sainte Trinité, & Redemption des Captifs ; en presence de M. Dusault, Envoié extraordinaire de France vers les Puissances de Barbarie.

Antoine la Vigne de Lyon, âgé de 45. ans, esclave 5. ans.
Antoine-Marie de Lyon, femme, âgée de 40. ans, esclave 7. ans.
Claude de la Goucherie de Lyon, âgé de 33 ans, esclave 3. ans.
François Freton de Lyon, âgé de 27. ans, esclave 5. ans.
Jean le Nerf de Lyon, âgé de 60. ans, esclave 5. ans.
Jean Vincens de Lyon, âgé de 33.

ans, esclave 3. ans.

Louis Vachon de Lyon, âgé de 25. ans, esclave 4. ans.

Pierre Laval de Lyon, âgé de 33. ans, esclave 3. ans.

Antoine Bertrand de Saint Etienne en Forez, âgé de 34. ans, esclave 5. ans.

Antoine Deterre, de Moulin, âgé de 65. ans, esclave 5. ans.

Antoine Lantier de Honfleur en Normandie, âgé de 50. ans, esclave 12. ans.

Claude Pioule de Marseille, âgé de 27. ans, esclave 3. ans.

Charles Renic du Maine, âgé de 23. ans, esclave 3. ans & demi.

Charles Valmon, d'Avason en Bourgogne, âgé de 41. ans, esclave 3. ans.

Claude Audinot de Vitri le François, âgé de 25. ans, esclave 4. ans.

Claude Visier de Moulin en Bourbonnois, âgé de 26. ans, esclave 4. ans & demi.

Damien François de Paris, âgé de 32. ans, esclave 3. ans & demi.

Dominique Verbal de Joinville en Champagne, âgé de 49. ans, esclave

esclave 5. ans.
Denis Penul de l'Isle en Flandres, âgé de 23. ans, esclave 4. ans.
Dominique Cadeau de Cailleri, âgé de 60. ans, esclave 1. an.
Denis Postel de Paris, âgé de 19. ans, esclave 4. ans.
Etienne de Montenegre de Sicile, âgé de 32. ans, esclave 3. ans.
Felix Girard de Montelimard, âgé de 22. ans, esclave 3. ans.
François Chauveau d'Orleans, âgé de 50. ans, esclave 5. ans.
François Carle de Marseille, âgé de 22. ans, esclave 3. ans.
Ferdinand Bacquelans de l'Isle, âgé de 30. ans, esclave 4. ans.
François Mondet de Marseille, âgé de 40. ans, esclave 9. ans.
Joseph Tesse d'Ypres, âgé de 29. ans, esclave 4. ans.
Joseph Barre de Dunkerque, âgé de 30. ans, esclave 5. ans.
Jean Massin de Rethel en Champagne, âgé de 60 ans, esclave 5. ans.
Jean Dernier de Franche-Comté, âgé de 38. ans, esclave 4. ans.
Jacques Bernard de Tiers en Auvergne, âgé de 45. ans, escla-

d

ve 6. ans.

Jean Bourguet, prés de Geneve, (François) âgé de 55. ans, esclave 9. ans.

Jean Mallotin de Rome, âgé de 28. ans, esclave 4. ans.

Jean Passement de l'Isle, âgé de 34. ans, esclave 4. ans.

Jeanne-Marie, femme de Dominique Cadeau, âgée de 35. ans, esclave 1. an.

Jean-Baptiste Cadeau son Fils, âgé de 4. mois.

Michel Paris de Roüen, âgé de 28. ans, esclave 5. ans.

Nicolas Solar de Denia en Espagne, âgé de 18. ans, esclave 3. ans.

Nicolas Doüai de Beauvais, âgé de 55. ans, esclave 5. ans.

Philippe Zartin de Frouville en Bourgogne, âgé de 38. ans, esclave 5. ans.

Pierre Ferrandon de Marseille, âgé de 36. ans, esclave 9. ans.

Pierre Jude de Bapeaume en Artois, âgé de 32. ans, esclave 3. ans.

Pierre de Marets d'Arras, âgé de 45. ans, esclave 4. ans.

Simon Champion de Doüai, âgé de 34. ans, esclave 4. ans.

CE fut le 29. Mai que le P. Bernard avec cette seconde troupe aborda à Marseille; & le 30. dés le matin obtint de Messieurs les Intendans de la Santé de faire débarquer les Esclaves, & de les conduire au Lazaret ou Infirmeries. M. Maillard Capitaine des Infirmeries, ami particulier du P. Bernard, lui accorda avec plaisir un quartier séparé pour les esclaves, & pour lui un logement des plus commodes dans les grandes Galleries. Dans le bureau ou Assemblée qui se tint le Lundi suivant 3. Juin, il fut déliberé que le P. Bernard avec toute sa suite feroit dix jours de la Quarantaine ; après lesquels il eût la liberté de se retirer au Convent des Trinitaires, où le P. Ignace Roux, qui en étoit Ministre, le reçût avec tout l'accueil & la cordialité possible. La procession des Esclaves qui se fit le Dimanche 9. ne fut pas moins pompeuse & solemnelle qu'avoit été la premiere. Ils séjournerent dans la Maison jusqu'au Mardi qu'ils parti-

Marseille,

rent pour Aix sous la conduite du P. Bernard, accompagné du P. Baudier Ministre de Tarascon, & commis à cet effet par le Provincial de Provence.

Aix.   A Aix, où ils passèrent le Mercre-
Lambesc. di 12. A Lambesc, où ils séjourne-
rent jusqu'au Samedi 15. A Saint
S. Remi Remi, où ils se rendirent pour le
Arles. Dimanche 16. Et à Arles, où ils arriverent le Lundi au soir, ils furent reçûs avec une égale distinction de la part du Clergé & du peuple : On leur décerna les mêmes honneurs ; les mêmes Cérémonies furent observées ; & ils éprouverent, que plus la charité trouve d'occasions de se produire, plus elle s'empresse de se communiquer. Le P. Bruno-le-Clerc avec une commission du R. P. General se joignit à Arles au P. Bernard pour la conduite des Esclaves.

Le Mercredi 19. ils en partirent pour Montpellier, passèrent le 20.
Lunel. à Lunel, où le Clergé & les Consuls les prévinrent ; & peu contens de les avoir reçûs avec honneur dans une procession puplique, leur firent de plus une aumône considé-

rable.

La Relation imprimée de la procession faite à Montpellier sembleroit devoir dispenser d'en specifier ici les circonstances. On ne laissera pas de dire que M. le Duc de Roquelaure Commandant de la Province, fut le premier à donner aux Esclaves des marques de sa tendre & liberale pieté. Messieurs les Grands-Vicaires en l'absence de M. l'Evêque, accorderent avec plaisir la permission qui leur fut demandée ; & le Dimanche 23. les PP. Trinitaires disposerent toutes choses pour la Cérémonie, qui fut des plus pompeuses.

Montpellier.

Six Valets des Consuls de la Ville la hallebarde à la main, ouvroient la marche. Suivoient sous leur Banniere & leur Croix les Confreres de S. Paul, dont la Confrairie est érigée dans l'Eglise du Convent. L'auguste & nombreuse Compagnie de Messieurs les Penitens blancs précedée des trompettes, marchoit immédiatement aprés : plusieurs Anges accompagnoient la Croix portée par un de la Compagnie. Suivoient les PP. Trinitaires sous leur Croix: Le Superieur en Chape accompagné du P. Bernard qui avoit la Palme à la main précedoit les Esclaves; un de ceux-ci portant l'Etendart de la Redemption; les autres marchoient aprés par ordre, conduis par des Anges richement ornez.

Entre tous se faisoit singulierement distinguer un de ces Esclaves, qui joüant également bien du hautbois & de la trompette, faisoit adroitement succeder l'un à l'autre; & par son art à toucher finement tous les deux, n'excitoit pas moins les Spectateurs à l'admirer, qu'il sembloit inviter les Compagnons de sa captivité à rendre graces au seul Redempteur des hommes, qui avoit brisé leurs chaînes. Messieurs les Consuls de la Ville faisoient la clôture. Un Regiment Irlandois sous les armes bordoit les deux côtez du passage pour empêcher le désordre. Les principaux des Penitens blancs s'étoient détachez pour recueillir les aumônes dans de grands bassins d'argent. Il y eut Sermon dans la Cathedrale par le P. Baudier; Salut & Bénédiction du S. Sacrement.

Le Lundi 24. les Esclaves reprirent la route de Tarrascon par Lunel, où des Officiers aïant eû la temerité d'en engager un, eurent la confusion de se voir obligez de le rendre au P. Bernard, par ordre de M. le Duc de Roquelaure. Ils coucherent le Mardi 25. dans les Cazernes de Nismes. Ils passerent le 26. & le 27. à Tarrascon, où après avoir été prévenus par le Ministre à la tête de sa Communauté, ils furent conduits processionnellement à l'Eglise de Sainte Marthe, avec encore plus de pompe & de magnificence que les premiers.

Tarascon.

A Avignon, où ils arriverent le Vendredi 28. M. le Vice-Legat, M. l'Archevêque qui étoit revenu exprés de la Campagne; tout le peuple, n'obmirent rien de ce qui pouvoit donner de nouvelles preuves de leur affection & de leur charité pour les Captifs, qu'ils traiterent de rechef avec toute la distinction possible. Il y eut procession à la Cathedrale, dont toutes les cloches sonnerent, & où il y eut Prédication & Salut.

Avignon.

Le retour des équipages de Madame la Princesse de Modene permit à peine aux Esclaves de trouver où se loger à Orange; ce qui les obligea d'en partir dés le lendemain 2. Juillet pour Montlimar: Ils y séjournerent le Mercredi 3. & aprés la procession qui s'y fit, M. de Chaubrian Lieutenant de Roy, Messieurs ses fils Chevaliers de Malte, & les Demoiselles ses filles au nombre de quatre, demanderent d'être associées à l'Ordre, & d'en recevoir le petit habit; ce que le P. Bernard leur accorda dans la Chapelle de l'Hôtel-Dieu, gouverné par des Sœurs du Tiers Ordre, & qui s'etoient chargées de disposer toutes choses pour la procession, qui étoit composée de Messieurs les Ecclesiastiques de la Ville, de la Confrairie des Penitens gris, & d'une multitude d'Anges qu'elles avoient pris soin de revêtir magnifiquement. M. de Chaubrian donna aux Captifs des preuves de sa pieté sincere & liberale.

Le peuple de Valence n'en usa pas de même: S'il parut content du nouveau Spectacle que lui donna

rachetez.

na cette seconde troupe d'Esclaves, il se contenta de leur faire éprouver comme aux premiers, que les plus curieux ne sont pas les plus charitables.

A Romans, où il paroît qu'autrefois il y avoit une grande Confrairie de la Trinité dans l'Eglise qu'occupent maintenant les Cordeliers; le tableau du grand Autel representant l'Institution de l'Ordre, l'Archiprêtre & Curé du lieu, s'offrit de lui-même avec son Clergé, de conduire les Captifs processionellement par la Ville, & y engagea pareillement les Cordeliers & les Penitens. *Romans.*

Les Captifs en partirent le Lundi 8. pour Grenoble, par S. Marcellin, Albe & Verone, & arriverent le Mercredi 10. Juillet. *Grenoble.*

La défense qu'avoit fait le Parlement à toutes personnes de quelque condition qu'elles fussent, de quêter hors pour l'Hôpital General, sembloit mettre les Esclaves de ce nombre; mais les vives instances du P. Bernard ne laisserent pas d'en obtenir la permission de M. de Grammont premier President, sous le bon plaisir de M. de Medavi, & de Messieurs les Grands Vicaires, le Siége Episcopal étant vacant. M. de Medavi étoit pour lors à une maison de Campagne à quelque distance de la Ville ; il fallut le prévenir à ce sujet : Et quoi qu'il forma d'abord quelques difficultez, outre son agrément qu'on obtint, il fut le premier à désigner une Compagnie de Soldats pour honorer la procession & empêcher le désordre. Les PP. Minimes chez qui est établie la Confrairie de la Trinité pour les Esclaves, s'excuserent d'y assister, dans la crainte que cela ne tira pour eux à conséquence, n'étant point en usage de se trouver à aucune de celles qui se font dans la Ville. Cela n'empêcha pas le Clergé de la Cathedrale de venir prendre chez eux les Captifs, & de les conduire processionellement à la grande Eglise. Une Confrairie de Penitens ouvroit la marche ; le Clergé de la Cathedrale suivoit aprés. L'Officiant en Chape étoit une des dignitez du Chapitre ; ensuite l'un aprés l'autre les Esclaves étoient conduits par des Anges que les PP. Minimes avoient eû soin de rassembler. A l'entrée de la procession dans la Cathedrale, & à la sortie les Orgues joüerent, & toutes les cloches sonnerent : On y donna la Bénédiction du S. Sacrement. Il y eut plusieurs autres stations à l'Eglise de Nôtre-Dame ; à la Collegiale de Saint André, où la Bénédiction fut pareillement donnée, toutes les cloches sonnantes: aux PP. de S. Dominique, dont l'Eglise avoit été exprés magnifiquement décorée des plus riches tapisseries, & d'une illumination considérable, & dont le Prieur à la tête de sa Communauté, avec la Croix, l'encens & l'eau benite, vint recevoir la procession jusques hors de la porte, au son de leurs cloches & de leur Orgue. Ils la reconduisirent avec la même Cérémonie aprés la Bénédiction du S. Sacrement qui y fut donnée. On entra aussi aux Jesuites ; dans la Chapelle des Penitens ; au Monastere de Sainte Cecile, d'où on se rendit aux Minimes.

Cette procession est la premiere

qui jamais ait été faite par les Captifs en la Ville de Grenoble. Peu s'en fallut même que M. le Procureur du Roy n'y mit obstacle, faute d'avoir été prévenu ; mais la protestation qu'il projettoit d'en faire, tomba dés qu'on se fut mis en devoir de reparer la faute qu'on n'avoit commise que par inadvertance, & pour n'avoir pas tout le tems de prendre des mesures. Il fut le premier à combler d'honnêtetez le P. Bernard, & à faire accueil aux Esclaves, se disant même parent ou allié de Madame la Comtesse du Bourk.

Chamberi. Le Senat de Chamberi ne s'opposa pas moins à la procession que le Parlement de Grenoble ; mais le P. Bernard en surmonta presque aussi facilement les oppositions : Il arriva dans cette Capitale de Savoie le Samedi 13. Juillet ; & le Dimanche 14. après avoir obtenu permission du Senat, du Commandant & des Syndics pour la grosse cloche, & quelqu'autres droits honorifiques, les Captifs furent processionellement se rendre du Fauxbourg à la Paroisse, où M. le Curé qui est un Chanoine de la Ste Chapelle les attendoit pour commencer Vêpres : Les Vêpres chantées les deux Compagnies de Penitens blancs & noirs se rendirent pareillement à la Paroisse pour accompagner le Clergé. La Noblesse en grand nombre ne parut pas moins touchée que le peuple à la vûë des Esclaves qui suivoient par ordre le Clergé. Ils marchoient deux à deux, aïant des Anges au milieu qui les tenoient. La procession se termina à la Paroisse d'où elle étoit sortie, & où M. le Curé en Chape donna la Bénédiction du S. Sacrement.

Le Lundi 15. les Esclaves prirent la route de Lyon par le Pontvoisin, Bourguin, S. Laurent, & arrivèrent le 18. au Fauxbourg de la Guillotiere, où les PP. Penitens les reçûrent avec tout l'accueil possible.

Il seroit inutile de repeter ce qui déja a pû être dit au sujet des premiers Esclaves. S'il y a quelque difference dans la maniere dont furent reçûs ces derniers, on peut & on doit le dire à la gloire du peuple de Lyon ; elle ne parut que dans son nouvel empressement à honorer JESUS-CHRIST dans ses membres, à faire connoître que rien ne lui coûte dés que sa pieté, sa Religion semblent interressées. L'ordre de la procession qui se fit le Vendredi 19. Juillet fût la même que dans la premiere. Un Ecclesiastique portoit la banniere ; les Esclaves suivoient, precedez par les trompettes & les timbales. Un Gentilhomme portant le Guidon, marchoit à la tête d'une légion d'Anges representant toutes sortes de personnages. Quatre Cadets l'Epée à la main précédoient l'Image de JESUS-CHRIST en Croix, rachetée en 1700. & portée par un Ecclesiastique en Aube ; quatre Anges portant des flambeaux marchoient à ses côtez ; & elle étoit suivie de plusieurs autres jeunes hommes en habits de Chevaliers Romains, pareillement l'Epée nuë à la main. La Communauté sous sa Croix précedée de plusieurs Chantres, terminoit la procession.

Les Esclaves séjournerent trois jours à Lyon pour les délasser de leurs fatigues, & en partirent le

rachetez.

Mardi 23 pour Trevoux. On y fit la procession le Mercredi 24. Elle étoit composée de Messieurs les Chanoines de la Collegiale ; des PP. du Tiers Ordre de S. François ; des Esclaves conduits par des Anges, & suivis des PP. Bernard & Bruno. Il y eut une station aux PP. de S. François ; aux Monasteres de sainte Ursule & de la Visitation ; & la Céremonie se termina par la Benediction du S. Sacrement, qui fut donnée dans la principale Eglise, par le Chanoine officiant. Les Captifs eurent tout lieu d'être contens de toutes les marques de bonté & de politesse que leur donnerent en cette occasion Messieurs les Chanoines aussi bien que tout le peuple de cette Ville.

Le Vendredi 27. Messieurs les Comtes de Saint Pierre de Mâcon ne les reçûrent pas avec moins d'accueil, se chargeans seuls de les conduire processionellement dans le district de leur Eglise, au son de toutes leurs cloches, & l'Orgue joüant à leur sortie comme à leur retour. M. l'Evêque qui les leur avoit addressez pour ce sujet, voulut faire connoître par ce choix la parfaite intelligence qu'il défiroit toûjours entretenir entre les Chanoines de la Cathedrale & les Comtes de cette fameufe Collegiale, en donnant lieu à ceux-ci d'exercer à l'égard de cette feconde troupe d'Efclaves la même charité dont ceux-là avoient donnez des preuves fi édifiantes au paffage des premiers.

Tournu. Le Dimanche 28. il y eut auffi une proceffion à Tournu. Le Curé de la Madelaine, de fon Eglife conduifit les Efclaves jufques à celle de Saint André, où il y eut grande Meffe & Sermon par le Curé de cette derniere Paroiffe; enfuite dequoi la proceffion retourna à l'Eglife de la Madelaine.

Châlons. A Châlons fur Saone, le Grand-Vicaire de M. l'Evêque aprés avoir gracieufement accordé la permiffion que lui avoit demandé le P. Bernard, envoïa plufieurs Seminariftes pour augmenter le Clergé de la Paroiffe de S. Jean, où les Captifs fe rendirent, & furent folemnellement reçûs.

Dol: Le Mardi 30. Juillet les Captifs

prirent la route de Dole par Verdun, & y arriverent le Mercredi au soir. Ce ne fut pas sans peine qu'on leur trouva des logemens ; presque tous les lieux étans occupez par la Garnison. Les PP. Benedictins dans l'Eglise desquels il y a une Confrairie de la Trinité établie, sortirent processionellement pour la premiere fois en faveur des Esclaves. Deux Gentilshommes se chargerent de faire la queste, avec l'agrément de M. le Doïen qui l'avoit gracieusement accordée au P. Bernard.

Le premier Aoust les Captifs furent coucher à Orson, & le lendemain Vendredi à Besançon, où il y a une Confrairie de la Trinité érigée dans l'Eglise des Filles de Sainte Claire.

A Dijon où ils arriverent le 7. M. Popelin Chanoine de Nôtre-Dame, & Directeur de la Confrairie de la Trinité érigée en l'Eglise des Filles du bon Pasteur, aprés avoir presenté le P. Bernard à M. l'Intendant, à M. le Grand-Vicaire, & au Maire de la Ville, s'engagea de disposer toutes choses

Dijon.

pour la procession, qui ne fut pas moins pompeuse & magnifique que la premiere. Messieurs du Seminaire s'offrirent de faire ce qu'avoient fait Messieurs les Hospitaliers du S. Esprit ; & ce fut au Seminaire que les Captifs se rendirent, pour en être conduits processionellement jusqu'à l'Eglise Collegiale, & de-là par la Ville jusqu'en l'Eglise dudit Seminaire. Les tambours marchoient à la tête de la banniere & de la Croix du Seminaire, accompagnée de deux Acolites : Suivoient quatre Turiferaires & trente six Ecclesiastiques revêtus de Chapes blanches uniformes, & des plus riches. M. le Directeur accompagné d'un Diacre & d'un Soudiacre, pareillement revêtus d'ornemens magnifiques, faisoit la clôture du Clergé. Les Esclaves marchoient après par ordre avec leurs Guidon & Etendarts, précedez des hautbois, & suivis des PP. Bernard & Bruno. Les Tresoriers des pauvres de la Paroisse se chargerent avec plaisir de recüeillir les aumônes du peuple pour les Esclaves.

À l'entrée de la Collegiale, dont

toutes les cloches sonnerent, quatre Ecclesiastiques députez du Chapitre, aprés un compliment des plus gracieux, présenterent l'eau benite & l'encens, & conduisirent la procession jusques à la porte du Chœur, où une Dignité la reprit jusqu'au pied de l'Autel : Le Saint Sacrement adoré, on chanta un Motet en Musique, & une Dignité du Chapitre donna la bénédiction ; aprés laquelle le Saint Sacrement voilé, l'Orgue & la Musique chanterent alternativement le *Te Deum*. Les 4. Ecclesiastiques ou Beneficiers qui avoient reçû la procession, la reconduisirent où ils l'avoient prise hors la porte de la Collegiale : On parcourut presque toute la Ville jusqu'en l'Eglise du Seminaire. Un Conseiller du Parlement aïant appris qu'un de ses parens étoit du nombre des Captifs, revint exprés de sa Campagne pour le recevoir. Il n'oublia rien pour donner des marques de sa reconnoissance.

De Dijon le P. Bernard prit la route de Paris par Auxerre, Joigni, Sens & Fontainebleau, où il arriva le 15. Le P. General qui l'at-

AVERTISSEMENT.

LES Entretiens de la Tradition de l'Eglise fur la Redemption des Captifs, que j'ai donnés dans la Relation de mon premier voyage en Barbarie, ont été reçûs fi favorablement du Public, que j'ai crû ne pouvoir me difpenfer de les joindre au recit de ce fecond voyage. En continuant de juftifier nos demarches, ils continuëront de lui faire fentir que la charité ne reconnoît point de bornes; fi nous ne nous laſſons pas de tenter toutes les voïes qui peuvent l'engager à ne point negliger une œuvre ſi ſainte, ſi intereſſante, c'eſt que nos devoirs ſont toûjours les mêmes, les beſoins plus preſſants ; les ſecours que nous avons procurez, ne nous ſervent que de nouveaux motifs pour ne point abandonner ceux qui ſont encore à la veille de perir, s'ils ne ſont promptement ſecourus.

Le rachat des captifs cette œuvre si excellente qu'elle passe toutes les autres en merite; elle reünit dans sa pratique ce qui n'est que divisé dans les autres. Vrb. VIII.

LA TRADITION
DE
L'EGLISE,

POUR LE SOULAGEMENT
ou le rachat des Captifs.

PREMIER ENTRETIEN.

I. Rencontre d'un Ecclesiastique à Tripoly, avec lequel un Religieux de l'Ordre de la Sainte Trinité noue ces Entretiens. II. Dieu est le premier à donner l'exemple de la compassion dûe aux Captifs.

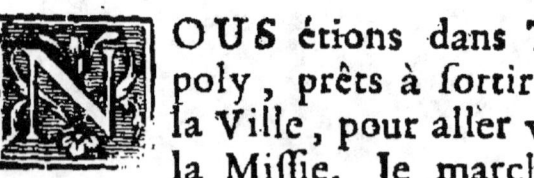OUS étions dans Tripoly, prêts à sortir de la Ville, pour aller voir la Missie. Je marchois derriere la Compagnie un peu rêveur, repassant dans mon esprit les tristes & fâcheuses nouvelles que nous avions reçûës touchant plu-

A ij

sieurs Renegats, & chagrin du peu d'ouverture que je voïois à d'heureux succés dans ces premiers jours de nôtre arrivée, lorsqu'un inconnu me tira par derriere, & que d'un air plein d'une cordialité que je n'attendois point, dans un païs où je n'étois pas connu, il m'embrassa & me parlant François, me felicita comme l'homme du monde le plus heureux ; & dans cinq ou six pas que nous fimes ensemble, il me dit des choses si encourageantes pour la fonction que nous faisions, & me marqua tant de zele pour le rachat des pauvres Chrêtiens, que pressé de suivre ma Compagnie, & souhaitant d'ailleurs noüer avec lui un plus long entretien, je le priai de me dire où il se retiroit, & si je pouvois esperer de le trouver à mon retour. Lui, qui ne cherchoit pas moins l'occasion de répandre tout ce qu'il avoit dans son cœur depuis si long-tems, me dit, qu'aussi-tôt qu'il l'apprendroit, il me viendroit trouver.

J'avoüe que les diverses pensées qu'un tel abord me causa, & l'empressement de revoir mon homme, me rendirent plus fade la promenade que nous faisions; & qu'une nouvelle curiosité que je portois dans le cœur, diminua beaucoup de celle que j'aurois euë à remarquer ce qu'il y a de plus beau, & à goûter ce qu'il y a de plus agréable dans cette nouvelle Ville.

Dés le lendemain, à peine eus-je celebré la sainte Messe, que sortant dans le dessein de m'informer de ce que j'avois tant à cœur, je rencontrai mon inconnu, qu'un semblable empressement engageoit à me rechercher, ayant appris que nous étions revenus dés le soir precedent. Je voulus d'abord lui marquer ma joye; mais m'interrompant: Ce n'est pas ici le lieu, me dit-il, de nous ouvrir mutuellement nos cœurs: Allons chez moi, nous n'avons que deux pas à faire. Je demeure ici chez un Marchand, où j'occupe un petit appartement secret & separé.

Ces manieres ouvertes & sa cordialité, m'engagerent à me confier aisément à sa conduite. Nous entrons dans un lieu tout propre aux entretiens que nous devions avoir.

Il me presenta un siége, & après quelques civilitez, il me laisse un moment pour aller querir quelques petits rafraîchissemens.

Quelle fut ma surprise, lorsque je me vis seul dans un lieu où tout me parloit un certain langage que mon cœur, ce me semble, entendoit, devant que mon esprit l'eût tout à fait compris ! Quelque part que je portasse mes yeux, tantôt une Sentence, tantôt quelque Estampe d'un artifice tout nouveau, me tenoit un langage que j'entendois à demi, mais que je goûtois tout-à-fait. J'avois les yeux appliquez sur ces paroles, écrites en gros caracteres au-dessus de la porte : *Dominus de Cœlo in terram aspexit, ut audiret gemitus compeditorum.* lorsqu'il rentra, & que remarquant en moi quelque étonnement, il m'en demanda la cause. Lui ayant répondu que je ne m'attendois pas à trouver dans Tripoly une Chambre de pareille decoration, où les murs me parloient de mon ministere : J'ai écris, me dit-il, ces paroles que vous lisez, & pour moi, & pour le peu de Marchands Crê-

Psal. 101

tiens qui me peuvent venir voir ici, mais je souhaiterois qu'elles fussent écrites dans des lieux où tous les Chrêtiens les pussent lire, comme ce Prophête dont je les ai tirées, ordonnoit *qu'on les gravât sur le marbre & sur le bronze*; afin qu'elles fussent luës dans *tous les siécles*, & que les fideles apprissent de ce passage deux grandes veritez, que je sçai qu'on n'ignore que trop, & que je crains moi même d'oublier.

Scribantur hæ in generatione altera. Ibid.

La premiere : Qu'il est digne non-seulement d'un Crêtien, de n'oublier jamais ce que ses freres endurent dans la captivité, & d'entendre leurs soûpirs ; mais que Dieu même est le premier à donner cet exemple de charité.

La seconde : Que le caractere auquel ce même Prophête veut qu'on reconnoisse les Elûs, qu'il designe ici sous le nom d'un *Peuple de nouvelle creation*, est l'attention qu'ils feront à cette grande leçon, & la gloire qu'ils en rendront à Dieu par leurs actions de graces, & leur imitation. Que je vous estime heureux, ajoûta-t-il, de consumer & vos jours & vos moyens à une

Populus qui creabitur, laudabit Dominum. Ibid.

A iiij

œuvre si sainte! Courage, mon Pere, que les difficultez ne nous rebutent point. Vous vous employez à une charité, dont Dieu même vous veut bien servir de modele. Il est glorieux d'aspirer à devenir *parfait, comme vôtre Pere Celeste est parfait*, prenant les mêmes sentimens de *misericorde* que lui. A ce discours imprevû, qu'il accompagnoit des manieres du monde les plus zelées & les plus engageantes, vous pouvez juger de mon étonnement. Tantôt je baissois la vûë, & m'éxaminois pour sçavoir si ce n'étoit pas quelque songe : tantôt je le regardois fixement, & pensois si ce n'étoit pas quelque Ange ou quelque homme de l'autre monde, envoyé de Dieu pour me relever de mon abattement, & m'animer dans mon entreprise. Mais je gardois toûjours un profond silence, ne sçachant à quoi me déterminer. Il n'eut pas peine à s'appercevoir de mon embarras; ce qui lui fit continuer; Vous ne me répondez point. L'ignorance où vous êtes de mon dessein & de ma personne, en est sans doute la cause; je vous satis-

Estote perfecti ... Matth. 5.

Estote misericordes sicut Pater vester Cœlestis, &c. Luc. 6.

ferai sur l'un & sur l'autre. Mon langage vous declare assez ma Patrie ; & ce début par où nous avons commencé, avec ce que j'ai à vous dire, vous fera voir que j'aime la lecture. Mon caractere est un des Ordres sacrez, quoique je n'en porte pas ici les marques ; & mon inclination est le soulagement des pauvres Captifs, dont je ne puis m'arracher, ayant appris à leur compâtir par la longue experience que j'ai eûë de leurs miseres, comme vous apprendrez par le recit de mes avantures, si j'ai la satisfaction de vous pouvoir entretenir quelques momens par jour, dans le peu de tems que vous sejournerez en cette Ville.

Mais en attendant, vous voulez bien que je commence dans cette visite à vous montrer quelques unes de mes curiositez. Je suis sûr qu'elles seront bien de vôtre goût. Je ne répondois que par des marques de reconnoissance & de joye ; & lui disois que je comptois cette rencontre de sa personne, comme la plus heureuse de mon voyage ; lorsque détachant du lieu le plus proche de nous une Estampe, il me dit: Voyez, mon Pere, dans ces petits ornemens de mon Cabinet, ce dont j'ai l'esprit rempli. J'ai ici avec moi un seul domestique, je l'ai gardé aprés avoir rompu ses fers. Il me fait passer des momens bien doux, dans un lieu où je n'ai que de tristes objets, par l'adresse qu'il a à dessiner assez proprement comme vous voyez. Voici un de ses ouvrages dans le cartouche qui orne cette piece. Je le prens en main: Il representoit Moïse prosterné devant le Buisson ardent. Son troupeau paissoit paisiblement à l'ombre, & paroissoit éloigné. Le paisage étoit d'un burin trés-delicat & bien entendu, tout y respiroit la solitude; le Ciel étoit couvert de nuages, doux & bas, comme prêt à verser une douce rosée sur la terre aride, & les arbrisseaux à demi secs, sembloient la demander. Sur cette Estampe, ouvrage d'un habile Graveur Italien, cet Ecclesiastique avoit exercé son genie & la main de son domestique, par un Cartouche artistement travaillé, & partagé en plusieurs petites ovales. Celles de haut, d'un grand crayon leger & adroit, representoient les divers fleaux de l'Egypte, unis par une banderole où on lisoit ces paroles: *Audivi gemitum filiorum Israel quo Ægyptii oppresserunt eos.* Celles de bas representoient les travaux excessifs de ce Peuple sous les Officiers de Pharaon, avec cette inscription: *Clamor filiorum Israel venit ad me.* Tout l'ouvrage étoit couronné par les deux Tables de Moïse, dessinées tout en haut avec ce titre: *Ego sum Dominus Deus tuus, qui eduxi te de terra Ægypti.* Je considerois cette piece avec un grand plaisir. J'admirois tous ces fleaux d'Egypte dessinez en petit, & qui élevoient mon esprit, ce me sembloit, à de grandes pensées: Un Dieu touché sur les miseres d'un peuple dans la servitude, attentif à écouter leurs soûpirs, appliqué à remedier à leurs maux, en multipliant ses prodiges: Tout me paroissoit digne de reflexion, & me jetta dans un silence, d'où ce pieux Ecclesiastique me voulut tirer, en me disant: Mais prenez-vous garde à la qualité que Dieu a affecté dans tout l'Ancien Testament, de Liberateur

Exod. 6.

de son Peuple ? Voyez que c'est le nom qu'il prend toûjours, lorsqu'il parle d'amour aux vrais Israëlites, & qu'il les invite à l'amour : *je suis le Seigneur ton Dieu, qui t'ai tiré de la terre d'Egypte.* Comme il prend le nom de Dieu des Armées, quand il veut inspirer la crainte aux Juifs. Jugez, mon Pere, si penetré que je suis, de cette verité, je marque une si haute estime pour tous ceux à qui Dieu veut bien communiquer un si beau nom, & un si glorieux emploi? Je rougis à ce compliment, & lui répondis que je me trouvois bien indigne du mien, quoique je fusse fort éloigné de l'élever si haut : que la captivité dont Dieu paroissoit touché dans l'Ancien Testament, n'étoit pas proprement cette captivité exterieur du peuple Juif : qu'il en avoit bien une autre en vûë, aussi-bien qu'un autre nom de Liberateur. Oüi, mon Pere, me repartit-il : aussi ce seroit peu pour vous dans les voyages que vous entreprenez, de n'avoir en vûë que de délivrer des malheureux d'une servitude corporelle ; l'ame ici n'est pas moins en peril que le corps, &

on ne les délivre pas moins des portes de l'enfer, dans l'extrême danger où il sont de renoncer à la Foi, que des portes de la mort, où l'extrême violence & la longue durée de leurs travaux, les expose chaque jour.

Voyez vous cette Estampe ? Ne vous semble t'il pas que le Graveur ait voulu exprés marquer la pressante obligation qu'on a de les secourir ? Il nous represente en la personne de Moïse un Pasteur, qui par l'ordre exprés du Ciel, laisse son troupeau, afin d'aller secourir des malheureux Esclaves, qui gemissent sous une captivité, semblable à celle que nos freres endurent ici.

Vous voudriez donc, lui dis-je, que des Prelats laissassent le soin de leur Diocese, pour venir en Barbarie racheter des inconnus ? Si ces inconnus, me dit-il, sont de leur troupeau, cette charité ne seroit pas sans exemple, non seulement dans Moïse, mais dans celui dont il n'étoit qu'une figure, le Souverain de tous les Pasteurs, imité en cet excés de charité, par de grands Prelats assez fameux dans l'Histoire Ecclesiastique. Mais ils peuvent du moins, sans rien diminuer du soin & de l'application qu'ils ont à bien gouverner leur Diocese, penser un peu à leurs brebis éloignées, & ne pas negliger celles que la Providence a reduit dans une extremité d'autant plus grande, que leur éloignement les fait mettre en oubli.

Il alloit encore ajoûter plusieurs reflexions, que lui avoit fait faire l'endroit de l'Ecriture representé dans ce passage ; lorsque m'apercevant que l'heure avançoit, & craignant qu'on ne fut inquieté de ma trop longue absence, je pris congé de lui, avec promesse que dés le soir j'aurois l'honneur & le plaisir de le revoir.

II. ENTRETIEN.

I. Exposition du sort des Captifs dans une Paraphrase de Jeremie. II. Abraham modele de charité envers les Captifs. III. Les Anges s'y emploient avec zele.

J'Avois trop d'envie de retourner, pour ne pas tenir ma parole. Un grand nombre d'Esclaves de toutes les Nations, qui nous étoient venus trouver, m'avoient extrémement touché, les uns nous avoient montré les marques des mauvais traitemens qu'ils avoient reçûs ; d'autres nous avoient raconté les rudes combats qu'on livroit à leur foi, à leur chasteté, aussi-bien qu'à leur patience ; d'autres dans le desespoir, nous avoient menacé de renoncer à leur Religion ; entr'autres un, qui avoit donné beaucoup d'exercice au zele des Reverends Peres Missionnaires, les aïant obligez de passer plusieurs nuits de suite dans les prisons auprés de lui, pour soûtenir sa foy chancelante, & sa patience trop ébranlée. Ce que j'avois vû, ce que j'avois entendu, ce que ma juste crainte avoit conçu ; joint à ce que j'esperois de nos entretiens, me faisoit attendre avec impatience le moment favorable pour me dégager. Ainsi de bonne heure je sortis, & me rendis chez nôtre bon Ecclesiastique. Dés que nous nous fûmes entre-saluëz, je voulus pour me délasser, me décharger le cœur de toutes les amertumes dont tant d'objets pitoïables l'avoient rempli. Il me répondit d'abord par un soûpir ; & il alloit commencé à me raconter à ce sujet, tout ce qu'il avoit vû & experimenté lui-même, de miseres & de perils attachez à la condition des Esclaves, chez les Barbares; lorsque quelqu'un vint frapper à la porte. Il y fut, & revenant : Une affaire pressante, me dit-il, me demande pour un moment. Bien-tôt je reviens à vous, je vous laisse ici Maître.

Etant seul, je me replongai dans le chagrin que j'avois apporté avec moi ; & pour le dissiper, je m'aproche d'une espece de Prié-Dieu, comme pour demander au Seigneur, quelque remede contre tant de maux. A peine je fléchissois le genoüil, que j'apperçûs sous ma main un papier, dont la lecture me fit connoître, quel étoit le sujet ordinaire des meditations & des prieres de ce saint homme, quand comme un autre Jeremie, il répandoit son cœur devant Dieu, & pleuroit sur la captivité de son Peuple.

C'étoit une Paraphrase sur l'Oraison de ce Prophete, dont je voulus qu'il me donnât une Copie devant mon départ de Tripoly Vous voulez bien que je la transcrive ici.

PARA-

PARAPHRASE.

I.
Souvenez-vous, Seigneur, des maux extrêmes où nous nous voyons reduits. Considerez de près nôtre opprobre, pour ne pas dire l'opprobre de tout le nom Crétien, dont l'opprobre & la confusion doit être de nous voir sans assistance dans l'humiliation & l'opprobre.

II.
Nous gemissons ici sous les fers, & nous ne faisons pitié à personne : ceux même qui possedent nôtre heritage dans nôtre païs, sont comme des étrangers à nôtre égard. Nos maisons sont habitées par des insensibles qui nous oublient, comme s'ils ne nous étoient rien.

III.
Nous sommes comme de pauvres orphelins, qui n'avons plus de pere. Il n'est pas jusques à vous, Seigneur, qui semblez avoir retiré de sur

ORATIO
Jeremiæ Propheta.

I.
Recordare, Domine, quid acciderit nobis : Respice opprobrium nostrum.

II.
Hæreditas nostra versa est ad alienos : domus nostræ ad extraneos.

III.
Pupilli facti sumus absque Patre.

nous cette Providence, qui ne manque pas aux plus viles creatures: & que vous ne nous regardez plus comme vos Enfans.

IV.
Aquam nostram pecunia bibimus: ligna nostra pretio comparavimus;

IV.
Quel abandon est le nôtre ? Pas une goute d'eau que nous n'achetions à grand prix, & par bien des sueurs. Pas un morceau de pain & de bois qui ne nous coûte bien cher. Pas un rafraîchissement, pas une consolation qui ne nous coûte mille mauvais traitemens ?

V.
Cervicibus nostris minabamur: lassis non dabatur requies.

V
Dans l'extrême foiblesse où nous reduit un travail continuel sans nourriture, à peine pouvons nous nous tenir sur nos pieds, & quelques fatiguez que nous soyons, on ne nous accorde pas un moment de repos, pas un jour de Sabath, pas une Fête parmi tant de jours de deüil & d'accablement.

VI.
Ægypto dedimus manum, &

VI.
Pressez de la faim après tant de fatigues, privez du secours

de nos freres éloignez & in- Assiriis : ut satu-
sensibles à nos maux, nous nous raremur pane.
voyons contrains de tendre la
main aux barbares même pour
avoir un morceau de pain, &
de nous rendre presque aux im-
portunitez & impies sollicita-
tions des ennemis de nôtre Religion, pour donner quelque
soulagement à la faim qui nous
presse.

VII.   VII.

Encore si c'étoit pour quel- Patres nostri
que crime, que nous nous vis- peccaverunt, non
sions chargez de fers & reduits sunt : & nos ini-
à cette extremité ; mais c'est quitates eorum
que nous sommes Crêtiens, & portavimus.
que ceux qui nous asservissent
ne le sont pas. Nos peres ont
fait la faute, ils ont laissé étein-
dre la foi dans ces climats, où
elle étoit si pure ; & nous en
portons malheureusement la
peine.

VIII.   VIII.

Ceux qui se sont asservis à Servi dominati
l'iniquité, nous asservissent à sunt nostri : & non
leur tyrannie : Nous sommes fuit qui redimeret
devenus les Esclaves de ceux de manu eorum.
qui sont les Esclaves du dé-

B ij

mon, on le voit, on le sçait dans le païs Crétien ; & il ne se trouve pas une main favorable pour nous tirer d'une si rude, si honteuse, & si dangereuse servitude.

IX.

Pellis nostra quasi Clibanus exusta, à facie tempestatum famis.

IX.

Nous ne sommes plus que des squeletes mouvantes ; & nôtre peau seiche & brûlée par les cruelles agitations de la faim, comme si elle avoit passé au four, à peine demeure étendue sur nos os.

X.

Mulieres in Sion humiliaverunt ; virgines in civitatibus Juda : Adolescentibus impudicè abusi sunt : Pueri in ligno corruerunt.

X.

L'affreuse désolation, Seigneur, où se trouve vôtre Peuple dans cette dure captivité, où l'on n'a égard ni au sexe, ni à l'âge, ni à la pudeur, ni à la justice. On y deshonore les femmes, qu'on enleve à leurs maris. Les vierges tombent au pouvoir de ceux qui n'ont point d'autre Loi que leur brutalité. On y corompt la jeunesse par des crimes abominables ; & les plus tendres Enfans succombent sous la violence des coups.

XI.

Il n'y a donc plus de joye à espérer pour nous ? Nous n'auront donc plus deformais qu'à verser des larmes ameres & infructueuses, au lieu de ces saints Cantiques que nous chantions dans le sein de l'Eglise ?

XI.

Defecit gaudium cordis nostri; versus est in luctum chorus noster.

XII.

Qu'il faut que nos pechez soient grands, pour avoir fait tomber sans ressource la couronne que vous nous prepariez ! Malheur à nous, si vous recherchez ainsi nos pechez !

XII.

Cecidit corona capitis nostri; væ nobis quia peccavimus !

XIII.

Nous avons le cœur accablé d'un chagrin mortel, & l'esprit languissant dans d'affreuses tenebres, depuis que nous sommes bannis de la sainte Sion. Le champ fertile & délicieux de vôtre Eglise, où nous avions été élevez, est donc changé pour nous en la retraite des Renards, & en des deserts

XIII.

Propterea mœstum factum est cor nostrum; ideò contenebrati sunt oculi nostri, propter montem Sion, quia disperiit : vulpes ambulaverunt in eo.

affreux & steriles, où nous nous trouvons releguez!

XIV.

Tu autem in æternum permanebis: solium tuum in generationem & generationem?

XIV.

Ne vous souvenez-vous pas, Seigneur, que vous êtes le seul qui n'êtes pas sujet au changement? Vous êtes toûjours le même, & vôtre Trône affermi dure de generation en generation.

XV.

Quare in perpetuum oblivisceris nostri? Derelinques nos in longitudinem dierum?

XV.

L'avez-vous donc resolu de nous mettre éternellement en oubli? Est-ce un conseil arrêté chez vous de nous abandonner pour toûjours, sans aucune esperance?

XVI.

Converte nos Domine, & convertemur; innova dies nostros, sicut à principio.

XVI.

Si vous attendez vôtre conversion, Seigneur, prevenez-la & nous convertissez, afin que nous nous convertissions: Renouvellez la ferveur de nos premiers jours, & rendez-nous la joye de vous servir avec la première liberté.

XVII.

Faites-nous revenir, Seigneur, de cette pensée fâcheuse & importune, qui acheve de nous accabler dans nôtre servitude : que vous nous avez tout-à fait rejettez de vôtre souvenir, & que vous avez dessein de nous traiter dans toute vôtre fureur.

XVII.

Sed projiciens repulisti nos, iratus es contra nos vehementer.

A cette lecture, je sentis toutes mes pensées se réveiller : chaque verset retraçoit dans mon imagination ce que je venois de voir & d'entendre dans le cours de la journée au sujet des Captifs. Ces expressions vives, dont se sert ici l'Esprit de Dieu, appliquées au sort des Esclaves par cette Paraphrase ingenieuse, me fit abandonner à des sentimens bien divers, dont j'avois peine à me défendre. Prés de trois quarts d'heure, qui me donnerent le loisir de relire & de repenser à des choses, où mon cœur s'interessoit tant, ne me durerent qu'un moment. Je n'eus pas de peine à recevoir la premiere excuse, que nôtre Ecclesiastique à son retour me donna de son retardement : Il s'apperçut bien que j'étois touché, mais feignant d'être confus de ce que dans cette lecture j'avois découvert les sentimens ordinaires de son cœur, il voulut faire diversion, marquant qu'il s'appercevoit de ce qui se passoit dans le mien. Quoi, me dit-il mon Pere, il semble que ce chetif écrit vous aye fait impression ! Qui n'en recevroit, lui répondis-je, sur tout après avoir été témoin de tout ce que ce Prophête exprime de maux, comme je l'ai été cet aprés midy ? Ce fut à cette occasion, qu'il me repartit avec un soûpir : que seroit-ce donc, si vous les aviés tous éprouvez comme j'ai fait? Combien de fois dans les tristes jours de ma captivité la douleur m'a t'elle fait repeter cette Oraison, que la misere, ou l'esprit de Dieu retraçoient sans cesse dans mon esprit ? Que je goûtois bien alors l'avis important que saint Paul donne aux fideles, lorsqu'il leur recommande les Captifs, de se regarder comme s'ils étoient eux-mêmes à leur place ! Quand en effet l'on s'y trouve, qu'on a bien d'autres idées

de

de cette extrême neceſſité, & qu'on voit bien mieux l'étroite obligation qu'on a d'y remedier, pour peu qu'on aye de Chriſtianiſme !

Combien diſois je alors en moi-même ! Combien de Predicateurs & de Caſuîtes dans l'Europe prêchent ſans ceſſe, comme la maxime la plus importante du Chriſtianiſme ; que dans le cas d'une preſſante neceſſité, il n'eſt plus queſtion pour un Crêtien de recourir à une vaine diſtinction du ſuperflus & du neceſſaire : Qu'on eſt obligé en conſcience de retrancher alors de celui-ci. Puis faiſant reflexion ſur moi même : Eſt-il donc, ajoûtai-je, une plus grande extremité que celle où ſe trouve reduit un Crêtien ſous la domination des Barbares ? Il eſt rare qu'ailleurs le corps & l'ame ſe trouvent dans un égal peril. Mais ici, ſe peut-il voir un plus grand beſoin pour le corps à qui on denie tout, hormis le travail, les coups & les ſupplices ? Eſt-il un plus grand peril pour l'ame, également tentée & de l'apoſtaſie & du deſeſpoir ? Il me diſoit ces paroles d'un air à me perſuader qu'il avoit beaucoup ſouffert, & à m'inſtruire en même tems, que le soulagement des Captifs est un des plus beaux champs pour exercer la charité crétienne. Je desirois qu'il me racontât plus en détail l'histoire de sa servitude ; & d'autre part je souhaitois qu'il continuât à m'instruire de mon devoir ; & ce desir l'emportant sur la curiosité, m'obligea de lui dire : Aussi, Monsieur ce Prophête sanctifié dés le ventre de sa Mere, ne plaignit point quarante années de larmes, pour déplorer dans son Peuple un malheur, qui dans le fond n'étoit qu'une peinture fidelle de celui de nos freres. Une peinture fidelle ! Que me dites vous, mon Pere, repartit-il ? Comparez les uns avec les autres ; les Israëlites captifs en Babylone, avec les Crétiens Esclaves en Barbarie ; & vous y trouverez cette difference, qu'un grand nombre de Prophêtes s'attendrissent sur le malheur du Juif en servitude ; & que nonobstant leur promesse, il ne retarde sa liberté, que par une attache criminelle à ses infidelitez : au lieu que le Crétien dans l'excés de ses maux & sous la dureté de ses fers, n'a personne qui le plaigne, & ne voit sa misere prolongée chez les Barbares, que parce qu'il persiste dans la fidelité qu'il doit à Dieu.

Je n'étois pas difficile à persuader sur une telle matiere; mais comme j'avois une extrême envie qu'il continuât à m'enrichir de ses recherches, je lui dis, que je m'étonnois de ce qu'une œuvre si sainte, si necessaire, & si avantageuse, étoit toûjours demeurée dans un si profond oubli, que l'Ecriture Sainte en eût si peu parlé : qu'on en trouvât si peu de chose dans les écrits des Apôtres, dans les Canons des Conciles, & dans la Morale des Peres. Que dites-vous, me repliqua-t'il? Est il rien de plus fort que ce qu'on en trouve dans ces sources sacrées de la Morale Crêtienne ? Il faut que je vous ouvre ici tout mon cœur, & que je vous fasse part de ce que j'ai pû ramasser sur ce sujet dans le peu de tems, d'occasions, & de moyens que j'ai eus, depuis que par mon experience j'ai appris à compatir aux Captifs, & que j'ai travaillé à m'entretenir dans ce sentiment, que j'ai toûjours trouvé si saint & si digne de la reconnoissance d'une ame, qui a été rachetée par le Sang du Fils de Dieu.

Ensuite détachant une Estampe : Voila, me dit-il, une piece que j'ai fait enrichir pour servir de pareille à celle de Moïse, que je vous ai tantôt montrée.

A cette Estampe, aussi delicatement burinée, j'ai fait ajoûter ce Cartouche : Elle vous montrera que ce n'est pas dans l'institution de vôtre Ordre, qu'on a commencé par l'Ordre du Ciel à secourir & racheter les fideles Captifs. Aussi n'est-ce pas sur ces seules Côtes de Barbarie, que les serviteurs du vrai Dieu se sont vû exposez au peril de servir de proye ou à la cruauté de leurs vainqueurs, ou à la lubricité de leurs Patrons. Cette image representoit la sortie de Loth avec toute sa famille, de Sodome embrasée. Tout parloit dans ces figures ; la fraïeur étoit dépeinte sur le visage de Loth le regret & la consternation sur celui de ses filles ; & les Anges marquoient un certain empressement, qui faisoit assez voir le peril de cette famille, & leur zele à l'en retirer. Il n'y avoit pas jusques à un gros tourbillon d'une noire fumée, mêlée de flâmes, qui sortant de cette Ville en feu, sembloit obscurcir le Ciel, & rendre par là sensible l'abomination de ses Habitans. Dans le Cartouche que ce Serviteur de Dieu y avoit fait ajoûter, on ne voyoit que trois ovales liées ensemble par des chaînes & des lacs d'amour. En celui d'enhaut étoit Abraham prosterné devant la Majesté de Dieu, qui lui apparoissoit sous la figure de trois hommes, & sembloit lui promettre, qu'à sa priere il délivreroit Loth & toute sa famille du peril extrême où il se trouvoit. Dans l'un des Cartouches d'en bas, étoit encore Abraham, qui rompoit les chaînes de son neveu, aprés avoir défait les cinq Rois ses Vainqueurs, & dans le dernier, Melchisedech venoit au-devant de ce saint Redempteur, & lui offrant du pain & du vin, lui donnoit sa benediction. Quoique les figures fussent trés-petites, les atitudes cependant étoient trés-bien marquées, & le terrain si bien menagé dans un si

Gen. 18.

petit espace, que les crouppes des figures ne s'embarrassoient point. j'en admirois la delicatesse, lors que levant ma pensée plus haut, ce M. me fit entrer dans son dessein.

Vous voyez, mon Pere, que dans le moment que Dieu voulut nous donner une idée d'un Juste parfait en la personne d'Abraham, il n'a pas manqué à lui donner un grand zele pour délivrer ses freres & du peril & des miseres de la captivité, tel que vous le voyez ici dépeint : Mais remarquez-en, s'il vous plaît, les circonstances. Lorsqu'il exerce l'hospitalité à l'égard de ces trois personnes inconnuës qui lui apparoissent; dans cette occasion il s'emploïe seul, & ne se donne pas de si grands mouvemens : aussi la necessité n'étoit-elle pas si pressante. Mais quand il faut rompre les fers de ses freres, il employe tout ce qu'il a de domestiques, d'adresse, de zele, de force, & met toute sa famille en mouvement. Le Ciel a eû soin de nous marquer ces deux sortes d'œuvres de charité. Car pour la premiere il lui promet une nombreuse posterité, & des benedictions sur ses descendans ; & au retour de la seconde, il obtient sur le champ & sans aucun délai, & pour lui, & pour toute sa posterité, l'ample benediction, figurée par le Pain & le Vin, & que saint Paul rehausse tant dans l'Epître aux Hebreux.

Ad Heb. 7.

Je comprens bien, lui dis-je, qu'il étoit digne d'Abraham d'exposer sa vie, & ses moïens pour cette action de charité. Voir un Juste dans l'esclavage, & sous le pouvoir des Infideles, & demeurer à cette vûë dans une lâche indolence, auroit été une dureté indigne du Pere des Croyans. Mais je ne comprens pas bien quelle application vous en voulez faire avec cette Estampe, où l'on ne nous dépeint qu'un Juste sortant d'une Ville de délices & de plaisirs. Qu'y a t'il donc, Monsieur, pour les Captifs ? Hé quoi ! me répondit-il, vous ne vous souvenez donc pas que les rigueurs de la servitude & la pesanteur des fers, ne sont pas ce qu'il y a de plus à craindre dans l'état dont nous parlons ? Qu'il falloit unir ensemble les divers perils où ce Juste s'est trouvé dans ces occasions differentes, pour achever la peinture, de l'extrémité fâcheuse où se trouvent nos pauvres Esclaves. La charité d'Abraham, que je mets à la tête de tous ceux qui s'employent à la redemption des Captifs ; cette charité, dis-je, pour servir de modele à la vôtre, devoit s'exercer aussi-bien à garantir son neveu du peril, qu'à le délivrer de l'esclavage. Faites, s'il vous plaît, cette reflexion avec moi : que lors qu'Abraham voit Loth & sa famille dans le seul peril de la captivité, il prend ses domestiques avec lui, & fait tout ce que la charité & la generosité lui inspirent, en le délivrant au plûtôt. Mais quand il apprend que l'innocence de cette même famille est dans un si grand peril, au milieu d'une Ville infame, & chez un Peuple abandonné à tant d'abominations, il ne compte plus sur ses efforts, il redouble ses gemissemens & ses prieres, il demande un miracle au Ciel, & le prie qu'il envoye non plus des hommes, mais des Anges, pour les preserver d'un si grand malheur.

Ainsi ma pensée, lorsque j'ai réüni ces divers traits de la même Histoire, est de presenter un modele pressant & commun à tous les Crêtiens, & de leur faire entendre qu'il suffiroit, d'une charité ordinaire, s'il ne s'agissoit que soustraire les Captifs à la cruauté de leurs Patrons, & de leur rendre la liberté ; mais je veux faire sçavoir que la lubricité des Mores & des Turcs les exposent à de bien plus grands perils, pour lesquels la misericorde Crêtienne n'a pas assez de tous ses efforts. Je voudrois que pendant que vous traversez les Mers, & que chargez d'aumônes ; vous venez rompre leurs chaînes, tous ceux qui reconnoissent Abraham pour leur Pere, versassent du moins comme lui des larmes : que le cœur repandu devant le Seigneur, ils le conjurassent de renouveller en faveur de leurs freres, le miracle qu'il fit en faveur de Loth, parce qu'ils n'en ont pas moins de besoin. C'est dans le desir qu'à vôtre retour vous publiez ces veritez, que je vous ouvre ici si librement mon cœur ; & que je consens à vous faire part de mes petits recueils & de mes foibles reflexions, non pas pour vous instruire, je voudrois prendre des leçons de vous, mais par un desir de contribuer en toutes manieres à l'avancement d'une œuvre si charitable. Si je vous croyois d'humeur à écouter d'autres motifs que ceux-ci, je pourrois vous interesser un peu par une pensée qui me vient dans l'esprit en vous voyant, à laquelle peut-être vous n'avez jamais fait de reflexion. En vous imposant l'obligation de racheter les Captifs, on vous a en même tems engagez à un culte particulier à l'égard de la sainte Trinité ; vous en portez le nom ; peut-être ne sçaviez-vous pas que cette faveur n'est pas nouvelle. Lorsque Dieu engage ici Abraham dans cet emploi, c'est en lui apparoissant sous une figure si expresse de ce mystere, que selon saint Augustin, dans tout l'Ancien Testament on n'en a gueres vû d'image plus sensible. Abraham, dans trois personnes qui lui parurent, n'adora qu'un seul Dieu, *tres vidit & unum adoravit*. Je lui avoüai que je n'y avois point fait reflexion ; & tout ce que je goûtois dans cette pensée, étoit de voir que Dieu s'interesse

Gen. 18.

de telle forte dans le foulagement des Captifs, qu'il a voulu faire voir que les trois Perfonnes daignent s'abaiffer jufques à paroître fur la terre dans des figures fenfibles, afin d'engager les fideles de les fecourir dans ce preffant befoin. Il ne faut, me dit-il, que lire l'Ancien Teftament, pour voir des traits femblables de la charité & de la mifericorde de Dieu. Il n'y a fur tout qu'à lire la Genefe, les Pfeaumes, & les Prophêtes, vous en fçaurez plus que je ne puis vous en dire. Mais pour finir nôtre converfation, craignant de vous arrêter trop, vous voulez bien que j'ajoûte, qu'aprés cela il ne faut pas s'étonner, fi non-feulement ce qu'il y a eu de grands hommes & de faints Prophêtes, jufques à la venuë de Jesus-Christ, ont déploré le malheur du Peuple fidele dans fa captivité, ou on fait des actions éclatantes & des efforts genereux pour l'en preferver & l'en délivrer ; mais que les Anges y ont employé tout leur zele. Ils ont voulu en cela fuivre l'exemple, & executer les deffeins du Pere des Mifericordes, & n'ont perdu aucune occasion de s'y employer, & d'y engager les hommes.

Voici ce que j'en ai pensé. En me disant cela, il me tira un papier de son Portefeüille, qui contenoit plusieurs idées, par lesquelles il vouloit montrer quel avoit été le zele des Anges dans cette occasion, elles n'étoient pas encore exécutées. Un de ces desseins devoit representer la colomne de nuée & de feu, conduite par l'Ange Liberateur du Peuple d'Israël. Le second devoit être un Ange, qui enlevoit un Prophête par les cheveux jusques sur le bord de la Fosse aux Lyons ; afin qu'il portât dequoi soûtenir Daniel, abandonné sans secours à leur fureur, aussi-bien qu'aux rigueurs de la faim. Il me dit, qu'il devoit y ajoûter cette Inscription : *Misit Angelum suum, & conclusit ora Leonum, & non nocuerunt mihi.* Car, ajoûta-t'il, il est digne du ministere des Anges, d'exciter en nous ces saintes pensées, par lesquelles, comme par des cheveux, ils nous enlevent quelques fois en esprit jusques dans ces nouvelles Babylones, où à force d'argent, d'un côté on adoucit la

Dan. 6.

faim & la soif des pauvres Captifs, & de l'autre, on appaise la fureur des Barbares, plus cruels que des Lyons, & on éteint la soif qu'ils ont du sang Crêtien. Le troisiéme dessein, devoit exprimer l'Ange de la Fournaise de Babylone, qui empêchoit d'une part les flâmes de nuire aux Enfans qu'on y avoit jettez, & de l'autre, se servoit du même feu pour consumer leur liens. L'inscription devoit être conçuë dans ces termes : *Misit Angelum suum, &* Dan. 3. *eruit servos qui crediderunt in eum.* Le quattriéme, devoit representer l'Ange qui apparut au Prophête Ezechiel sur les bords du fleuve Chobar. Ce Prophête devoit être en priere au milieu de plusieurs Captifs, dont cet Ange lui devoit annoncer la liberté, en lui montrant un champ couvert d'ossemens de morts, avec ces paroles pour ame : *E[...] vos de tumulis vestris.* Il me dit, qu'il Ezech.17. n'oubliroit pas cet Ange qui descendit dans la prison de saint Pierre, rompit ses fers, & le délivra.

Mais je pris de-là occasion de finir nôtre Entretien, lui disant, que ce trait appartenoit au nouveau Testament : que je m'attendois bien qu'à la premiere conversation nous entrerions dans le Christianisme, dont la Loi étant une Loi de charité, j'esperois qu'il me donneroit de grandes lumieres, me faisant parcourir tous les siécles de l'Eglise, comme il m'avoit presque promis ; que cependant j'allois profiter des Memoires qu'il venoit de me donner.

III. ENTRETIEN.

I. Jesus-Christ Redempteur. II. Recit de la prise, des travaux & des perils d'un Captif sous la parabole du Samaritain. III. Cette charité née avec l'Eglise ; ferveur des premiers Crétiens.

Dès que je pûs me dégager sur le soir, je ne manquai pas de me rendre prés d'une personne dont j'attendois tant de consolation. Je lui avoüai en l'abordant, que ce qu'il m'avoit dit m'avoit beaucoup animé ; & que les manieres avec lesquelles il m'avoit toûjours prevenu, m'ôtoient toute crainte de lui être importun. Pour l'obliger d'entrer d'abord en matiere sur ce que je desirois, je lui dis : Souvenez-vous, M. que vous m'avez promis de me faire faire un voyage dans les siécles de l'Eglise. Oüi, mon Pere, me répondit cet homme plein de zele & de charité, c'est à quoi je me disposois; mais pour commencer par le Livre de l'Evangile, où voulez-vous que nous nous arrêtions ? Est-ce aux portraits qu'on nous y fait de JESUS-CHRIST, & aux caracteres par lesquels il s'y fait distinguer lui-même ? Est-ce à la fin ou aux fruits glorieux de tout ce qu'il a enduré pour nous ? Est-ce aux Paraboles, dans lesquelles il nous a donné de si saintes & divines instructions ? Car si nous ouvrons l'Evangile, nous pouvons compter qu'il nous arrivera immanquablement ce qui arriva à JESUS-CHRIST même. Entrant un jour dans une Synagogue, on lui mit le livre de la Loi entre les mains, qu'il ouvrit, comme sans dessein, & lut ces paroles du Prophête Isaïe: *Spiritus Domini super me, ad annunciandum mansuetis, misit me, ut me-* Isai. cap. 61.

derer contritis corde, ut prædicarem, captivis indulgentiam & clausis apertionem. Il ferma le Livre à ces mots, & dit au Peuple : Vous voyez aujourd'hui cette Prophetie accomplie en ma personne. Vous ne doutez pas, mon Pere, que ce beau caractere de Redempteur des Captifs, que les Prophêtes ont annoncé, que Jesus-Christ s'est appliqué à lui-même ; il l'a soûtenu d'un air à faire voir ce dessein, toûjours continué depuis le commencement jusqu'à la fin de sa vie. Il nous marque en cet endroit que c'est le sujet de cette onction singuliere, qu'il a reçûé par-dessus tous ceux qui participent à sa sainteté, c'est proprement là sa Mission, & le motif de sa venuë. Et je vous estime glorieux, de n'avoir pas seulement Abraham ; mais Jesus-Christ même à vôtre tête, lors que vous travaillez à remplir dignement le titre de Redempteur.

Vous êtes fort obligeant, Monsieur, lui repartis-je, si l'on nous donne quelquefois ce nom, c'est avec une grande difference de celui qu'on donne au Verbe Incarné. Les Esclaves

Esclaves qu'il délivre font les Esclaves du demon & du peché. La liberté qu'il donne, est la grace & la sainteté; & la rançon qu'il paye est le prix infini de son Sang & de ses merites. On ne nous peut connoître à aucuns de ses caracteres. Je le sçai bien, mon Pere, me repliqua-t'il: Vous avez raison de mettre une difference infinie entre le nom de Redempteur, que JESUS-CHRIST a porté, & celui qu'on vous donne. Mais souvenez-vous de ce que je vous ai déja fait observer, que c'est servir d'un noble instrument entre les mains du Redempteur des hommes, que de s'employer, ou par soi-même, ou par ses prieres, ou par ses aumônes, à tirer ces pauvres malheureux d'une servitude, qui toute corporelle qu'elle est, est en même tems une vive image & un engagement presqu'inevitable à la servitude de la mort & du peché. On me doit bien pardonner cette allusion, dont saint Paul n'a pas fait difficulté de se servir lui-même, dans l'endroit que je vous ai déja cité. Cet Apôtre, du *Ad Hebr.* bienfait inestimable que nous avons 7.

reçû de Jesus-Christ, lorsqu'il nous a rachetez, tire un puissant motif d'exhorter les Crêtiens à le racheter à leur tour dans la personne de leurs freres enchaînez ou maltraitez pour la Foi. C'est une analogie que, comme j'espere vous faire voir, les plus grands Docteurs de l'Eglise ont trouvé si avantageuse pour exhorter les fideles à racheter les Captifs, qu'ils ont repeté dans une infinité d'endroits, & qu'ils ont dit qu'il étoit indigne d'un Crêtien de plaindre ou son argent, ou sa peine, pour retirer ses freres de la servitude, lui pour lequel Jesus-Christ n'avoit pas épargné tout son Sang, lorsqu'il l'avoit falu tirer de la captivité; qu'au contraire, il n'étoit rien de plus glorieux à des membres, que de suivre leur Chef, & de meriter par leurs aumônes le même titre de Redempteur, que le Fils de Dieu avoit si noblement rempli. J'espere dans la suite vous donner un beau monument de saint Cyprien sur ce sujet.

Cependant ce beau titre lui a été si cher, qu'il ne s'est pas contenté de paroître sous ce nom, lorsqu'il a commencé à prêcher, mais qu'il l'a encore emporté du monde, comme le plus glorieux fruit de ses travaux. Voyez-vous, mon Pere, cette image que voici de l'Ascension de Jesus-Christ? Je n'ai eu besoin, pour en faire une application juste au sujet que nous traitons, que d'y ajoûter les paroles, par lesquelles un Prophête long-tems auparavant avoit fait la description d'un si beau triomphe : disant cela, il me donne la piece, au bas de laquelle je lûs ces mots : *Ascendens in altum, captivam duxit captivitatem.* Et tout au haut il avoit écrit : *Quis est iste rex gloriæ ?* Un peu au-dessous desquelles paroles on lisoit celles-ci : *Dominus fortis & potens.* Et de l'autre côté, celles qui suivent : *Dominus virtutum.* Je vis bien à cette piece, que si ce saint homme avoit dessein de relever la charité qu'on exerce envers les Captifs, en montrant qu'on marchoit alors sur les traces du Fils de Dieu, dans quelqu'état qu'on le considere ; son but aussi étoit de m'insinuer l'étenduë de mes devoirs, de me faire sentir la pesanteur du fardeau qu'on

AdEphe. 4.

Psalm. 23.

Ibid.

Ibid.

m'avoit imposé, & de me faire voir de combien de vertus je devois être revêtu pour le dignement remplir.

Je ne fus pas trompé, il recommença le discours par ces paroles : Que vous êtes heureux, mon cher Pere ! Qu'il est digne de la charité crêtienne d'être engagé dans ce saint emploi, qui vous amene ici, ou d'y contribuer en quelque maniere que ce soit ! Quel triomphe à la mort d'un fidele lorsque (pour user des termes de S. Cyprien & de saint Ambroise,) il sera presenté au tribunal de Dieu avec un grand nombre d'ames rachetées par ses soins, ou par ses travaux, ou par ses aumônes, de la double servitude, & des Barbares & du peché ? Mais aussi c'est un œuvre qui demande de la patience & des efforts, sur tout, quand on les délivre en personne. De la patience, ayant affaire aux plus déraisonnables de tous les hommes ; & de la force, ayant à surmonter les obstacles du monde les plus grands. C'est pour cela que j'ai ajoûté ces paroles que vous lisez : *Fortis & potens*, que le Prophête donne au Redempteur des hommes. Pour ce qui est de ces autres, *Dominus virtutum*, je les ai écrites pour mon instruction, si Dieu daigne benir les desseins qu'il m'inspire de m'employer tout entier au soulagement de ces malheureux.

Vous voulez bien aussi, Monsieur, que j'en fasse de même, & que je reconnoisse en effet, que pour m'acquiter dignement de mon ministere, il faudroit être maître de toutes les vertus, & les avoir en ma disposition. Car pour vous dire, Monsieur, ce que je pense à cette seule lecture, il faut une foi bien vive ; puisqu'il s'agit non seulement de professer le Christianisme devant des Barbares, ennemis du nom de JESUS-CHRIST, & d'y faire des démarches dont on rougit même quand on est obligé de les faire devant des Crêtiens ; mais il faut encore avoir assez de foi pour soûtenir la foi vacillante, & peu affermie de la plûpart des Esclaves ; malgré le scandale perpetuel qu'ils ont devant les yeux, & les violentes frayeurs dont ils ont l'esprit & le cœur agité. Il faudroit une ferme esperance ; premierement pour soi, puisqu'il faut prodiguer & son bien & sa vie pour des sujets dont on n'attend nul retour. Secondement, pour affermir la leur, toute ébranlée qu'elle est des rudes agitations d'un perpetuel desespoir. Pour la charité, je vous avouë qu'on a besoin qu'elle soit bien pure, & qu'ici l'amour propre est souvent poussé à bout. Ce que je puis bien dire, par l'épreuve que ma foiblesse m'a déja souvent fait faire. Je m'apperçois aussi que j'aurois besoin de beaucoup de prudence, & qu'un zele indiscret nous exposeroit bien-tôt à leur faire perdre ce peu qui leur reste d'esperance, & à rendre nos efforts, & les charitez de nos freres inutils. La justice & la force nous seroient aussi-bien necessaires ; puisque Jesus-Christ en ce rencontre nous offre la belle occasion de lui rendre quelque chose de ce qu'il nous a avancé, & de nous sacrifier pour lui comme il a fait pour nous.

Mon esprit se répandoit dans une vaste étenduë de toutes sortes de vertus, dont je sentois le besoin à la vûë de ces paroles & de mon ministere ; & je commençois à m'éfrayer, n'ayant jamais tant conçu l'importance & le poids de mes engagemens: Lorsque pour faire changer de situation à mon esprit, il me dit que c'étoit ce qu'il falloit attendre du Seigneur ; & que le grand bien que l'on faisoit dans cette occasion, nous donnoit lieu d'esperer une surabondance de graces du Ciel: qu'il ne faut pas tellement penser aux efforts que l'on fait, qu'on ne pense aussi au bien qu'on procure au prochain ; & que si j'en voulois voir quelque chose plus que je n'avois apperçu, il avoit une peinture à me faire qui ne me seroit pas désagreable.

Je ne quitterai pas ma premiere idée. J'ai choisi celle d'entre toutes les Paraboles, de l'Evangile, où le Fils de Dieu expose en un seul homme de plus pressans motifs, & en plus grand nombre, pour exciter la misericorde & la charité du prochain. Je ne l'oublirai jamais. Combien de fois m'a t'elle repassé dans l'esprit, dans les jours où Dieu a appesanti sa main sur moi ? J'y voyois une peinture si fidele de tout ce qui m'y arrivoit, qu'il semble que j'y lisois tout mon sort. Voulez-vous que je vous en raconte quelque chose? Prenez ce Livre des Evangiles, à cet endroit que j'ai marqué. Lisez la Parabole du Samaritain; & ayez la bonté de remarquer sur chaque mot, les divers degrez par lesquels Dieu m'a fait éprouver ce qu'endurent les Crêtiens, lorsque pour les punir ou les éprouver, cette Providence les fait tomber entre les mains des Barbares.

Un certain homme: (Vous voulez bien, mon Pere qu'à l'exemple de Jesus-Christ, je suprime ici son nom:) encore jeune & sans experience, avoit passé son adolescence dans les exercices, que l'on donne aux jeunes François dans ces Colleges, où on les instruit également & à la science & à la pieté. Le progrés qu'il sembloit y avoir fait, fit juger à ceux qui étudioient sa conduite, & avoient soin d'examiner sa vocation, que Dieu l'appelloit à l'état Ecclesiastique. Mais à peine se vit-il revetu du premier d'entre les Ordres sacrez, que retourné

Homo quidam. Luc. 10.

tourné chez ses parens, il se refroidit un peu de sa premiere ferveur, *descendant ainsi de Jerusalem en Jerico,* par un relâchement insensible, qui lui fit perdre la paix, & le plongea dans de certaines inquietudes inseparables de l'inconstance. Cette démarche, aussi bien que la descente de cet homme de Jerusalem en Jerico, fut le premier pas qui le conduisit à son malheur. Perdant peu à peu sa vocation de vûë, il se vit abandonné à une perpetuelle irresolution. Il forma plusieurs desseins, cherchant à calmer sa conscience; mais celui qu'il prit, fut le moins judicieux. On ne pouvoit pas attendre autre chose d'un jeune homme, qui ne consultoit plus Dieu selon les voies ordinaires. Il se flatta qu'il ne quittoit pas tout à fait son premier dessein. Il crut même sentir en lui quelque zele pour des Missions étrangeres: Mais poussé par un desir de curiosité, ou par l'impression de son inquietude, qui se cachoit sous ce beau pretexte, & se faisoit illusion; il jugea que devant que de s'engager dans les Seminaires établis exprés pour y étudier une si haute voca-

Descendebat ab Jerusalem in Jerico.

E

tion, il lui seroit avantageux de visiter en inconnu ces lieux, où Dieu lui preparoit, (à ce qu'il croyoit) une abondante moisson.

Il prend donc le parti de s'embarquer dans le premier Vaisseau qui alloit en Portugal, se persuadant que de-là il trouveroit beaucoup de commoditez pour le voyage des Indes, sans risquer la confusion d'une nouvelle inconstance, s'il ne s'accommodoit pas de ce nouveau dessein. Mais la Providence arrêta par un coup imprévû un dessein si mal conçu. A peine le Vaisseau parti de la Rochelle par un vent favorable, qui sembloit promettre une navigation heureuse, eût-il doublé le Cap de Finister, qu'il fit rencontre d'un Corsaire de Salé, auquel aprés une resistance legere, & de terribles allarmes, on fut obligé de se rendre.

Vous voyez bien, mon Pere, que voilà nôtre homme tombé *entre les mains des Voleurs.* Heureux, si ces voleurs n'en eussent voulu qu'à sa bourse ! Mais c'étoit de ces voleurs, qui n'attentoient pas moins à sa liberté & à sa Religion. Ravis de leur

Incidit in latrones. Ibid.

proye, ils retournent à toutes voile vers les Ports de Maroc. Il sembloit que les vents & les flots conspiroient avec ces Pirates à qui presseroit le juste châtiment, par lequel Dieu vouloit corriger l'infidelité de nôtre jeune Avanturier. Ce fut à la vûë des Croissans qui parroissoient au haut des Mosquées, des Tours & des Piramides, que rentrant en lui-même, & que comparant le païs d'où il partoit, avec ce seiour affreux dans lequel il alloit entrer, il se souvint pour la premiere fois, qu'il avoit quitté *Ferusalem*, pour *descendre* & se précipiter *en Jerico*, se souvenant de ce qu'il avoit lû, que *Jerico* dans la langue sainte, veut dire *la Lune*; puisqu'il quittoit les lieux, où il servoit autrefois le Seigneur dans une si profonde paix, & qu'il entroit dans ces Royaumes ennemis de la Religion, & où domine le Croissant.

De vous dire quelle fut leur reception; ceux même qui l'ont éprouvé, ont bien de la peine à s'en expliquer. L'effroi que causa à tout l'équipage la vûë des Barbares, également cruels & avides, les manieres brutales & empressées dont ils les tirerent du Vaisseau; l'extrême confusion qu'ils eurent de se voir si-tôt dans la nudité de toutes choses, joint à tous les mauvais traitemens qu'on leur faisoit pour les presser, causerent dans leurs esprits & leurs sens cet étourdissement, qui fait que dans les grands revers on sent peu, pour avoir trop à la fois à sentir. Tout ce que je vous puis dire, est cette parole de l'Evangile: *Etiam despoliaverunt eum.* Mais il eut tout le tems de penser dans la suite, jusqu'à quelle extrêmité on porta ce dépoüillement, où il se vit tout d'un coup ravir le bien, jusques au plus necessaire, la liberté, celle même qui n'est pas déniée aux plus miserables, de disposer d'un moment dans les jours, ou d'un jour dans la vie. Sa famille, & l'esperance d'un heritage, qu'aucune Loi ne lui pouvoit ôter, ce qu'il ressentoit alors le plus vivement. Instruit qu'il étoit par sa disgrace, il se vit privé du libre exercice de sa Religion.

Dans ce dépoüillement universel, (Extrême necessité, s'il en fut ja-

Etiam despoliaverunt eum.

mais, où nous ne pouvons voir dans l'Europe aucun miserable reduit !) Il eut le chagrin de ne faire pitié à personne, & de voir que tous ceux qui l'environnoient, n'étoient que pour l'affliger & multiplier *les playes qu'il recevoit* coup sur coup, & dans son corps & dans son cœur. Car vous sçavez la coûtume des Barbares dans un semblable débarquement : Ils s'assemblent autour des nouveaux Esclaves, les dépoüillent honteusement, ce qui n'est pas le moindre supplice, regardant avec application la main, la peau, & tout l'air, pour juger par-là de la qualité, de la force, & du genie de ceux qui tombent dans leurs mains, qu'ils sçavent bien qu'on leur déguise, autant qu'il est possible ; & les prenant séparément les uns aprés les autres, ils leurs donnent une question à grands coups de bâton, pour les obliger à déclarer ce qu'ils veulent sçavoir sur tous ces articles.

Plagis impositis.

De toutes ces prémices de la captivité, on n'en obmit pas une circonstance à l'égard de ce jeune infortuné, à qui dés ce moment vous pourriez appliquer le mot suivant de la Parabole que vous lisez, *Semi-vivo*, qu'il n'avoit plus qu'un reste de vie. Il s'est étonné plusieurs fois depuis comment sa delicatesse n'a pas succombé d'abord sous un traitement si éloigné de l'éducation qu'on lui avoit donné. Mais par ce seul mot il faut entendre trois années entieres de captivité, pendant lesquelles il n'a pas eû une moitié de vie, vivant dans une mort continuelle. Car vous pouvez bien juger, mon Pere, quel pouvoit être l'état déplorable d'un jeune homme élevé délicatement, & qui se voyoit obligé de travailler au-dessus de ses forces, sans prendre presque aucune nourriture le jour, ni aucun repos la nuit, & travaillé d'ailleurs dans son esprit, tantôt par des remords de son infidelité, qu'il regardoit comme la cause de son malheur, tantôt par des frayeurs de l'avenir, craignant que Dieu pour ses pechez, ne le laissât succomber à la violence des tentations ausquelles il se voyoit exposé sans aucune consolation ni espoir. Il faut l'avoir éprouvé. Tout ce que vous voyez de dur, de terrible & d'insupportable dans un pauvre Esclave, n'est rien auprés de cette pensée accablante, dont il est sans cesse tourmenté : Qu'il est dans *l'oubli de tous les hommes* : qu'il n'y a point d'issuë à son malheur : Que *le Prêtre & le Levite sont passez pour lui* ; & que les personnes les plus charitables, ou ne connoissent pas son accablement, ou ne peuvent y apporter de remede, comme en effet, il est trés-difficile dans ce roïaume. Mais lors que par la permission de Dieu, les pensées de desespoir viennent à la charge, & qu'un de ces miserables pressé de cette tentation la plus violente de toutes, se regarde comme un de ces morts *blessez dans le sepulchre, & que Dieu semble avoir entierement effacez de son souvenir* : alors il n'est point de malheur semblable, ni d'extrêmité plus grande.

Je le comprens bien, Monsieur, lui repartis-je, que cette extrêmité est grande, & vous m'avez fait un double plaisir de me raconter vôtre histoire, en me montrant en même tems *quel est cet homme*, dans

Relicto sed & Sacerdos & Levita.

Quis est proximus

lequel je dois reconnoître mon prochain, & sur qui je dois particulierement exercer la vraye charité : qu'il n'en est point de plus digne sujet qu'un Crêtien captif, puisqu'en lui seul se réunissent toutes les necessitez exprimées dans cette Parabole, que JESUS-CHRIST propose exprés comme une regle de la charité ; mais avec des circonstances toutes singulieres.

<small>Homo quidam.</small>

Car premierement, *un certain homme*, nous ne le connoissons pas de nom la plûpart du tems, comme nous connoissons les necessiteux qui vivent parmi nous ; mais nous connoissons certainement en eux, ce que nous ne connoissons pas dans nos pauvres : qu'ils sont fideles, & qu'ils n'endurent que pour la justice. Secondement, ils descendent de

<small>Descendebat in Jerico.</small>

Jerusalem en Jerico ; ce qui peut s'appliquer ou aux égarez, que la charité cherche à faire rentrer dans la vraye voye, ou à ceux, qui par une chûte déplorable, d'un état où ils étoient à leur aise, tombent dans la necessité ; ce qui n'approche en rien de l'étrange revers d'un Crêtien, qui non-seulement devient

Esclave, de libre qu'il étoit ; mais qui du sein paisible de l'Eglise, se trouve transporté dans ces climats où regne la barbarie & l'impieté. Troisiémement, un des malheurs qui excite chez nous la compassion, est de voir un pauvre Marchand tombé entre les mains des voleurs, qui lui enlevent en un moment les fruits de plusieurs années, & reduisent par-là toute sa famille à la mendicité. Mais quel est ce dépoüillement auprés de celui d'un Esclave, à qui on ôte non-seulement toutes choses sans reserve, mais encore le pouvoir de se relever, & la liberté d'implorer la misericorde des personnes charitables dont il se voit éloigné.

Quatriémement, la justice aussi-bien que la charité, se reclament en païs crêtien sur la cruauté qui opprime un innocent : Ses plaïes & son sang répandu injustement, ont une certaine voix qui excite la compassion des plus insensibles. Il n'y a que nos Esclaves qu'on se fait ici un plaisir & une religion de maltraiter jusques à la derniere cruauté. Enfin, lors qu'un Crêtien n'en peut plus, & qu'on le voit reduit à la derniere extrêmité, il n'est point de cœur si dur qui n'y compatisse; non-seulement *le Prêtre & le Levite* déployent tout leur zele, pour faire voir qu'il n'est personne qui ne soit obligé de se retrancher du plus necessaire; mais le *Samaritain* même & l'Heretique, par les loix de la seule compassion naturelle, s'empressent à le secourir. Mais pour les Captifs dont la misere est extrême, comme vous l'avez éprouvé, Monsieur, & comme personne n'en peut douter, pour peu qu'on y fasse d'attention, je ne sçai par quel malheur il arrive, que presque personne n'y pense; & cette Loi qu'on tient inviolable par tout ailleurs, fait si peu d'impression, qu'il se trouve des personnes mêmes distinguez, par un grand zele, & par une charité éclatante, qui regardent cette œuvre de misericorde avec une froideur, qui va quelquefois jusqu'au mépris; de sorte que leur abandon est singulier.

C'est, mon Pere, qu'on la regarde ou comme nouvelle, ou comme n'étant plus de saison. C'est ou que l'on ne pense pas au premier esprit du Christianisme, ou que l'on ne croit pas ceux qui sont temoins de la misere des Captifs. Mais quoiqu'il en soit, on est inexcusable.

Car pour la misere, vous venez de manquer le plus grand coup de pinceau qu'elle exige, pour être peinte dans son naturel, bien loin de l'avoir exagerée. C'est que tous ces malheurs differens son divisez dans nos pauvres ; & que la Providence qui semble menager leur foiblesse, ne fait que *pancher le Calice* *Psal. 74.* *d'un côté & d'un autre*, pour leur en distribuer à chacun leur goute : Mais *il ne leur en fait pas boire jusqu'à la lie*. Il n'y a que pour les pauvres Esclaves, que ces reserves ne sont plus. Et il ne faut pas moins que cette Parabole pour exprimer toute la rigueur & l'amertume de leur Calice.

Je puis bien vous dire, mon Pere, que je l'ai bûë toute entiere. Je tombai d'abord entre les mains d'un Barbare, qui me fit faire un terrible apprentissage, d'une servitude dans laquelle je n'étois pas né. L'avarice qui le portoit à me faire travailler au-dessus de mes forces ; en me nourrissant trés peu ; le soupçon que ceux qui m'avoient vendu lui avoient donné, que j'étois d'une qualité à lui faire espérer une grosse rançon, s'il pouvoit tirer mon secret ; le faux zele de sa Religion avec sa cruauté naturelle, l'engagerent à me traiter d'un air à me bien faire expier mes pechez passez, si je l'avois pris en patience. Sept ou huit mois s'écoulerent dans ces rudes traitemens, où je m'étonne que mille fois je ne succombai. Je crûs par la mort de mon Barbare avoir quelque moment à respirer. En effet, je tombai entre les mains d'un Patron plus humain en apparence, mais dans le fond plus cruel. Celui-ci m'accorda & plus de repos, & plus de nourriture pendant quelque tems ; ce qui retablit un peu ma santé & mes forces. Mais helas ! je ne fus pas long-tems, sans m'appercevoir que je n'avois fait que changer de Tyran, & que le démon se servoit de lui pour me perdre sans ressource, sous une fausse apparence de douceur, & pour m'arracher par des voyes infames ce peu de Religion qui me restoit, & que Dieu par une bonté toute paternelle, avoit entretenu dans mon cœur malgré toutes mes miseres.

Me disant ces paroles, il avoit les larmes aux yeux, & ne me parloit presque plus que d'un discours entre-coupé. Que de tristes jours, ajoûta-t'il! Que de miserables nuits! Que de rudes combats! Que de noires pensées! La plus chagrinante qui me revenoit sans cesse, étoit que Dieu ne m'abandonnât à cause de mes infidelitez. Il falut cependant passer plus de deux ans à resister également & à la cruelle douceur, & à la barbare rigueur, dont mon brutal & impitoyable Tyran usoit successivement. Chaque jour sembloit renaître pour me livrer un nouvel assaut, & la nuit succedoit pour m'éffraïer des perils dont je venois d'échapper & de la crainte de retomber encore dans de plus grands. Dieu permit, afin de pousser mon instruction jusqu'au bout, que dans le tems même que j'étois le plus agité, vingt-cinq pauvres Esclaves succombant sous le poids de leur mifere, entr'autres accablez de faim & de travail, sans voir aucune ressource à leur extrême necessité, renoncerent publiquement la foi pour obtenir seulement un morceau de pain. Ce fut à cette triste vûë que mon cœur acheva de se briser. Il me sembloit qu'à chaque moment j'allois aussi succomber, moi qui me regardoit comme meritant d'être abandonné plus qu'aucun autre.

Mais Dieu, dont les jugemens sont impenetrables, avoit attendu jusques à ce moment à me faire misericorde ; nous étions sur la fin de la journée, nous venions de descendre dans nôtre retraite ordinaire. Vous sçavez, mon Pere, qu'il n'y a point comme ici de Bagnes à retirer les Esclaves ; mais que la nuit on les fait descendre avec des échelles de corde dans des especes de citernes seiches, dont on ferme l'embouchure avec une grille de fer & un cadenas, leur faisant souffrir à la fois pour tout délassement, toutes les incommoditez & puanteurs de nos cachots, & les diverses injures du tems, où seroient exposez ceux qui n'auroient point de couvert,

Dés que je fus descendu ; dans l'extrême accablement que me causoit le spectacle que j'avois vû, le remord de ma conscience qui se reprochoit tous ces maux, l'ennui d'une captivité qui me sembloit si longue, & la juste crainte qui à la chute des autres, me faisoit tout apprehender pour moi, Dieu daigna me visiter : Il m'inspira de le prier les larmes aux yeux, & me fit repeter d'un cœur contrit quelques versets de l'Oraison de Jeremie que vous avez vûë, entr'autres celui-ci, qui m'étoit venu à l'esprit, à l'occasion de ces malheureux, qui pour un morceau de pain venoient en ma presence de tendre la main aux Barbares : *Ægypto dedimus manum, & Assyriis : ut saturaremur pane.* Je me souviens, qu'entr'autres je fis un espece de vœu ; que si Dieu me rendoit la liberté, j'employerois le reste de mes jours à donner & procurer tous les secours que je pourois à ceux qui seroient reduits aux malheurs, dont je faisois une si rude épreuve. Sur cette promesse, je m'endormis plus au large qu'à l'ordinaire ; parce que nous n'étions

Orat. Jerem.

plus que quatre dans ce cachot, que l'on nomme *Matamore*. Ainsi je ne m'apperçûs point de la manœuvre que fit un de la Compagnie. Il avoit trouvé le secret de se faire une clef propre à ouvrir le cadenas qui fermoit nôtre grille, & avoit eû la précaution pendant le jour de jetter secretement une échelle de corde dans cette basse fosse, où il ne craignoit pas qu'elle fut découverte ; parce que les Turcs ont cette superstition de la regarder comme la retraite des malins esprits, depuis quelle est devenuë la prison des Crêtiens. Lors que la nuit fut fort avancée, que tout étoit dans un profond silence, nôtre Esclave qui ne dormoit pas, ayant attaché une pierre au bout d'une ficelle, la jetta en haut ; en sorte que la pierre, qui avoit passée entre deux barreaux, retombant entre deux autres, lui donna lieu par ce moyen d'accommoder son échelle, d'y monter le premier, & d'en sortir aprés avoir ouvert le cadenas. Pendant que le second le suivoit, je fus éveillé brusquement par le troisiéme, qui sans me rien expliquer, me prit tout endormi

endormi, & me mettant le bout de l'échelle dans la main, me poussa, avec beaucoup d'empressement, de monter & de sortir ; ce qui se fit avec tant de précipitation, que je ne sçavois si je dormois encore, ou si je veillois. Nous allions de ruë en ruë à la faveur d'un gros orage & des tenebres. Je m'abandonnai à mes guides, ne sçachant quel dessein ils avoient ; & n'ayant point le tems de déliberer, plein de crainte & d'étonnement, je ne sçai par où nous fûmes ; si ce n'est qu'il me souvient qu'environ aprés deux heures & demie de marche, l'un d'eux, sans balancer, me poussa dans une Riviere, où je me trouvai plûtôt plongé, que je ne la vis. Ils étoient tous trois Matelots ; & par leur adresse, ils me furent d'un assez grand secours pour la faire passer heureusement : ce qui acheva bien de me reveiller, & de dissiper le reste de mes frayeurs, sur tout, lorsqu'aprés ce passage, le silence qu'on avoit exactement gardé jusqu'alors commença à se rompre, & l'Aurore à paroître. Celui qui nous conduisoit, nous declara pour lors son

F

dessein, & que nous n'étions plus gueres éloigné de la *Mamore*, Ville pour lors occupée par les Espagnols, & où nous arrivâmes heureusement avant le Soleil levé. Nous fûmes conduis au Commandant, auquel je me fis connoître, & de qui je reçus un traitement, qui m'eut bientôt remis de toutes mes miseres. Car il fit tout ce qu'un honnête homme peut faire pour me faire oublier tous mes travaux passez : Mais je n'oublirai jamais ceux de mes freres que j'y ai laissez. On tira quatre coups de Canon, signal qu'on donne aux Barbares, du nombre des Esclaves qui se sont sauvez, pour leur épargner la peine de les chercher.

Voyez, mon Pere, par ce recit, combien d'actions de graces je dois à Dieu.

J'admire, Monsieur, vôtre bonheur dans le recit de tant de malheurs. La main de Dieu paroît si visiblement dans toutes ces avantures, que pour vous dire ma pensée, je crois que Dieu ne vous a fait passer par toutes ces épreuves, qu'afin de vous faire compâtir à ceux qui les endurent ; & que cette même Sagesse, qui destinoit S. Pierre à délier les pecheurs, & l'y disposa, en permettant qu'il fut chargé de chaînes, dont il eut besoin d'être dégagé lui-même, n'a permis vôtre captivité, & ne vous en a tiré par un miracle presque semblable, qu'afin d'allumer dans vôtre cœur, le zele que vous faites assez paroître dans le soulagement des Captifs.

Car au recit que vous venez de faire, je vous confesse que je croirois entendre l'histoire de la prison & de la délivrance de saint Pierre. Vous dormiez comme lui sous les chaînes. Un impie & un Barbare vous tenoit sous sa puissance. Toutes les ressources humaines étoient perduës pour vous, comme pour lui ; & par un coup imprevû, on vous reveille avec empressement ; une porte de fer s'ouvre comme d'elle-même ; vous marchez une espace de chemin, sans sçavoir si vous dormiez, ou si vous rêviez ; & vous trouvant à la pointe du jour en la compagnie des Crêtiens, je vous vois en un état où élevant les mains & le cœur au Ciel, vous pouvez dire comme cet Apôtre : C'est à present que je reconnois ici la main de Dieu ; c'est lui qui est auteur de ma liberté ; & qui par une bonté paternelle a envoyé son Ange pour me tirer des mains du Tyran qui m'opprimoit, & de l'attente des ennemis du Cristianisme qui me persecutoient.

Nunc scio vere. Act. 12.

J'ai d'autant plus d'obligation à Dieu, mon Pere, que saint Pierre étoit encore trés-necessaire à l'Eglise naissante, & que je suis un sujet trés-indigne ; & que d'ailleurs, ma misere étant inconnuë, Dieu étoit sollicité par bien peu de personnes pour ma délivrance ; au lieu que toute l'Eglise s'interressoit pour celle de saint Pierre. C'est, mon Pere, pour reprendre nôtre premier dessein ; c'est de ce premier moment que je compte la devotion de la Redemption des Captifs, comme faisant partie de l'esprit des premiers Crêtiens. Qui osera prendre cette charité pour une institution nouvelle ou de peu d'importance, quand on lira dans les Actes des Apôtres, qu'à peine l'Eglise commence à se former, qu'elle paroît déja toute animée de cet esprit, & que tout ce que les fideles ont ou de ferveur pour la mortification, ou d'assiduité au jeûne, ou de perseverance à l'oraison, ils l'employent tous unanimement pour un seul Captif ? Il ne faut donc pas s'étonner si le succés est si heureux. Je ne desespererois pas sur la misere de nos malheureux Esclaves, si au défaut d'argent, tant d'ames si saintes & si charitables employoient du moins une partie de ce qu'elles font de prieres ou de mortifications, pour délivrer quelque Captif de la servitude. Pour moi, je ne vois pas pourquoi parmi tant d'efforts qu'on fait pour les ames du Purgatoire, qui gemissent sous la rigueur de la Justice Divine, on n'en reserve point quelques uns pour les Captifs, qui languissent sous l'injustice & l'opression des Infideles ? Et pourquoi parmi tant de Predicateurs si zelez pour l'antiquité, & qui nous ramenent sans cesse jusqu'à la primitive Eglise, il s'en trouve si peu qui annoncent une devotion, qui a exercé la ferveur des premiers fideles ?

C'est peut-être, Monsieur, lui dis je, qu'on regarde cette action comme singuliere. C'est un fait particulier; il est accompagné de certaines circonstances ; qu'on ne croiroit pas raisonner bien juste d'en conclure, que c'étoit l'esprit universel & constant de cette Eglise naissante, que le zele pour le soulagement ou le rachat des Captifs. En effet, c'étoit plûtôt son chef, qu'un fidele particulier, que l'Eglise regardoit : Elle consideroit peut-être plus ses propres besoins, que les fers de cet Apôtre. Voilà qui est bon, mon pere, s'il n'y a eu que saint Pierre qui se soit trouvé alors persecuté pour la justice & la foi. Mais peut-on apprendre dans ce même Livre des Actes, que la persecution étoit grande & allumée dans l'Eglise ; que plusieurs étoient chargez de chaînes, enfermez dans les prisons, trainez devant les Tribunaux, & opprimez par l'injustice; que d'ailleurs cette Eglise étoit un Corps que la charité unissoit si parfaitement, qu'il n'y avoit qu'un cœur & qu'une ame: peut-on, dis-je, penser à toutes ces choses, &

croire une partie infenfible, demeurer dans l'indolence & l'inaction, pendant que les autres membres font dans les chaînes & l'oppreffion? N'eft-ce pas dés ce tems-là qu'on recommandoit la charité du prochain felon toute fon étenduë; & que conformement à la Morale de Jesus Christ, on recommandoit fur-tout aux fideles, comme une obligation indifpenfable, de foulager la faim, la foif, la nudité & les autres neceffitez du prochain? Quel plus beau fujet avoient-ils, pour ne pas dire, quel autre fujet que dans la captivité de leurs freres, ou emprifonnez, ou exilez, ou dépoüillez, ou condamnez à des travaux exceffifs pour la foi; c'eft-à-dire, traitez comme nos pauvres Captifs, & pour le même motif? Car alors tous les biens étant communs, au moins en Jerufalem & en Alexandrie, il ne fe trouvoit guere d'autres nuditez à revétir, d'autre faim à foulager, d'autre travail à adoucir, & d'autres prifons à vifiter.

Auffi, avec l'hofpitalité, Saint Paul unit dans l'Epître aux Hebreux, la charité envers les Captifs, & la compassion pour leurs travaux excessifs; parce que c'étoit la matiere la plus ordinaire d'exercer la charité crêtienne, & dont ils avoient de plus frequentes occasions. Ce grand Apôtre regardoit cet œuvre d'une si grande importance, qu'il ne croyoit pas s'en pouvoir dispenser, quoique tout occupé de l'oraison & du ministere de la parole. Par tout où il prêche, ou de bouche ou par écrit, il a soin de recommander les collectes, qu'il avoit établies en toute l'Eglise pour le soulagement de ceux qui souffroient la persecution, sur tout en Jerusalem.

Je vous avouë que jamais je n'ai conçu une si haute idée de cette devotion, que quand j'ai lû dans les Epîtres de ce Vaisseau d'Election, qu'il étoit assez occupé à prêcher l'Evangile, pour se croire dispensé de conferer le saint Baptême à beaucoup de personnes, pendant que je vois qu'il s'offre non-seulement à faire des quêtes; mais encore à porter jusqu'à Jerusalem l'argent destiné à ces charitez, sans craindre

1. Cor. 1.

dre de manquer à son ministere.

Aussi bien loin que cette misericorde fut inconnuë à l'Eglise dans sa naissance, les premiers fideles avoient tant de zele envers ceux qui souffroient pour la foi, & ces illustres persecutez leur étoient si recommandables, que le même saint Paul, afin de reveiller leurs plus hauts sentimens à son égard, & de s'ouvrir dans leur cœur une porte plus aisée, prenoit souvent dans ses Epîtres le nom de Captif, pour titre de recommandation.

Ego vinctus in Domino. Eph. 4.

Vôtre raisonnement, Monsieur, me fait rentrer dans un païs où je commence à me reconnoître. Vous me faites ressouvenir de ce que j'avois lû, sans le remarquer, dans les premiers siecles de l'Histoire Ecclesiastique; sur tout dans ce tems où la persecution étoit allumée; que la pieté des Crêtiens s'exerçoit singulierement à qui montreroit plus de charité envers ceux qui souffroient pour la foi. Les uns visitoient souvent leurs prisons, & baisoient leurs chaînes pour les leur rendre recommandables, & les soulager du moins, s'ils ne pouvoient les rompre. D'autres, les alloient chercher dans leur exil, pour leur en adoucir la rigueur. D'autres, leur portoient des rafraîchissemens, quand semblables à nos Captifs, on les condamnoit aux travaux excessifs des marbres ou des métaux. Il y avoit une sainte émulation, à qui se distingueroit dans cette charité, personne ne s'en croyoit exempt : La pudeur ne retenoit plus alors les Vierges, qui dans d'autres occasions n'osoient paroître. Les Grands ne dédaignoient ni l'horreur des cachots, ni la honte d'aider à porter le faix, & de courber les épaules sous une partie du fardeau, dont on accabloit les derniers de leurs freres. On a vû jusqu'à des Evêques & des Papes mêmes se distinguer dans un si pieux exercice.

Ajoûtez, mon Pere, me dit ce saint homme, que le zele étoit si grand, que la seule captivité étoit un sujet suffisant pour ne se pas épargner. On ne s'informoit pas souvent des mœurs de ceux qui tomboient dans cette misere ; il suffisoit qu'ils fussent pris par les Infideles, on oublioit dés ce moment tous les déreglemens de leur vie precedente; la seule cause pour laquelle ils souffroient, étoit le puissant ressort qui remuoit ces cœurs charitables; la seule misere excitoit en eux cette compassion, & les engageoit à ces penibles exercices de charité. Ils pensoient avec raison qu'il y alloit de la gloire du nom Crêtien, de n'être pas insensibles à l'oppression de ceux avec qui ce beau nom leur étoit commun.

Mais nous ne nous appercevons pas qu'il est déja un peu tard, il faut que je vous renvoye avec cette Histoire, que vous n'avez peut-être pas remarqué dans Baronius : Elle est du premier siécle de l'Eglise, & nous montre excellemment quel en étoit l'esprit, au sujet que nous traitons.

Baronius adan. 72.

Un certain Philosophe nommé Peregrin, & que pour le sujet que je vais dire, les Crêtiens nommerent Prothée, fameux scelerat, voyant l'extrême charité des Crêtiens, par une cupidité sacrilege, demanda avec beaucoup d'empressement le Baptême, & le reçut. Il se contrefit si bien, qu'en peu de tems il passa pour un grand Prophète, & très-entendu dans les choses saintes. Mais voyant que ni les airs de pieté qu'il affectoit, ni la grande intelligence dans nos Mysteres, dont il faisoit montre, ne remplissoit pas assez promptement l'avidité de son avarice, il s'avisa de se faire emprisonner pour la foi ; afin que, comme dit l'Auteur de cette Histoire, faisant ostentation de ses chaînes, & se disant avec saint Paul, captif de Jesus-Christ, il pût s'enrichir & plus promptement & copieusement de la profusion des fideles.

Ce dessein lui réüssit. Comme les Crêtiens n'épargnoient rien dans ces occasions, en peu de tems il amassa des sommes assez considerables, & pour se racheter des mains du Président de Syrie qui le tenoit prisonnier, & pour s'en retourner avec des sommes immenses dans son païs. Cette action ne fut pas impunie. Dieu par un juste châtiment, voulut qu'il fut le boureau de lui-même ; & permit qu'il tombât dans cet excés de manie, que de se jetter dans un grand bucher embrasé, &

de se brûler ainsi tout-vif dans un grand jour de fête, pour en donner le plaisir à Domitien.

Aprés cette Histoire, nous finîmes la conversation, qui m'avoit fait assez de plaisir, pour attendre avec une espece d'impatience, le jour suivant.

IV. ENTRETIEN.

I. Indulgences pour ceux qui assistent les Captifs, en usage dés les premiers Siecles de l'Eglise. II. Belle Lettre de S. Cyprien sur ce sujet. III. Zele & Charité de S. Ambroise & d'autres saints Evêques.

Nous attendions chaque jour nôtre départ, ce qui me faisoit craindre de n'avoir pas assez de tems pour finir nos conversations, & qui fut cause que je me rendis de meilleure heure à nôtre rendez-vous. Comme nôtre bon Ecclesiastique ne m'attendoit pas si-tôt, je ne le trouvai pas au Logis; son domestique me faisant esperer qu'il ne tarderoit pas, je m'arrêtai, m'informant cependant d'où il étoit: il me dit qu'il étoit Venitien de naissance ; que son Maître parti de quelque Place du Roiaume de Maroc, appartenante au Roy d'Espagne, avec des Officiers Espagnols qui passoient à Naples, avoit demeuré plusieurs années en Italie, sur tout, à Rome & à Venise, où il avoit de grands amis ; qu'ayant reçu de grosses remises de France, qu'on lui avoit envoyées pour son retour ; l'excés de sa charité, l'avoit fait passer auparavant par les Côtes de Barbarie : qu'il avoit d'abord touché à Tunis, où il avoit racheté plusieurs Esclaves, dont il étoit du nombre, comme lui ayant été recommandé à son départ de Venise ; & que depuis ce tems il comptoit comme les plus heureux momens de sa vie, ceux qu'il avoit employez à son service. Il ajoûta qu'il avoit demeuré quelque tems à Tunis, qu'il y faisoit de grandes charitez, sans vouloir être connu : mais qu'un jour le *Bei* de Tunis, à present regnant, menaça tous les Crétiens, sur tout les François, de les faire mourir ; & les fit en effet mettre en arrêt, & conduire à son camp, où il les fit enchaîner tous, à l'exception du Consul ; parce qu'il avoit perdu un de ses Favoris, dont il abusoit pour ses plaisirs, & de l'évasion duquel il accusoit la Nation, & son emportement alla jusques à menacer le Deï, de mettre le feu aux quatre coins de la Ville de Tunis, s'il ne lui faisoit rendre l'objet de sa brutale passion. Il vit bien que de semblables avanies, ausquelles le genie de *Morat Beï* expose sans cesse les Habitans de Tunis, le mettroit en état de profiter peu aux pauvres Esclaves ; que ce fut ce qui lui fit prendre la resolution de passer à Tripoly, où sous le nom de Venitien, dans un état déguisé, & sous un Gouvernement plus paisible & moins ombrageux, il procuroit aux Esclaves tous les secours que son zele lui inspiroit, & achevoit de distribuer les sommes qu'il avoit apportées, & de satisfaire à sa charité. Que c'étoit tout ce qu'il avoit pû penetrer de ses sentimens & de son dessein ; qu'il ne faisoit pas difficulté de me réveler, aprés ce que son Maître lui avoit dit, que dés nôtre premiere entrevûë, soit sympatie ou secret de la Providence, il s'étoit senti comme forcé à m'ouvrir entierement son cœur.

Comme je ne voyois plus la premiere decoration de sa chambre, je demandai à ce Domestique ce qu'étoient devenuës tant d'Estampes. Il me répondit, qu'il les avoit renfermées dans son Porte-feuille, n'ayant pas coûtume d'en faire tant paroître, & qu'il ne les avoit toutes exposées la premiere fois qu'à mon occasion. Je voulus le loüer sur ce que j'avois vû de la délicatesse de son crayon ; lorsque se défendant avec assez d'adresse, il me dit que si j'étois curieux il m'alloit montrer deux des Pieces les plus achevées de son Maître, qu'il avoit fait faire en Italie par un habile Peintre ; & sur le champ il m'alla querir deux petites toiles roulées : il en déploya une sur la table, dont voici le dessein & l'ordonnance.

Un grand & magnifique Portail d'un Temple, dont la majesté élevoit les spectateurs jusques à celle du Dieu tout-puissant, auquel il étoit consacré, se presentoit d'abord à la vûë. La matiere precieuse dont il étoit bâti, l'ordre de son Architecture, la richesse de ses ornemens. Tout enfin faisoit voir, qu'on n'avoit rien épargné; & que celui qui presidoit à cet Ouvrage, étoit sur toutes choses animé du zele de la Maison de Dieu.

Le Portail étoit grand; mais un saint & venerable Prelat, selon l'usage de son tems, en défendoit l'entrée, & n'avoit laissé ouverte qu'une petite porte fort étroite, où il invitoit & faisoit entrer plusieurs personnes pâles, attenuées de veilles, de jeûnes & de travaux, revêtuës de sacs & de cilices, ayant de la cendre sur la tête. Parmi ceux-ci, il en admettoit encore d'autres en habits simples & d'une contenance humiliée, les yeux baignez de larmes, mais qui ne donnoient point des marques si visibles d'une si longue & si rigoureuse austerité. Il les admettoit cependant avec les autres, à la vûë d'un billet que chacun d'eux lui presentoit; pendant que d'un autre côté, il repoussoit avec un zele inexorable, une troupe nombreuse de personnes, qui à ce rebut ne marquoient que du dépit & de la confusion. J'admirois la beauté, aussi bien que l'ordonnance de ce petit Tableau, dont j'ignorois le sujet: Lors que nôtre bon Ecclesiastique arriva fort à propos, & que me voyant embarrassé à expliquer cette énigme; après le compliment ordinaire, il me dit en soûriant: Vous ne connoissez donc pas, mon Pere, quel est ce saint Prelat, du tems duquel la porte de l'Eglise étoit si étroite, & qui d'un si grand zele en défendoit l'entrée aux impenitens?

C'est assez, lui dis-je, voilà un beau saint Cyprien, je reconnois là tout son esprit: Je connois même que ceux que nous voyons admis à la faveur de leurs billets, sans avoir achevé tout le tems de leur penitence, representent ceux qui aprés être tombez, avoient assisté les Crêtiens emprisonnez pour la foi, & en avoient reçu ces lettres de recommandation.

Mais n'allez-vous point plus loin, mon Pere, & ne trouvez-vous pas ici dequoi répondre à tant de gens, qui n'approuvent pas trop ce grand nombre d'indulgences que vous publiez sur la concession des Papes, au sujet de la Redemption des Captifs, plusieurs n'osant trop dire leurs sentimens? Mais si on les rappelle à ce fait, que vous voyez ici dépeint, que penseront-ils? Etoiton bien facile du tems de saint Cyprien à accorder de semblables graces? On sçait que ce saint Pere a parlé des Indulgences d'un air assez severe. Il étoit dans un tems où il falloit de la rigueur pour contenir les Crêtiens dans le devoir. Il falloit prendre garde que la trop grande facilité à rentrer dans l'Eglise ne leur fut une occasion de s'épargner en apostasiant, les supplices cruels, dont leur constance étoit ébranlée. Comme il ne s'est guere trouvé de tems où la tentation fut plus forte, il n'y en a eû guere aussi où l'Eglise ait tenu plus ferme pour la discipline, & où ses tresors ayent été plus resserrez, & où elle ait usé d'une plus grande severité.

Je ne doute point que vous n'aïez lû quelques écrits de saint Cyprien; mais je doute que vous ayez fait cette remarque: Qu'on n'y voit des Indulgences que pour un seul sujet. On voit par tout son zele s'employer entierement à faire obferver dans toute la rigueur, tout le tems & la difcipline de ces aufteres penitences prefcrites par les faints Canons ; fur tout à l'égard des Apôftats. Il va jufqu'à leur refufer même la reconciliation à l'article de la mort, fi devant leur derniere maladie ils n'ont pas demandé penitence. Mais il ufe d'indulgence en faveur de ceux, qui ayant vifité les fideles dans les prifons où ils étoient détenus pour la foi, en avoient obtenu des billets de recommandation, leur penitence étoit plus courte : Et lors qu'avant que d'avoir marqué du repentir, ils étoient furpris d'une maladie mortelle, il leur accordoit la reconciliation. Vous voyez par-là, mon Pere, quelle eftime l'Eglife a toûjours fait de cette grande charité qu'on exerce envers les Captifs ; puifqu'il y a eû un tems où il n'y a prefque point eû d'Indulgences qu'à cette feule occafion. Ainfi vous ne vous étonnerez pas à prefent que ces trefors font ouverts, fi elle en ufe pour ce fujet avec tant de profufion.

Je ne puis vous diffimuler ma

surprise, Monsieur, vous me tenez ici un langage qui m'est bien nouveau. Pour peu que j'aye lû de ce saint Pere, j'ai toûjours remarqué combien son zele est irrité à l'occasion des Indulgences que des Evêques & des Prêtres d'Afrique de son tems, accordoient à ceux qui leur presentoient de semblables billets. On ne peut rien voir de si fort, que ce qu'il en écrit : Il traite cette Indulgence d'une nouvelle persecution, qui par une cruelle douceur, tuoit plus d'ames que toutes les menaces des Tyrans.

Novum genus cladis. Ser. 5. de Lapsis.

Il est vrai, mon Pere, repartit-il ; mais saint Cyprien par cette conduite, nous montre que les égards que l'on avoit pour ceux qui s'employoient à visiter seulement les Crêtiens captifs, étoient si grands dans ces premiers siécles, & que les fideles de ce tems-là les avoient portez si loin, que du tems de S. Cyprien, ils avoient degeneré en abus. Dans ces premiers siécles, on rendoit presque le même honneur à ceux qui assistoient les Martyrs dans leurs pressans besoins, ou qui par leurs visites, leurs aumônes ou leurs

86 *La Tradition de l'Eglise*

exhortations, soûtenoient la foi ébranlée des plus foibles, qu'à ceux qui souffroient ces persecutions. On jugeoit qu'il y avoit une espece de justice à partager la gloire de ceux qui combattoient, avec ceux qui soûtenoient les combattans : Comme David partagea les dépoüilles de ses Soldats vainqueurs, avec ceux qui gardoient le bagage necessaire pour les subsitanter. Souvent Dieu marquoit par des signes visibles, qu'il approuvoit cette conduite de son Eglise. Et comme il a fait trouver à plusieurs criminels la remission generale de tous leurs crimes dans le martyre, il a aussi fait trouver à plusieurs grands pecheurs, l'indulgence entiere de leurs desordres passez, à assister ceux qui souffroient pour une si juste cause. Boniface, Aglaé, & plusieurs autres, dont l'Histoire Ecclesiastique fait mention, en sont des preuves.

De Pudic. c. 12. Tertullien, déja devenu Montaniste, parle de cette Indulgence ordinaire dans l'Eglise de son tems ; & ne semble l'improuver, que pour ces honteux desordres qui blessent la pudicité. Cette grace dans la suite avoit degeneré en abus. Et du tems de saint Cyprien, il suffisoit de porter à quelques Prêtres d'Affrique, autorisez en cela de plusieurs Evêques, un seul billet d'un saint Confesseur captif, que souvent on n'avoit visité qu'une seul fois, non pas pour lui rendre les devoirs de charité qu'on leur devoit en cette necessité ; mais afin d'en extorquer cette lettre d'impunité, & d'obliger leurs Juges à les renvoyer absous, à la seule consideration de ces saints Confesseurs.

Saint Cyprien avoit bien raison de se récrier contre ces abus : Encore ne retranche-t'il pas tout à fait cet usage ; mais il prie instamment ces illustres Captifs, de ne pas affoiblir la rigueur de la discipline, par une trop grande facilité. Mais je m'assure, mon Pere, que si ceux qui presentoient ces billets, avoient apporté de bons temoignages, comme ils auroient servi ces Martyrs, & que s'exposant aux mêmes supplices, ils les auroient substantez de leur moyens, pansez de leurs mains, encouragez par leur zele & leur assiduité, Saint Cyprien n'auroit

Epist. 15. Martyribus, & Confessoribus lib. 5.

pas fait difficulté de leur accorder des Indulgences, non seulement à la mort, mais encore pendant la vie, avec beaucoup plus d'abondance, qu'il n'accordoit à ceux-ci, dans les tems mêmes de la plus grande severité de l'Eglise. Je n'en doute pas, Monsieur, lui dis-je: Il y a toute difference entre ces Libellatiques, à qui l'Eglise cependant avoit tant relâché de sa rigueur, & ceux qui assistent les Captifs; & je suis persuadé que cet exercice de charité a toûjours passé pour une œuvre assez satisfactoire de soi-même, pour tenir lieu d'une bonne & salutaire penitence. Apparemment, Monsieur, c'est-là ce beau monument de saint Cyprien, que vous m'avez promis de me faire voir; car j'en suis bien content, puisqu'il me montre quel avantage il y a à soulager les Captifs; & que ce n'est pas par une relaxation de sa discipline, que l'Eglise nous a accordé un si grand nombre d'Indulgences pour ce sujet; mais qu'elle suit plûtôt en cela la rigueur & l'exactitude de ces premiers tems, regardant cet exercice de charité comme une des plus

salutaires

pour le rachat des Esclaves. 89
falutaires penitences que l'on peut faire. Mon Pere, reprit-il, ce Monument dont je vous ai parlé, eft une excellente Lettre de ce faint Docteur, où l'on voit le zele que lui & les faints Prelats de ce tems-là avoient pour le foulagement & la redemption des Captifs. Il étoit fi grand & fi digne, qu'il falloit la plume d'un faint Cyprien pour en faire un digne portrait. Si vous voulez, mon Pere, la voici dans mon Porte-feüille, elle merite bien que vous la lifiez avec attention.

Je la lûs toute entiere avec beaucoup de fatisfaction; & la lui rendant, je lui dis que je la trouvois belle & touchante; & marquai feulement fur ma tablette, quel rang cette Epître tenoit entre celles de faint Cyprien, afin de ne pas perdre la memoire des grandes inftructions, & du bel exemple qu'il nous y donne touchant nôtre miniftere; & d'en profiter plus d'une fois, lorsque je ferois retourné. Vous avez raifon, mon Pere, me dit cet homme charitable, de demander à la relire plufieurs fois. Pour moi je la lis fouvent, & elle m'eft toûjours

Epift. ſe- xag.

H

nouvelle ; & je suis sûr que si elle étoit plus commune, la charité à l'égard des Captifs, s'augmenteroit beaucoup dans le Christianisme. A sa seule lecture, j'en ai toûjours conçu de grandes idées ; soit que j'aye fait reflexion sur le caractere des personnes, qui se font une affaire si importante de cette noble fonction ; soit que j'aye pensé au zele extraordinaire avec lequel elles s'y employent ; soit que j'aye medité sur les raisons & les motifs qui les engageoient à y travailler avec une telle ardeur ; car il me semble que c'est tout ce qui peut rendre une œuvre recommandable.

Pour le caractere des personnes, (a) ce sont de saint Evêques, encore tous remplis du premier esprit du Cristianisme, & qui se font une si grande affaire de soulager les Crêtiens asservis par des Barbares ; que non contens de s'unir tous d'un même zele, ils veulent encore avoir à leur tête un Primat aussi saint, & aussi zelé que saint Cyprien, qui bien loin de trouver mauvais qu'on l'importune, se sent extrêmement redevable de ce qu'ils

(a) Cyprianus Ianuario, Maximo, Proculo, Victori, Modiano &c.

pour le rachat des Esclaves. 91

veulent bien le rendre (*b*) participant d'une si juste sollicitude, & d'une œuvre si bonne & si necessaire.

Il leur enjoint (*c*) encore trés-étroitement, que si une semblable occasion d'exercer la charité se presentoit, ils eussent à l'en avertir incessamment. Et ce qui est digne de remarque, est que quelque occupation que cet illustre Prelat & ces saints Evêques, eussent alors à gouverner & rassurer leurs troupeaux, parmi l'invasion des Barbares & la persecution des Tyrans, il ne veut commettre l'éxecution & le soin de ces collectes pour les Captifs à personne qu'à lui-même & à ses Clercs, & recommande à tous ces saints Evêques d'en faire eux-mêmes (*d*) la distribution. Et ce zele, mon Pere, n'est point particulier à saint Cyprien : Je vous ai fait remarquer ci-dessus, qu'il ne suit en cela que l'exemple de saint Paul. Et les plus saints Papes ont souvent jugé qu'il étoit digne du souverain Pasteur de l'Eglise, non-seulement de se rendre recommandable par de grandes charitez envers les Captifs ; mais

(*b*) ximas vobis gratias agimus quòd nos vestræ sollicitudinis & tam bonæ & necessariæ operationis participes esse voluistis.

(*c*) Si tale aliquid acciderit nolite cunctari nuntiare hæc nobis litteris.

(*d*) Sumus autem ... quæ collecta sunt quæ vos illic pro vestra diligentia dispensabitis.

encore de se charger eux-mêmes du soin d'amasser les deniers pour cette aumône, & de les distribuer. Saint Gregoire le Grand entr'autres, s'est signalé dans cette occasion; & j'ai toûjours lû avec plaisir les actions de graces qu'il rendit aux Patriarches & Evêques qui l'avoient chargé de ces aumônes, & l'exactitude avec laquelle il se croit obligé d'en faire la dispensation. Lisez, mon Pere, ses Epîtres lors que vous serez de retour; elles sont dignes d'un Pape, qui a passé également pour grand dans l'Eglise Grecque & Latine.

Au caractere de ces personnes, si nous ajoûtons le zele avec lequel elles s'emploïent à racheter les Crêtiens d'entre les mains des Barbares, nous trouverons qu'il y a autant de difference entre leur charité & la nôtre, qu'entre la ferveur de ces premiers fideles, & nôtre lâcheté.

Quel plus beau témoignage saint Cyprien pouvoit-il rendre du zele de toute son Eglise animée de son exemple & de ses instructions, que d'écrire comme il fait ici, qu'à la premiere nouvelle de la captivité

de leurs freres, quoiqu'ils fussent
d'une autre Province, ils se sont
portez à les secourir avec une promptitude, une ferveur & une profusion, dont il a tout sujet d'être content. (e) & que cette disposition si crétienne s'est trouvée dans tous ? Ajoûtant que la fermeté de leur foi, qui les rendoit en tout tems disposez à entrer dans tout ce qui regardoit la gloire de Dieu, s'étoit extraordinairement animée à une œuvre si salutaire, à la nouvelle & à la consideration d'un si grand malheur.

Qu'ils se sont crûs trés-obligez à ceux qui ont bien voulu les faire entrer avec eux dans leur commune charité, & leur (f) offrir en cette occasion de vastes champs à leur esperance, où ils pussent semer avec profit des aumônes, dont ils auroient tout lieu d'attendre l'abondance des fruits, qui naissent toûjours de cette œuvre celeste & salutaire. En effet, ils montrerent bien la grandeur de leur esperance & de leur foi dans cette œuvre de charité, par la liberalité dont ils userent, qui fut jusqu'à la profu-

(e) Promptè omnes & libenter & largiter subsidia summaria fratribus contulerunt semper quidem secundùm fidei suæ firmitatem ad opus Dei proni. Nunc tamen magis ad opera salutaria, contemplatione tanti doloris accepsi.

(f) Ut offerretis nobis agros ubertes, in quibus spei nostræ semina mitteremus expectaturi Messem de amplissimis fructibus qui de hac cœlesti &

fion. Quelque explication que l'on donne au Passage de ce saint Pere, où il marque la somme qu'il envoyoit, (g) tous ceux qui ont écrit sur ce Passage, ont trouvé cette somme extraordinaire pour ce tems-là. Mais ce qui marque la charité de ce grand Saint & de toute son Eglise, est qu'il traite cette profusion de chacun de ses Clercs & de son Peuple, du nom de petite somme, (h) & que bien loin d'avoir épuisé leur zele en épuisant leur bourse, il prie instamment qu'on ne laisse passer aucune semblable occasion sans les avertir; (i) promettant qu'ils s'y porteront toûjours avec la même cordialité & la même largesse; ajoûtant que toute son Eglise est universellement dans cette disposition.

Ces reflexions, Monsieur, lui dis-je, que je n'avois pas eû le tems de faire, me paroissent bien judicieuses, & doivent bien me confondre, si je me rebute dans mon ministere, voyant le zele de ces premiers Crétiens, sous la conduite de ces grands Prelats. Qu'il seroit à souhaiter à present que ce

subvatio operatione provenient

(g) Mi- *sinus sex- ta centum milia nummum.*

(h) *Eorum quoque summulas, &c*

(i) *Nolite cunctari nunciare... pro certo habentes Ecclesiam nostram & fraternitatem istic universam hæc scilia siant precibus oratione, si facta fuerint libenter & largiter subsidia præstare*

malheur est si multiplié dans toute la Barbarie, qu'on eut quelque exemple d'un aussi grand poids, & un zele soûtenu d'une aussi grande éloquence, comme celui de saint Cyprien, afin que le grand nombres des fideles fut plus animé à y remedier.

Il me répondit: L'exemple & l'éloquence d'un si grand homme y contribuerent beaucoup; mais le Cristianisme encore dans sa ferveur & dans sa pureté, faisoit le principal effet dans les cœurs. Si vous voulez bien, mon Pere, prendre la Lettre entre vos mains, vous verrez que c'étoit la seule solidité de cette devotion, & le pur esprit Crêtien, plûtôt que l'éloquence, qui fut le secret ressort dont ils furent animez. Remarquez, s'il vous plaît, dans les vûës du Pasteur, celles du Troupeau. Voici de quels motifs saint Cyprien & son Peuple se trouverent pressez de travailler à la redemption de leurs freres pris par les Barbares en Numidie, à la premiere nouvelle que les Evêques de cette Province lui en donnerent.

1. Si patitur unum membrum compatiuntur & cætera membra... quare nunc captivitas fratrum nostra captivitas compensanda est.

1. L'unité du corps de l'Eglise, & l'union que tous les membres doivent avoir les uns avec les autres, qui doit rendre leurs maux communs, & faire ensorte qu'un chacun se trouve asservi dans la captivité de son frere, & compatisse à son malheur, comme s'il lui étoit arrivé à lui-même.

2. Etiamsi charitas nos minus adigeret ad opem fratribus ferendam : considerandum tamen hoc loco fuit, Dei Templa esse quæ capta sunt : nec pati nos longa cessatione, & neglecto dolore debere ut diu Dei Templa captiva sint.

2. La Religion ou l'esprit de pieté, regardant dans les Crêtiens captifs autant de Temples de Dieu, & de Sanctuaires du Saint-Esprit prêts à être profanez par l'impieté des Barbares : Un Crêtien ayant lieu de se reprocher lui-même une grande impieté, s'il laissoit par sa negligence, des Temples si saints en la puissance des Infideles.

3. In captivis fratibus nostris contemplandus est Christus, & redimendus de periculo captivitatis, qui nos redemit de

3. La consideration de JESUS-CHRIST, que l'on doit regarder en la personne des Captifs, & qui par toutes sortes de motifs, de devoirs, de respect,

pect, de reconnoissance & d'amour, doit être racheté par ceux qu'il a rachetez avec tant de misericorde : Toutes sortes de Loix engageant ceux qu'il a tirez de la servitude du Démon, & remis en la liberté de ses Enfans, à le racheter à son tour des mains des Barbares, & qu'on n'épargne pas quelque somme d'argent, pour celui qui n'a pas épargné tout son Sang, quand il l'a falu donner pour le prix de leur rançon.

periculo mortis : ut qui nos de diaboli faucibus eruit, ipse qui manet & habitat in nobis, de Barbarorum manibus eruatur : & redimatur nummariâ quantitate, qui nos Cruce redemit & Sanguine.

4. La vûë de soi-même, & de l'étroite liaison qu'avoient les Captifs avec eux ; chacun, dit ce grand Prelat, regardant dans ces malheureux Esclaves, ce qu'il avoit de plus cher sous les fers, l'humanité & l'amour du prochain operant ce miracle dans toute cette Eglise, qu'il n'y avoit pas un Vieillard qui ne regardât ses enfans dans tous les Enfans esclaves. Pas un

4. Quis non humanitatis memor, & mutuæ dilectionis admonitus, si Pater est, illic esse nunc filios suos computet ? Si maritus est, uxorem suam illic captivam teneri cum dolore pariter ac pudore vinculis maritalis existimet ?

mari, qui ne regardât sa femme dans la captivité des autres. Pas un enfant, qui ne vit son pere dans ceux dont il apprenoit la prise ; & ne se crût obligé de secourir de tout son pouvoir, ceux ausquels il étoit uni par des liens si sacrez.

5. Quantus verò communis omnibus nobis mœror est, & cruciatus de periculo virginum, quæ illic tenentur pro quibus non tantùm libertatis, sed pudoris jactura plangenda est ! Nec tam vincula Barbarorum, quam Lenonum & Lupanarium stupra deflenda sunt: ne membra Christo dicata, & in æternum continentiæ honore pudicâ virtute devota insultantium libidine, & contagiore fœdentur.

5. L'honnêteté commune à ceux qui n'ont pas entierement dépoüillé tout sentiment d'humanité, de pudeur & de Religion, ne pouvant sans rougir & sans trembler, apprendre l'extrême peril de tant de Vierges, qui n'ont pas été exemptes du même sort, & dont la moindre des pertes est celle de la liberté ; qui sont, comme dit ce Saint, bien plus à plaindre pour la violence où les expose la brutalité des Barbares, que pour la rigueur des chaînes ; & qui sollicitent d'une maniere bien pressante la charité des fi-

deles, afin que les membres dediez à Jesus-Christ, & dévoüez à une éternelle continence par l'amour de la chasteté, ne servent pas de proye à la lubricité des Infideles.

6. La vûë de leur juste interêt, qui leur faisoit regarder cette occasion comme la plus favorable du monde à semer pour l'éternité, & comme un champ où semant peu, ils se promettoient une ample moisson.

6. Et offerretis nobis agros uberes, &c.

7. L'esperance Crêtienne leur donnant lieu d'attendre, que celui qui au jour du Jugement, dira à ses Elûs: J'ai été infirme, & vous m'avez visité; ne manquera pas d'ajoûter par une approbation bien plus glorieuse, & presentant une couronne bien plus belle à ceux qui ont travaillé à sa Redemption: J'ai été Captif, & vous m'avez délivré; & qui ac-

7. Nam cùm Dominus in Evangelio suo dicat, infirmus fui, & visitastis me: quantò nunc quoque cum majore operis nostri mercede dicturus, captivus fui & redemistis me? Et cum denuò dicat in carcere fui & venistis ad me, quantò plus est cùm cœperit dicere: in carcere ca-

ptivitatis fui, & re-
clausus & vinctus
apud Barbaros ja-
cui, & de carcere
illo servitutis li-
berastis me, cùm
judicii dies vene-
rit, præmium à
Domino receptu-
ri.

cordant une si grosse ré-
compense à ceux qui lui
auront donné lieu de dire :
J'ai été dans la prison,
& vous êtes venus me con-
soler, en accordera une
bien plus abondante à ceux
qui par cette charité, lui
feront dire : J'ai été dans
les prisons d'une terrible
captivité, enfermé & chargé de chaînes, sous la
cruauté des Barbares, &
vous m'avez tiré du cachot
& de la dureté de cette servitude.

Aprés ces explications, j'avois
peine à rendre la Lettre, dont la
force & l'éloquence me paroissoient
encore toutes autres à cette analy-
se, & toutes remplies de l'Esprit
Crêtien. Je repassois encore la vûë
sur les divers endroits qui m'a-
voient pû toûcher, lors que cet
obligeant Ecclesiastique me dit :
Mon Valet vous a montré l'une des
deux Pieces que j'ai apportées d'I-
talie, il faut que je vous montre
l'autre; je suis sûr que de l'esprit dont
vous êtes, vous n'y trouverez pas

moins de goût, elle est du même genie, aussi-bien que de la même main. Il déroula son Tableau, & voici ce qui y étoit representé.

Sous un Dôme élevé, soûtenu de riches colomnes à quatre rangs, que le Peintre avoit travaillé avec tant d'art, qu'elles sembloient fuïr par ordre, & faire paroître un enfoncement également agréable & profond, paroissoit un Autel où l'on n'avoit rien épargné, ni pour les beautez de l'Art, ni pour la richesse des métaux & des pierreries dont il étoit composé. Sur les marches de cet Autel, on avoit peint la figure de saint Ambroise, avec cette douceur majestueuse qui a toûjours fait son caractere. Il étoit tourné vers une troupe d'Heretiques, qui portoient la rage & la fureur peinte sur le visage. De la main droite, il leur montroit le Ciel, & étendoit la gauche vers une troupe de Captifs, qui par leurs chaînes rompuës, & leurs manieres pleines de reconnoissance, marquoient avoir été rachetez par ses soins. Plusieurs Vases, Chandeliers, & autres ornemens de l'Autel d'un riche métail étoient renverfez, ou fur l'Autel ou par terre à demi brifez. L'Auteur, pour expliquer cette énigme, avoit diftribué dans tout fon Tableau, les admirables Sentences qu'il avoit tirées du chap. 28. des Offices de ce S. Docteur, que le Peintre avoit adroitement confondües avec les fonds, ou la teinte des ornemens fur lefquels il les avoit écrites. Vers les Heretiques on lifoit : *Quid Arianis difplicere poterat, ut nos confringeremus Vafa facra, ut Captivos redimeremus?* au-deffus de l'Autel, où le faint Sacrement étoit fufpendu, étoient ces paroles : *Ornatus Sacramentorum Redemptio Captivorum.* Sur un Ciboire prêt à tomber de l'Autel, on voyoit ces mots : *Tunc vas Domini agnofco, cum videro in utreque Redemptionem.* Un Calice renverfé par terre portoit cette infcription, *Calix ab hofte redimat, quos Sanguis à peccato redemit.* Et fur un tas confus de Calices, Patenes & autres Vaiffeaux facrez, on avoit écrit : *Agnofco infufam auro Sanguinem Chrifti divinæ operationis impreffiffe virtutem Redemptionis munere.* Enfin, on lifoit fur plufieurs débris de Chandeliers, & autres riches orfévries, dont l'Autel étoit dépoüillé, *Ecce aurum quo redimitur pudicitia, servatur castitas.* Sur les Esclaves rangez autour de l'Autel, on avoit mis ces mots: *Hic numerus Captivorum. Hic Ordo præstantior est, quam species poculorum.* Le Ciel, où ce saint Prelat avertissoit les Ariens de regarder, étoit un Ciel orageux, où parmi d'épais nuages qui se fendoient en plusieurs endroits, paroissoient plusieurs éclairs échapez, entre lesquels on lisoit ces paroles: *Nonne dictarus est Dominus, cur tot captivi in commercium ducti sunt, nec Redempti.* Et tout au bas du Tableau, sur la terrace qui portoit les Heretiques, on avoit ajoûté ces deux ou trois lignes: *Quis est tam durus, immitis, ferreus, cui displiceat quod homo redimitur à morte, femina ab impuritatibus Barbarorum, quæ graviores morte sunt, Adolescentula, vel infantes ab idolorum contagiis quibus mortis metu inquinabantur.* Cette Piece étoit des mieux entenduës; le Peintre y avoit épuisé l'Art de la Perspective, faisant paroître une voute enfoncée, soûtenuë d'une double colonade, qui fuyoit avec beaucoup de regularité : les Figures étoient dans des attitudes à exprimer chacune leurs passions differentes. Mais sur toutes, paroissoit celle de S. Ambroise, qui frappoit d'abord la vûë, & dont la gravité faisoit que le zele ne diminuoit rien de sa douceur, & que sa douceur ne rabattoit rien de son zele. Je la regardois avec attention & de fort prés, afin d'avoir le plaisir de lire ces Sentences, dont il ne paroissoit presque rien, pour peu qu'on éloignât le Tableau. L'Auteur me donna le loisir de lire tout, & me dit ensuite : Que dites-vous, mon Pere, de ce grand exemple que saint Ambroise donne ici, soûtenu de Sentences si graves & si dignes de son éloquence ? Peut-on jamais exprimer d'un stile plus fort & plus convainquant, l'excellence & la necessité de la Redemption des Captifs, Dire *qu'elle fait tout l'ornement des Sacremens*, dont la vertu en effet est d'unir tous les Crêtiens d'une charité si parfaite qu'ils s'interessent tous dans les besoins les uns des autres, comme les membres d'un même corps : *Que la principale consecration, que le Sang de* JESUS-CHRIST *donne aux Vases sacrez, est de leur communiquer sa vertu de racheter : qu'on ne les reconnoît jamais mieux pour des Vases propres à recevoir ce Sang adorable, que lorsqu'on voit la Redemption commune au Sang & aux Vases :* Peut-on relever davantage cette œuvre de misericorde ? Mais ajoûter, que dans la redemption des Captifs, il s'agit de racheter la pudicité, & de combattre pour soûtenir la chasteté attaquée : qu'il faut être dur, impitoyable, & d'un cœur de fer & de bronze, pour trouver mauvais qu'on dépouille jusques à l'Eglise même, de tout ce qui lui est necessaire pour les Mysteres saints ; afin dans une seule œuvre de misericorde, *de retirer les hommes de la mort, les femmes de la brutalité des Barbares, les jeunes vierges & les enfans de l'oppression & de l'impieté d'un culte étranger, dont ils seroient soüillez par la crainte de la mort :* Et finir, en disant, que c'est principalement sur l'omission de cette bonne œuvre, que JESUS-

CHRIST nous doit juger. Peut-on rien dire de plus preſſant, ou en expoſer plus vivement l'importance & la neceſſité?

Je répondis, que ce chapitre de ſaint Ambroiſe, meritoit bien que j'en fiſſe une remarque particuliere; & que tant de belles Sentences ſi crêtiennes faiſoient un fond de Morale, par où il ſeroit bien facile de relever une œuvre ſi ſainte, & d'animer tous ceux à qui on les debiteroit, à y contribuer de toute l'étenduë de leur zele & de leurs moyens: que cet exemple ſingulier dans un ſi grand Saint, étoit admirablement ſoûtenu par de ſi beaux oracles, & que d'ailleurs il ſert à prouver que le beſoin des Captifs eſt une de ces neceſſitez pour leſquelles on doit tout prodiguer. Sur-quoi il me dit: Vous ſçavez, mon Pere, quelle eſt l'approbation generale que l'Egliſe a donnée à ce fait extraordinaire, qu'il n'y eût que les ſeuls Ariens qui murmurerent de voir rompre & aliener les Vaiſſeaux ſacrez pour racheter des Captifs. Encore, comme dit ce grand Docteur, c'étoit plus la perſonne qu'ils vouloient reprendre, que l'action. Mais il ne faut pas dire que ce fait ait été singulier à saint Ambroise.

Nous lisons la même chose d'Acace Evêque d'Amide, avec cette circonstance particuliere ; que de l'argent qu'il avoit reçu du prix des Vaisseaux sacrez, il ne racheta pas seulement des Esclaves Crêtiens, mais encore des Esclaves infideles, jusques au nombre de sept mille, qu'il renvoya en Perse : Que cette charité, comme dit Baronius, eut un plus heureux succés que les armes de Theodose, qui ne les combattoit, qu'afin de faire cesser leur persecution contre les Crêtiens ; puisqu'à peine ils virent leurs Esclaves en liberté par cette generosité crêtienne, qu'ils s'adoucirent & ouvrirent enfin leurs cœurs à l'Evangile. *Baron. ad an. Chrift. 400.*

Saint Cesaire Archevêque d'Arles vendit aussi les Vases sacrez pour racheter les Esclaves Crêtiens ; & s'attira par cette charité, l'approbation d'un Pape & de plusieurs Conciles, & du Ciel même, par un grand nombre de miracles *Baron. ad an. Chrift. 508.*

qui suivirent cette action de miséricorde. Il n'y eut pas même jusques aux Heretiques, dont il n'attirât l'admiration ; puisqu'Alaric, quoique d'ailleurs prévenu par de fausses accusations contre ce saint Evêque, ayant appris le zele qu'il avoit eu de vendre toute l'argenterie de son Eglise pour racheter ses freres, voulut contribuer à cette charité, & lui envoya de riches presens, au lieu des mauvais traitemens qu'il en attendoit.

Epist. 13. lib. 6. ad Fortunatum Fanensem Epis.

S. Gregoire le Grand dans une de ses Lettres, mande d'abord à un Evêque qui le consultoit sur ce sujet, que cè seroit un grand crime de dépoüiller l'Eglise de ses Vaisseaux sacrez sans un motif de la derniere importance ; mais que pour celui sur lequel il étoit consulté, il ne falloit point hésiter, & que les Loix & les Canons de l'Eglise, l'engageoient à permettre l'alienation des Vases sacrez pour la Redemption des Captifs, ou même pour acquiter les dettes que les Evêques avoient contractées à cette occasion : *Sicut reprehensibile & ultione dignum est sacrata quapiam Vasa, praeterquam in his, quæ Lex & sacri Canones præcipiunt, venundare; ita nullâ est objurgatione, vel vindictâ plectendum, si pietatis causâ pro Captivorum fuerint redemptione distracta...... In hac re, quia & Legum & Canonum Decreta consentiunt, nostrum consensum præbere curavimus in distrahendis sacris Vasis vobis licentiam indulgemus.* Il écrit encore la même chose à un Evêque de Messine.

Epist. 35. lib. 6. Bon. Episc. Messanensi.

Là-dessus il me cita les Epîtres, dont il avoit tiré les Passages; & se tournant vers moi, il me dit: Je ne puis m'empêcher de vous dire ici ma pensée. Vous voyez que dans l'Esprit de l'Eglise, ce qu'on doit aux Captifs l'emporte par-dessus le zele qu'on doit avoir pour l'ornement des Autels. Et de-là, lorsque vous prêcherez cette charité aux Peuples, vous pouvez bien conclure justement combien elle les doit engager à se retrancher de mille meubles superflus, voyant que l'Eglise se prive du necessaire. Mais permettez-moi de vous dire que vous en devez aussi conclure pour vous, quelle doit être l'extrême exactitude que vous devez apporter dans la dispensation de ces deniers, que l'Eglise regarde comme plus sacrez que ses propres fonds, & que les Vases mêmes qu'elle employe aux plus saints Mysteres. Ce que je dis pour augmenter vôtre zele, à l'exemple de ce grand Pape, dont nous parlons ici, qui dans plusieurs de ses Lettres remerciant quelques personnes de qualité des aumônes qu'elles lui avoient envoyées pour les Captifs, leur mande en même tems qu'il y a lieu de les loüer de leur liberalité ; mais que c'est une occasion de trembler pour lui, de l'avoir choisi pour être le dispensateur de ces deniers ; & qu'il craint que s'il y apportoit de la negligence, il ne se fît un crime de ce qui faisoit leur merite ; & que l'aumône qui expioit leurs pechez, n'acrut le nombre des siens.

Epist. 13. lib. 6.

Epist. 13. lib. 7.

Je le remerciai de son avis charitable, & lui dis : Que de tout tems j'avois regardé ces aumônes comme des dépôts sacrez, dont la dispensation exigeoit beaucoup de prudence & de fidelité ; mais que je ne les avois jamais considerez de ce point de vûe où il me plaçoit, d'où il m'y faifoit voir une confecration toute finguliere.

Vous avez ces fentimens, mon Pere, ajoûta-t'il, voyant que l'Eglife cede aifément fes Coupes facrées, pour en faire une fomme à racheter les Captifs. Mais que penferez-vous donc, puifque nous fommes fur faint Gregoire, lorfque je vous dirai ce que rapporte ce grand Pape dans fes Dialogues, de faint Paulin, dont il loüe & admire l'excés de charité, jufqu'à la comparer à celle du Fils de Dieu même ? Car il ne s'agit plus là des Vafes facrez : mais d'un des plus grands Evêques, dont la prefence étoit fi neceffaire & fi avantageufe à fon Troupeau, qui cependant fe trouve vendu pour la Redemption des Captifs, par un zele, que non feulement toute l'Eglife a admiré, mais encore approuvé. Vous fçavez le fait, mon Pere, il n'eft pas befoin ici de vous le repeter. Tout ce qu'il y a de remarquable dans cette action, font ces circonftances marquées par faint Gregoire.

1. Que faint Paulin, pour toutes

les charitez ordinaires, avoit employé les grands biens que son illustre naissance lui avoit fait trouver dans sa maison ; sa misericorde par un pieux excés l'ayant rendu le plus pauvre de tous pour soulager les pauvres. Mais quand il fallut travailler à racheter les Crêtiens que les Barbares avoient faits Captifs en Italie, & transportez sur les Côtes d'Afrique, ce fut alors qu'il mit la main aux tresors de l'Eglise ; & que pour cette necessité extraordinaire, il ne se contenta plus des richesses du siécle, mais qu'il vendit & aliena, selon la liberté que lui en donnoient les Canons, tous les Biens, Ornemens & Meubles les plus necessaires au ministere d'un Evêque.

2. Que ce fond sacré lui manquant encore, & se trouvant plûtôt épuisé que sa charité ne fut satisfaite, elle qui croissoit à mesure que croissoient les besoins des Captifs, il employa toute la force de son éloquence naturelle à persuader une pauvre veuve à le vendre pour racheter son fils, dont elle déploroit le malheur, mais qu'elle n'osoit

Cuncta quæ ad Episcopi usum habere potuit captivis indigentibus largitus est.

At ille ut erat vir eloquentissimus.. dubitanti foeminæ citius persuasit... ut pro receptione filii sui in servitium Episcopum tradere non dubitaret. Illum imitatus qui formam servi assumpsit ne

n'ofoit racheter à un tel prix ; cette feule propofition l'ayant tellement effrayée, qu'il ne fallut pas moins que toutes les graces de l'éloquence & le bien dire de ce grand Evêque pour l'y faire confentir.

3. Que cette action memorable eft relevée de grandes loüanges par ce faint Pape ! Que Dieu la juftifia par d'infignes miracles faits en la perfonne du Roy Barbare, dont il fervoit le Gendre ! Qu'un heureux fuccés couronna cette grande charité ; puifque pour s'être livré il obtint la liberté de tous les Efclaves Crétiens avec la fienne ; qu'il ne fit dans le fond en cette occafion, comme dit faint Gregoire, qu'imiter le Redempteur du genre humain, qui avoit pris la forme d'Efclave, afin de nous retirer de la fervitude du peché ; & qu'enfin il n'y eut pas jufqu'aux infideles mêmes, à qui cette démarche ne caufât une extrême admiration, & qui jugerent qu'elle étoit digne de toutes fortes de recompenfes. Mais ce Saint qui avoit renoncé à tout, hormis à la charité, n'en voulut point d'autre que la liberté de fes freres.

nos effemus fervi: cujus fequens veftigia Paulinus, ad tempus voluntariè fervus factus eft folus ut effet poftmodum liber cum multis.

Unum eft quod mihi impendere beneficii poteft ut omnes Civitaris meæ Captivos relaxes. Ibid.

K

A ce recit, où je voyois que ce pieux Ecclesiastique goûtoit si bien tout ce qui regarde la charité à l'égard des Captifs, qu'il prenoit un grand plaisir à me faire remarquer jusqu'aux moindres circonstances d'un si rare exemple. J'avois aussi de la joye moi-même; & j'aurois souhaité que ceux qui étudient la Tradition de l'Eglise, eussent aussi voulu comme lui en remarquer quelques-unes ; afin de s'affectionner à une œuvre de misericorde, qui n'est que trop negligée dans le tems où nous sommes.

Que n'avons nous, lui dis-je, bien des personnes de vôtre esprit, Monsieur, lorsque nous sollicitons tous les états & conditions pour le soulagement des Captifs, on ne nous payeroit pas sans doute de cette raison, qu'on nous rebat sans cesse : qu'on a que trop de pauvres chez soi, & dans le païs : qu'il est à propos de les soulager avant que de penser à ces inconnus malheureux, pour qui nous nous interessons.

Est il donc bien possible, reprit ce Monsieur, qu'on soit à present si déchû de l'esprit des premiers Crêtiens, & si éloigné de la Morale de l'Eglise & des Peres, que de mettre cette bonne œuvre aprés toutes les autres ; & que de regarder les miseres des Captifs comme les dernieres, ausquelles on ne doit remedier qu'aprés les necessitez communes ?

Proposez-leur, mon Pere, & qu'ils décident ce cas de conscience, dont j'ai déja touché quelque chose de nôtre premier Entretien. Dans la distribution des aumônes, la charité qui doit être ordonnée pour être agréable à Dieu, doit préferer les necessitez extrêmes aux necessitez communes, sur lesquelles chacun est obligé de se retrancher, selon toutes les loix divines & humaines.

Or l'Eglise & les SS. Peres, depuis le tems des Apôtres, ont regardé la necessité des Captifs comme extrême ; & ont fait, pour y remedier, ce qu'ils n'ont jamais fait pour aucun autre. Car, avec quelle exactitude l'Eglise a t'elle toûjours recommandé aux Evêques la residence dans leurs Dioceses ? Quel est le respect qu'elle a voulu qu'on eut pour les Vases sacrez, ne voulant pas même qu'ils fussent touchez par d'autres que par ses Ministres ? Quelle défense n'a-t'elle point faite pour ne pas aliener & ses fonds & ses biens, dont elle ne rend ses Ministres que les dispensateurs ? Cependant lorsqu'il s'agit du rachat des Captifs, elle se relâche sur tous ces articles ; & toutes ces Loix si justes & si étroitement recommandées, cedent à la grande & premiere obligation de les secourir dans cette extrêmité.

Les mêmes Conciles, qui défendent l'alienation des fonds Ecclesiastiques, y mettent cette exception : *Si ce n'est lorsqu'il s'agit de la Redemption des Captifs.* Les mêmes Peres, qui recommandent tant la propreté des Autels & le respect dû aux Vases sacrez, approuvent en même tems qu'on les brise, qu'on les fonde, & qu'on les change en monnoye, pourvû qu'elle soit employée à retirer les Crêtiens de la servitude. On en a fait de même pour la residence ; & la haute approbation qu'a eû saint Paulin en cette

Si quis Episcopis excepto si evenerit ardua necessitas pro Redemptione captivorum ministeria sancta frangere præsumpserit ab officio

occasion ; sera un monument éter- *cessabit*
nel, qui fera connoître que l'Egli- *Ecclesiæ.*
Conc.
se n'a rien de precieux ou de ne- *Rem. an.*
cessaire, dont elle ne soit prête de *Ch. 630.*
can. 22.
se priver, quand il faut retirer les *Concil.*
fideles, & des malheurs & des pe- *Aurelian*
1. can. 5.
rils où les engage une si dure & si *Constan-*
dangereuse captivité. *tinop. 4.*
Regula-
Il est aisé, Monsieur, repartis- *rum 15.*
je, de tirer la consequence. Mais *Capitula*
Walterii
comme cette verité est une de cel- *Aure-*
les contre lesquelles le cœur humain *lian. c. 5.*
s'interesse, il faudroit avoir le même esprit que ces Saints pour s'en convaincre aussi fortement qu'ils ont fait. Nous serions ravis qu'on voulut bien compter au moins cette charité que nous prêchons, au nombre des communes ; & que nos pauvres Captifs ne fussent pas oubliez, dans ce tems où nous voyons, graces à Dieu, beaucoup de personnes de qualité, de dignes Prélats, & de Souverains mêmes, entrer chaque jour dans de nouveaux commerces de charité & de misericorde. Comme il étoit un peu tard, je voulus le quitter, mais m'arrêtant par la main ; Il faut vous renvoyer, mon Pere, avec

cette obſervation : Que ces Côtes de Barbarie ont bien changé de Maîtres, & ont rendu le ſort de nos pauvres Crêtiens encore bien plus déplorable qu'il n'étoit dans ces tems-là ; & que depuis que l'Alcoran a prévenu ces Barbares contre le Criſtianiſme, l'Egliſe pouroit encore produire un ſaint Paulin, & le Ciel par des miracles viſibles reveler ſa ſainteté & ſon caractere aux Puiſſances qui gouvernent ici, ſans avoir lieu d'eſperer un ſemblable ſuccés. Un fait arrivé à Maroc dans le tems que la Providence m'y retenoit pour mes pechez, m'oblige à vous parler ainſi.

Deux Eſclaves Crêtiens, ſoit pour le ſeul plaiſir du Roi cruel qui regne, ſoit pour avoir témoigné quelque mépris pour Mahomet, furent un jour à la perſuaſion des Marabouts, jettez dans la Foſſe aux Lyons, que ce Roi entretient ; (car c'eſt-là ſa Ménagerie aſſez conforme à ſon genie.) Quelques jours aprés, d'autres Crêtiens captifs paſſant auprés de ce lieu, entendirent des voix d'hommes ; ce qui les obligea d'approcher de plus prés, & de reconnoître que veritablement ces Esclaves étoient encore vivans; & que Dieu renouvellant le miracle de Daniel, avoit fermé la gueule aux Lyons, & conservé leurs vies. Les Crêtiens parmi lesquels ce bruit se répandit aussi-tôt, cherchèrent les voyes pour les délivrer; & ne trouverent point de meilleur expedient, que de se servir d'une Espagnole assez bien venuë auprés du Roy de Maroc, qui l'en avertit, & le pria qu'il permît, que puisque Dieu les avoit conservez, ils fussent retirez. Le Roy, sans marquer aucun étonnement, à cette nouvelle, dit froidement: *Quelle chaire que celle des Crêtiens! il n'y a pas jusqu'aux bêtes qui en ont horreur.* Et commanda sur le champ qu'on les retirât, & qu'on jettât à leur place dans cette Fosse, les Marabouts qui les avoient accusez. Ils furent bien-tôt devorez: Ce qui ayant été rapporté au Roi de Maroc: *Voila*, dit-il, *une bonne chair que celle des Musulmans!* Ainsi par un juste jugement de Dieu, l'innocence des fideles fut preservée;

l'envie & la cruauté des infideles accusateurs, reçut un digne châtiment. Les Esclaves Crêtiens furent consolez & confirmez dans la foi ; & ce Roi barbare & impitoyable, qui se ferme par ses cruautez la porte de la misericorde, demeura endurci dans son aveuglement & son impieté.

Je lui dis, que j'étois bien aise d'avoir entendu de sa bouche un fait qui ne m'étoit pas inconnu ; que plusieurs Esclaves de ma Ville, à la liberté desquels j'avois travaillé, me l'avoient raconté, & qu'ils avoient eu soin même avant que de partir, d'en dresser un Procés Verbal, qu'ils avoient porté en France.

V. ENTRETIEN.

I. Punition terrible de la dureté de l'Empereur Maurice pour des Captifs. II. Efforts de l'Eglise dans les Croisades pour les délivrer. III. Providence dans l'Institution des Ordres destinez à leur Redemption.

J'Arrivai le lendemain un peu plus tard qu'à l'ordinaire, parce que nous

nous disposions toutes choses pour nôtre départ; & comme la cordialité, dont il avoit usé avec moi les jours precedens, faisoit que je ne gardois plus tant de mesures. J'entrai assez librement. Je le trouvai à genoux dans un coin de sa Sale, une lettre à la main; & si occupé, qu'il fut quelque tems sans m'appercevoir. Je voulois me retirer, lors qu'il tourna la tête au bruit que je fis; & d'un air un peu interdit, il se leva promptement, & me demanda excuse, sans oser m'envisager; parce qu'il craignoit que je ne m'apperçûs de quelques larmes qu'il venoit de répandre. Mais quelque effort qu'il fît pour me cacher son chagrin, il vit bien que je m'en appercevois, ce qui l'obligea à me dire: Voila, mon Pere, toutes les douceurs que nous pouvons attendre en ce païs-ci, priez Dieu qu'il me pardonne.

Je ne comprenois rien ni à son chagrin, ni à ses paroles, lorsqu'il ajoûta. Vous vous appercevez de mon trouble, en voici le sujet. Un pauvre Esclave Italien m'écrit de Tunis; (il m'avoit été recomman-

L

dé, lui trois ou quatriéme, lors que je partis de Venise. J'avois même reçu quelques deniers pour leur rachat, qu'on laissoit cependant à ma disposition, pour employer pour les Esclaves de la Nation. Mais je trouvai le jeune Bey de Tunis dont ils étoient Captifs, si déraisonnable, que je crûs qu'il étoit à propos de laisser passer sa premiere fierté.) Et Voila que cet Esclave me mande, que lui & ses compagnons sont destinez pour l'armée ; qu'ils tremblent déja, dans la vûë des extrêmes fatigues qu'ils vont essuyer, & qu'il faut qu'ils perdent bien-tôt la vie ou la Religion ; me reprochant sur la fin de la lettre, que j'en répondrois devant Dieu ; & que dans une semblable occasion, c'est une grande cruauté que d'y regarder de si prés. Voyez, mon Pere, si je n'ai pas bien lieu de m'abandonner au chagrin où vous me voyez.

Je lui dis qu'il falloit avoir peu de zele & de Religion, pour apprendre avec indolence une telle extrêmité dans ses freres ; que je ne pouvois blâmer sa charité ; & que je le trouvois heureux de verser des larmes si precieuses devant Dieu, que le seul amour du prochain faisoit couler; & que je ne doutois pas que ceux pour qui il les versoit, n'en reçussent les fruits ; comme saint Pierre fut soulagé par les larmes des premiers Crêtiens.

Non, Mon Pere, me dit-il, vous ne m'entendez pas. Je plains leur malheur ; mais je tremble sur le mien, depuis que j'ai étudié l'indispensable obligation que nous avons tous de ne rien épargner dans cette occasion, & l'épouvantable châtiment que Dieu a tiré quelques fois de ceux qui manquoient à ce grand devoir. Là-dessus, il se retira encore un moment à l'écart, où je lui donnai le tems de se remettre un peu. Aprés quoi je lui dis, qu'il me feroit plaisir de me dire quels étoient donc les châtimens dont il me parloit.

Quoi ! mon Pere, ne sçavez-vous pas la sanglante mort de l'Empereur Maurice & de toute sa famille ? Je lui dis, qu'il me souvenoit d'avoir lû dans l'Histoire Ecclesiastique, que Phocas Centurion de l'Armée Imperiale, ayant été proclamé Empereur par les Troupes revoltées & mécontentes des Quartiers d'hyver qu'on leur avoit assignez au-delà du Danuble, l'avoit pris, & l'avoit fait mourir, aprés avoir fait égorger tous ses enfans en sa presence.

Vous avez vû, mon Pere, à ce que je vois, le parricide, & la barbare cruauté de Phocas. Mais vous n'avez point vû par quels secrets ressorts le Theatre du monde fut ensanglanté d'un spectacle si tragique. Cedrene, Nicephore, & autres Auteurs Ecclesiastiques, nous disent, que Maurice, tout Prince Crêtien qu'il étoit, eut la dureté de ne pas racheter plusieurs de ses sujets, qu'un Infidele nommé Gaïen, retenoit en captivité, quoique ce Barbare se contentât d'un prix assez mediocre par tête ; dequoi ce Tyran indigné, les fit tous mourir. Que ce fut pour ce sujet, que le Ciel irrité, n'eut plus que des menaces terribles pour Maurice, & toute sa famille : Que de toutes parts on lui venoit rapporter que Dieu par des signes visibles le me-

Cedr. in Annal. Niceph. l. 18. c. 58. Baron. ad ann. 600. 601.

naçoit de trés-grands malheurs, pendant qu'interieurement il étoit agité des remords de sa conscience & que les malheureuses victimes de son avarice se presentoient jour & nuit à ses yeux, pour lui reprocher son inhumanité, qu'effraïé par la vûë d'un crime, dont il voyoit alors toute l'horreur, & par la nouvelle de tant de sinistres augures, il eut recours aux larmes, & à la penitence: que ne se sentant pas digne d'être éxaucé, lui qui n'avoit pas écouté les larmes de tant de malheureux qui imploroient son secours, il écrivit des Lettres circulaires à tous les Patriarches & Moines d'Orient, les conjurant qu'ils eussent à demander misericorde pour lui, & que Dieu ne remît pas en l'autre monde la penitence dûë à un tel peché. Ils ajoûtent enfin que Dieu appaisé par ses larmes, & celles de tant de Saints, dont il avoit reclamé le secours, lui revela que sa priere avoit été exaucée, & que dans peu il recevroit la punition de son peché, afin de l'expier dés cette vie, & de servir d'un exemple memorable à la posterité, où l'on pût apprendre à ne se pas montrer insensible dans de semblables occasions. Voila, mon Pere, selon ces Auteurs, le veritable sujet de cette Tragedie sanglante que vous avez lûë, lorsque vous avez vû l'Histoire d'un Empereur infortuné ; qui de Maître qu'il étoit du monde, dans un instant se voit reduit à une telle extrêmité, que le Ciel par ses menaces, la terre par ses revoltes, la Mer même sur laquelle il s'embarqua pour fuïr, & dont les flots de concert avec les vents mutinez, le rejetterent dans le Port : Que le Peuple & le Clergé, les Magistrats & l'Armée, sans sçavoir pourquoi, l'abandonnerent impitoyablement entre les mains d'un Tyran, qui de la poussiere d'où il étoit né, monta sur le Trône, en arracha impitoyablement ce malheureux Empereur, massacra tous ses enfans l'un aprés l'autre en sa presence, afin qu'il mourût de plusieurs morts, & lui prepara le dernier supplice, ce triste Prince ne donnant passage à ses soupirs, qu'autant qu'il falloit pour faire entendre de tems en tems ces paroles qu'il prononçoit, en élevant les mains & les yeux au Ciel : *Justus es Domine & rectum judicium* Pfal. 118. *tuum.*

A ce recit, je lui avoüai que je ne pouvois improuver la delicatesse de son zele ou de sa pieté, qui dans un tems où il employoit toutes ses facultez, tous ses soins, & tous les talens même de son esprit pour les Captifs, se reprochoit encore les malheurs ausquels il n'avoit pû 'remedier ; ce qui m'obligea de lui dire : Où en sont donc, Monsieur, tant de Crêtiens, à qui on pourroit faire un reproche bien plus juste qu'à ce Prince, de laisser leurs freres en proye à la cruauté & à l'impieté des Barbares, pouvant les soulager & les délivrer du double peril de la mort du corps & de l'ame à de bien moindres frais ? Combien de Princes, de Seigneurs, & de personnes distinguées, se verront responsables devant Dieu d'une dureté qui passe celle de cet Empereur infortuné ? On lui demandoit à lui seul dequoi racheter plusieurs milliers de Crêtiens ; il est vrai que pour chaque tête la somme étoit modique ; mais étant assemblée, elle étoit trés-confiderable : au lieu qu'on ne demanderoit à tant de perfonnes riches, que quelques mediocres aumônes, qui cependant étant toutes unies enfembles, feroient un grand effet, & racheteroient bien des ames de la mort.

Mais, Monfieur, ajoûtai-je, ce font là de ces Hiftoires dont le Public prend feul le plaifir du fpectacle, & ne porte guères fes réflexions ou fes vuës jufqu'aux deffeins de la Providence, qui en veut faire des exemples. On regarde même les Auteurs qui vont jufques-là, comme un peu fuperftitieux, & comme donnant dans des vuës, qui les font fortir du caractere de fimples Hiftoriens, & où l'on ne veut plus les fuivre.

C'eft le malheur. Car dans le fond cet Empereur avec fon remors de confcience, ne fit que fuivre les impreffions que le Criftianifme doit faire dans tous les cœurs. Faites reflexion à la Lettre de faint Cyprien, & à ce que nous avons vû de faint Ambroife ; & vous aurez peine à concevoir cette monftrueufe indolence de nos Crétiens, qui prétendent n'être point responsables des maux de leurs freres, ausquels ils pourroient remedier, & qui font cependant profession de regarder en leurs personnes les membres du même corps, dont ils sont eux-mêmes une partie, les Vaisseaux sacrez, ou les Temples de Dieu qu'ils adorent, ou Jesus-Christ même.

Mais, si ç'a toûjours été là l'esprit Crêtien, lui dis-je ; d'où vient que depuis ces siecles heureux nous voyons un si grand vuide, & que l'on trouve si peu de Memoires pour la Redemption des Captifs.

Je ne sçai, mon Pere, quel est le vuide dont vous parlé. Je sçai bien qu'il ne s'est pas toûjours presenté des occasions d'exercer cette charité mais je sçai aussi qu'il ne s'en est presque jamais offert jusqu'à present, que l'Eglise se souvenant toûjours de l'esprit qui l'anime, n'ait fait ses derniers efforts pour y remedier ; & que la charité n'a jamais donné tant de mouvemens à toute la Crêtienté, que dans cette pressante occasion. Je ne rapelle point ce qu'elle a fait dans les persecutions. Je veux taire ici ce qui s'est passé depuis le sixiéme siécle dans diverses revolutions causées ou par les Barbares, ou par les Heretiques dans les Provinces Crêtiennes. Je ne veux simplement que vous faire faire attention sur les efforts extraordinaires que l'on a fait, depuis que le grand ennemi de la Crêtienté a commencé de faire ces malheureux progrés, qui font encore à present gemir tant de Crêtiens, sous l'oppression des Mahometans. Que n'a-t-on point fait dans tout le tems des Croisades ? Y a-t'il eu aucune condition, depuis les Papes & les Têtes couronnées, jusqu'au dernier & du Clergé & du Peuple, qui ne se soit alors rendu sensible aux malheurs des Crêtiens opprimez sous le joug des Sarazins, aussi-bien qu'à la desolation de tant de lieux Saints, profanez par leur impieté ? Que n'a point fait alors le zele de toute l'Eglise, pour remedier à un si grand mal ? De quelle pressante obligation ne parut pas cette charité, pour obliger tant de Souverains Pontifs à ouvrir si souvent les tresors de l'Eglise ? Tant d'Empereurs, de Rois & de Souverains, à épuiser leurs Etats de Troupes & d'argent ? Tant de Seigneurs, à abandonner les douceurs de leurs familles, & à engager si librement leurs propres biens & domaines ? Tant d'Ecclesiastiques du premier Ordres à quitter leurs Troupeaux ; & sous l'autorité de l'Eglise, à aliener jusqu'aux biens Ecclesiastiques ? Tant de Peuples enfin, jusqu'aux enfans, à abandonner tout, & à s'exposer à une mort presqu'assurée dans des Païs éloignez ? Tout cela étoit pour remedier uniquement au malheur que nous déplorons, & auquel il semble que l'on soit devenu insensible, parce qu'il n'est plus nouveau. C'est dans ces sentimens, que la pieté fit concevoir à tout le corps de l'Eglise, aux premieres nouvelles de cette misere, qu'il faudroit reconnoître l'esprit veritablement Crêtien.

Urbain II. à qui on l'annonça d'abord, crut qu'il n'y avoit rien à negliger dans une si importante occasion ; & dés la premiere nouvelle que le Patriarche de Jerusalem lui fit porter par Pierre l'Hermite des horribles sacrileges que les Infideles commettoient das les lieux les plus Saints, & des miseres insupportables dont les pauvres Crêtiens, & les Patriarches mêmes, qu'on traittoit commes des Esclaves, étoient accablez sous leur tyrannie ; il en fut si vivement touché, que dans le Concile qu'il fit tenir exprés à Clermont en Auvergne, il protesta que ce seul déplaisir l'avoir rendu insensible aux heureux succés qu'il avoit eu à affoiblir les forces du Schisme à desarmer l'Heresie, à reformer les abus, & à remettre l'Eglise en possession des droits qu'elle avoit laissez perdre. *Le moyen,* dit ce grand Pape, *de goûter la douceur de tous ces biens, pendant que nous avons les plus impitoyables ennemis du nom Crêtien, qui nous deshonnorent, qui nous outragent, qui nous tyrannisent & nous déchirent dans la plus belle partie de-nous mêmes,* (traitant ainsi ceux qui étoient opprimez pour la Religion.)

On dit qu'Urbain III. passa plus loin, & que le regret qu'il en conçut, alla jusqu'à lui causer la mort. Ceux qui ont lû l'Histoire de Gregoire VIII. seront bien éloignez, mon Pere, des sentimens de ces personnes dont vous m'avez parlé, qui mettent l'aumônes pour les Captifs, presqu'au dernier rang. C'est une chose prodigieuse, que les efforts que fit alors la Cour Romaine sous un tel Chef; & jamais elle ne fit mieux paroître, que ces necessitez sont de celles qui sont extrêmes, & pour lesquelles il n'y a presque rien à menager. Le Pape ordonna l'abstinence des Mercredis & des Samedis, & y ajoûta celle des Lundis pour lui & toute sa Cour, l'espace de cinq ans. Il y destina une grande partie des revenus Ecclesiastiques, & anima tellement tous les Cardinaux par son exemple, que vendant leurs équipages & leurs vaisselles, ils se reduisirent aux écuelles de terre & de bois, & à marcher à pied même dans les voyages.

Mais, Monsieur, lui dis-je, n'étoit-ce pas la desolation des lieux Saints, & le desir de les tirer des mains de leurs Prophanateurs impies, qui porterent leur zele jusqu'à cet excés ?

Il n'y a point de doute, mon

Pere ; mais ce ne fut pas l'unique motif, comme vous venez d'entendre par ce que j'ai rapporté du discours d'Urbain II. & de l'avis qu'il reçut du Patriarche de Jerusalem. Les Ambassadeurs de l'Empereur Alexis dans le Concile de Plaisance, que ce même Pape avoit convoqué, ne representerent que l'extrêmité de tous les Crêtiens d'Orient, & l'effroyable servitude dont ils étoient menacez, si ceux d'Occident ne secouroient leurs freres. L'Auteur de la vie de saint Bernard, dit que le Pape lui envoya un Bref pour prêcher la Croisade, dont la teneur étoit : *Qu'il eut à exhorter les Princes & les Peuples de France & d'Allemagne, à se croiser, principalement par un motif de penitence, & pour la remission de leurs pechez, laquelle ils obtiendroient, ou en délivrant leurs freres de la tyrannie des Infideles, ou en donnant la vie pour eux dans une si sainte entreprise.* Et dans tous les Traitez qui se font faits dans tous ces tems avec les Infideles, la Redemption des Captifs faisoit toûjours un des premiers & des principaux articles. Il ne faut

Cujus tenor Epistolæ fuit ut in pænitentiam & remissionem peccatorum, iterariperent aut liberaturi fratres, aut suas pro illis animas posituri. Gauf. ii.

que voir dans Joinville, & les grands sentimens, & les grands mouvemens que Saint Louis s'est donné pour ce sujet. Aussi les motifs & les raisons qui animoient toute l'Eglise à ces grands efforts, étoient bien plus pressans, lorsque l'on faisoit attention sur la misere des Captifs, que quand on ne consideroit simplement que la profanation des saints lieux. En me disant cela, il tira de son Porte-feüille un petit papier, & continuant son discours: Voici, me dit-il, une Lettre de saint Bernard, au sujet de la Croisade, qui s'étant trouvée sous mes mains, m'a donné lieu à cette reflexion, dont je viens de vous faire part. Il me l'a donna, je la lûs; & la reprenant, il me fit remarquer les endroits qu'il avoit distinguez de quelques petites notes, sur lesquels il me fit appuyer en la relisant avec moi.

Voyez, mon Pere, me dit-il, les grands & les pressans motifs, dont cette plume toute de feu, se sert pour animer les Allemans à la conquête de la Terre Sainte; & jugez si jamais on en peut apporter de plus justes, pour animer en même tems à la Redemption des Captifs?

Sermo mihi ad vos de negotio Christi. Epist.322.

1. Il commence, en disant, que *cette affaire* dont il leur parle, est *l'affaire de* JESUS CHRIST, qui (comme vous sçavez) se trouve bien plus opprimé dans ses membres asservis à des Infideles, qu'offensé dans la profanation des lieux sanctifiez par sa presence.

Cupio vos omnes in visceribus Jesu-Cristi. Ibid.

2. Il *les souhaite tous unis dans les entrailles de* JESUS-CHRIST, s'assurant, que s'ils ont ce bonheur, sa Lettre fera un grand effet dans leurs esprits. & c'est justement ce que je souhaiterois dans le peu de zèle qui m'anime pour les Captifs. Puisque ses entrailles sont des entrailles de misericorde, bien plus sensibles aux miseres des siens, qu'à la perte des saints lieux.

Commota est & contremuit terra quia cœpit Deus perdere terram suam. Ibid.

3. Ce devot Pere dit, que *toute la terre a tremblée, au moment que Dieu a commencé à perdre sa terre.* Mais ne seroit-il pas étrange que la terre fut émûë, & qu'elle eut tremblée à la nouvelle de la prise de la Terre Sainte, pendant que le cœur des Crêtiens seroit demeuré insensible à celle de la servitude du Peuple

ple saint, à qui on peut donner avec plus juste raison tous les caracteres de *consecration, de sainteté, & de liaison avec nous*, que saint Bernard donne ici à la Terre Sainte, pour réveiller la pieté de ceux à qui il écrit ? *Car ne sont-ce pas ces Crêtiens, dans lesquels* JESUS-CHRIST *s'est rendu visible, & qu'il a tant de fois honorez par ses visites & sa demeure, illustrez par ses miracles & par sa grace, consacrez par son propre Sang, réjoüis des premiers fruits de sa Resurrection, & qui sont tombez entre les mains sacrileges des ennemis du nom Crêtien, peut-être autant pour nos pechez que pour leur épreuve ?*

Suam in qua vitiis est, &c.

4. Il ajoûte, que c'est par un trait digne de la Providence de Dieu, que ces malheurs sont arrivez; & que c'est une grande misericorde qu'il exerce sur nous, de se mettre ainsi dans le besoin; afin de nous donner l'occasion favorable de lui marquer nôtre amour & nôtre reconnoissance : qu'il nous sollicite de le secourir, lui *qui pourroit envoyer des legions d'Anges, ou qui n'auroit qu'à dire une parole, pour remedier à des maux qu'il ne souffre, qu'afin*

Consideratæ quantò ad salvan-

de faire trouver le remede aux nôtres : Que la disgrace qu'il permet, est un coup de grace pour nous, que c'est à nos necessitez qu'il veut subvenir, quand il nous fait prêcher celles qu'il endure sous la tyrannie des Barbares : & qu'enfin, si nous sommes de bons Marchands, on nous presente en cette occasion une riche Foire, où nous pouvons faire des coups heureux, si nous avons autant de prudence que d'attache à nos interêts. Où vous voyez que ce Saint ne fait que repeter ce que ces grands Docteurs de l'Eglise qui l'on precedé, on dit quand ils ont recommandé la charité pour les

dum vos artificio utitur.

S. Cyp. Epist. cir.

" Captifs : Que leurs malheurs
" étoient nôtre épreuve : que leurs
" disgraces étoient un coup de gra-
" ce pour nous, si nous voulions
" profiter de l'avantage qu'il y a
" dans une si excellente charité : que
" leur dépoüillement, & leur diset-
" te extrême étoit une grande occa-
" sion de nous enrichir ; & que
" leurs dures humiliations étoient
" ordonnées par la Misericorde de
" Dieu, pour nôtre gloire, & pour
" nous accorder ce grand honneur,
" de rendre d'importans services à

JESUS-CHRIST, & de deve-" nir les Redempteurs de nôtre Re-" dempteur même. "

Ce que vous me dites, Monsieur, me fait venir une pensée que je ne puis m'empêcher de vous communiquer. J'ai souvent fait reflexion sur le peu de succés des Croisades, & je m'y suis trouvé embarrassé, comme beaucoup d'autres. Il m'a paru incomprehensible que Dieu ait si peu soûtenu sa cause dans cette occasion, & qu'il ait si peu beni des entreprises, qu'il paroît visiblement avoir lui-même inspiré, & où sa gloire, ce semble, devoit être interessée ; mais je commence à entrevoir, que peut être on avoit pris le change ; & qu'aulieu que l'Eglise ne proposoit qu'une entreprise toute sainte, telle qu'étoit celle de délivrer les Crêtiens de l'oppression, & les lieux Saints de la profanation des Infideles, tant de Princes dans la suite n'ayent plus regardé la gloire des armes, & l'atrait des conquêtes nouvelles dans les combats qu'ils ont livrez, que ces motifs de Religion & de charité : que si on s'étoit arrêté aux simples desseins de remettre & ces Crétiens & ces lieux dans la liberté Crètienne, & de les délivrer de l'impieté Mahometane; peut-être que Dieu, dont on auroit uniquement entrepris la cause, y auroit donné plus de benediction. J'allois dire encore quelque chose de plus, lorsque ce pieux Ecclesiastique, qui revenoit sans cesse à l'ardeur qu'il avoit pour les Captifs, me répondit.

Ce peu de succés est un de ces mysteres de la Providence, que nous devons reverer par un humble silence, sans vouloir trop les approfondir. Dieu inspire bien des choses dont il ne veut pas l'execution. Quelquefois même on n'entend pas bien ses desseins, ou les hommes ne les entreprennent pas avec des intentions assez pures, pour qu'il les benisse. Souvent il inspire des projets aux hommes, pour en faire réüssir d'autres, ausquels ils ne pensent pas. Je ne veux pas ici me mêler d'entrer dans les desseins de Dieu; mais puisque je vous ouvre mon cœur tout entier, je ne puis vous dissimuler ce que j'ai souvent pensé à ce sujet. La Redemption des Captifs qui gemissoient sous la tyrannie des Sarazins, leur peril extrême, la perte de tant d'ames rachetées par le Sang de son Fils, pouvoit être ce que Dieu avoit principalement en vûë dans le projet des Croisades. Qui sçai si ce Dieu de misericorde, que le Prophête nous dit avoir & les yeux & les oreilles attentives sur la servitude des Captifs, qui veille bien plus sur les ames que sur les lieux qui lui sont consacrez, ne recherchoit pas principalement à exciter le zele & la charité des fideles à remedier aux maux de ceux qui étoient déja tombez, ou qu'il prévoyoit devoir tomber dans les miseres d'une si dure & si dangereuse captivité ? Si cela est, le succés n'a pas été si malheureux qu'on le prétend. Dans toute l'Histoire des Croisades, les frequens Traitez que l'on fait, comme je vous ai déja fait remarquer, procurent des avantages infinis aux Captifs, ou rompant leurs chaînes, ou reprimant l'insolence de leurs Tyrans, ou leur procurant le libre exercice de leur Religion, & les

Psal. 101.

mettant presque toûjours en état de pouvoir faire leur salut avec sûreté, si ce n'étoit pas toûjours avec repos. Il m'a paru même que ces grands échecs qu'ont eû nos Armées, quand elles ont entrepris la conquête de la Terre Sainte, ne devoient refroidir les Crêtiens par cet endroit, qu'afin de réünir tout leur zele pour affranchir leurs freres d'un joug, dont ils ne pouvoient affranchir cette Terre. C'est ce que saint Loüis, Prince accoûtumé dés son enfance à s'élever au-dessus des considerations humaines, avoit bien compris ; puisque dans tous ses desavantages contre les Infideles, il sçavoit si bien menager ses disgraces, qu'il remportoit toûjours cet avantage, de consoler les Crêtiens opprimez, de les confirmer dans la foi, & par sa prison même, de leur obtenir souvent la liberté.

C'est en ce rencontre, où j'admire sur tout ce grand Monarque, & où je vois que plus qu'aucun autre il s'éleve au-dessus de la chair & du sang, & entre dans les desseins de Dieu, qui ne font en cela que purifier son zele. Car vous m'avoüerez, mon Pere, lorsque vous voïez saint Loüis dépoüillé du titre de Conquerant, pour prendre celui de charitable, & se rendre malheureux avec les malheureux, afin de les consoler dans leur malheur, & devenir Esclave avec les Esclaves ; afin de les délivrer, vous avez lieu d'admirer en lui un zele bien plus pur & bien plus conforme à l'esprit du Cristianisme, que celui de tant de Souverains, qui marchant ver les Sarazins, étoient soutenus dans leur entreprise, ou par la gloire de combattre, ou par l'esperance de conquerir, ou par l'ambition de voir des Nations entieres soûmises à la force de leurs armes. Motifs, qui furent peut-être cause du desavantage des Crêtiens. Il est bien plus conforme à l'esprit de Jesus-Christ de racheter des hommes, que de conquerir des Provinces, toutes saintes qu'elles soient ; & la voye de la patience, de la charité, des aumônes, & des souffrances, que suit celui qui travaille à retirer les Esclaves, est bien plus la voye de Jesus-Christ, que celle des armes & de l'effusion de sang ennemi. Enfin quand il seroit d'une égale perfection de travailler au rachat des Captifs, & à la conquête de la Terre Sainte, l'impossibilité où l'on est à present de réüssir dans cette derniere entreprise, bien loin de refroidir les Crêtiens pour la premiere, devroit plûtôt réünir tout leur zele & leur charité, pour profiter de la facilité, qu'on auroit à obtenir un heureux succés.

Il me dit ensuite, que c'étoit le parti que l'Eglise avoit pris continuant d'accorder à la seule Redemption des Captifs, les mêmes graces qu'elle accordoit pour la conquête de la Terre Sainte. Il me fit remarquer encore, que c'étoit par où avoit commencé & fini le zele également ardent & constant d'Innocent III. qui dans toute la durée de son Pontificat, n'avoit eû rien de plus à cœur que les Croisades, qu'il avoit commencé par l'Institution de nôtre Ordre ; croisant des Redempteurs pour les Captifs, avant que de donner la Croix à aucun des Conquerans,

qu'il

qu'il envoya en grand nombre dans la Palestine : & que ce fut par où il finit, voyant le peu de succés des armes Crêtiennes, d'envoyer & des Brefs & des Religieux dans toutes les Cours de l'Europe, pour exciter les Princes & les Peuples à délivrer au moins leurs freres de la tyrannie de ceux qu'ils ne pouvoient vaincre par la force. Ils n'y eut pas jusqu'aux Princes Barbares & au *Mirammolin* Roi de Maroc, qu'il n'écrivit pour l'engager à faciliter ce commerce de misericorde. Il ajoûta mille choses obligeantes qui me firent assez voir que son zele pour les Captifs, l'avoit engagé à entrer dans la connoissance de tout ce qui s'est fait sur cette matiere, & que je tais ici, parce que je ne ferois que vous dire ce que vous sçavez beaucoup mieux que lui.

Decret. lib. 2.

 Je vous dirai seulement, qu'il me fit faire cette reflexion sur la Providence de Dieu, qui proportionne toûjours les remedes aux maux qu'elle tolere ; que quand par quelques revolutions extraordinaires, quelques-uns d'entre les Crêtiens sont tombez dans le malheur de la captivité, Dieu a suscité de grands hommes pour leur procurer le secours dont ils avoient besoin: que lorsque toute l'Eglise dans les premiers siecles du tems des persecutions, s'est vû dans un peril universel, toute l'Eglise aussi a senti le même zele s'allumer dans tous les fideles: que tous faisoient alors ce que font à present les Ordres destinez à la Redemption: qu'ils visitoient, consoloient, assistoient ou délivroient par leurs prieres ou par leurs aumônes, ceux qui gemissoient sous la persecution: Et qu'à present que des peuples tous entiers, poussez par leur avarice & leur barbarie naturelle, autorisez par la haine que l'Alcoran leur inspire contre les Crêtiens, se font fait un commerce de les faire Esclaves, & une Religion de les asservir, ou à leur brutalité, ou à leur avarice, ou à leur haine, par une persecution perpetuée; le Ciel a voulu que dans l'Eglise, des Corps tous entiers parmi tant de saints Instituts, fissent profession de renouveller tout le zele & la charité de la primitive

Eglise, & de perpetuer aussi de leur côté jusqu'à la fin des siecles, ces grands MIRACLES DE MISERICORDE, qui ont fait admirer les Cypriens, les Ambroises, les Gregoires, les Cesaires, les Acaces, & les Paulins, employant leurs biens, leurs tems, leurs talens & leurs Personnes mêmes pour ce saint devoir ; jusqu'à demeurer Esclaves quand il est necessaire, pour en tirer quelques uns de l'extrême peril de leur salut. En me disant cela, il m'introduisit dans son Cabinet, où j'apperçûs un assez grand nombre de Memoires & de Desseins, que j'avois envie de voir ; mais sur lesquels le tems ne me permit que de jetter la vûë fort legerement, pressé que j'étois d'aller aider à mes Confreres à apprêter tout pour nôtre embarquement, qui étoit presqu'arrêté pour le lendemain. Je ne pûs m'empêcher de lui marquer le regret que j'avois d'une telle precipitation, & de perdre une occasion si favorable, d'achever de m'instruire de ce qui regardoit mon Ministere & sa personne : que je ferois mon possible pour joüir encore le lendemain de quelques momens de sa conversation : que je voyois-là bien des choses qui me touchoient encore de plus prés ; & que je m'appercevois qu'il avoit autant reflêchi sur ce qui s'étoit passé au sujet de la Redemption des Captifs, depuis l'établissement des Ordres destinez à cet emploi, que sur les autres choses dont il m'avoit entretenu : que c'étoit avec un sensible déplaisir que je me trouvois obligé de rompre sur un si beau champ : & que je le priois que si je n'avois pas l'honneur d'avoir un nouvel entretien avec lui, je ne fusse point tout-à-fait privé du fruit de ses travaux : que j'avois bien envie d'en profiter, & pour moi & pour les autres, s'il vouloit bien me faire l'honneur de m'en écrire quelque chose quand les occasions s'en présenteroient. Il me le promit de bonne grace ; & me dit que la matiere dont nous traitions ouvroit un champ si vaste, que nous aurions pû encore avoir plusieurs conversations sans changer de sujet : que chaque jour il lui venoit quelque nouvelle reflexion :

que ces Memoires qui lui restoient, étoient un abregé de ce que le Ciel, la Terre, les Elemens mêmes les plus insensibles avoient marquez de sentimens à la misere des Captifs, & d'empressement à les soulager : qu'il n'y avoit gueres eû de Princes Crêtiens, qui n'eussent signalé leur zele à ce sujet : que les Souverains Pontifs avoient plus qu'en toute autre occasion, témoigné de pieté & d'ardeur dans celle-ci, chacun ajoutant de nouvelles graces, pour engager les fideles à y cooperer : que les miracles que le Ciel avoit faits, étoient d'autant plus autentiques, que la plûpart s'étoient faits en la personne des Papes & des Rois, ou autorisez par des Conciles Ecumeniques, ou suivis de grands avantages des Esclaves Crêtiens, & de l'admiration des Barbares. Il me dit aussi, qu'il avoit ébauché une Relation de ce que les Esclaves endurent à present dans le Royaume de Maroc, où le joug de leur servitude est appesanti par de certaines circonstances si fâcheuses & si extraordinaires, qu'il ne s'en voit point d'exemple dans les siecles passez : qu'il y ajouteroit un petit Memoire de la maniere la plus facile de les soulager & de les delivrer : que l'experience lui avoit donné de grandes lumieres sur ce sujet, qu'il seroit toûjours bien aise de me communiquer, dans le grand desir qu'il auroit de travailler à leur consolation.

Ainsi, Monsieur, lui dis-je, je vois que vôtre captivité a été, par un trait de la Providence ordonnée pour la liberté de plusieurs ; & par le zele que vous en avez conçu pour les Captifs, de vous mettre en état de pouvoir dire à beaucoup de ces malheureux, ce que saint Paul sous les fers écrivoit aux Crêtiens de Philippes : *Que vous les conservez dans vôtre cœur, unis avec le souvenir de vos chaînes ; & que ce souvenir vous engage à travailler pour la défense & la confirmation du plus pur esprit de l'Evangile*, qui est la charité, en travaillant à *les rendre participans de vôtre joie*: Qu'ainsi ce qui vous est arrivé, lorsque vous vous êtes trouvé chargé de chaînes, semble n'être arrivé que pour l'avancement & le progrés de la

Eo quod habeam vos in corde, & in vinculis meis & in defensione & confirmatione Evangelii, socios gaudii mei omnes vos esse. Ad Philip. 1.

plus importante Morale de l'Evangile : en donnant lieu à plusieurs de l'annoncer avec plus de force & de lumieres. Pour moi, c'est la protestation que je vous fais en vous embrassant ; que je ferai mon possible pour en profiter des premiers. Nous nous quittâmes là-dessus, & nous fîmes tant de diligence quand je fus de retour, que le lendemain de trés-grand matin nous nous embarquâmes, & que je fus privé de la joïe dont je m'étois flaté, de lui pouvoir dire encore une fois adieu. Mais si je quittai sa personne, je ne perdis point le souvenir des agréables entretiens que nous avions eus; ce qui me donna lieu de profiter de bien des momens où il m'auroit fort ennuyé, étant souvent arrêté sur la route, & que j'employai à rappeler ce que je viens de coucher par écrit, & dont j'ai crû devoir vous rendre compte, aussi-bien que du reste de mon voyage. Je voudrois qu'il m'envoyât ses Memoires touchant les Esclaves de Maroc, qui me pourroient donner de nouvelles lumieres, afin d'executer & plus promptement & plus prudemment

* Quia que circa me sunt magis al profectui venerunt Evangelii ...... ut plures è fratribus in Domino confidentes vinculis meis abundantius auderent sine timore verbum Dei loqui.

les ordres dont vous m'avez honoré pour les Esclaves de ce Royaume ; à quoi je vais m'employer avec tout le zele & la soumission que m'inspire le desir que j'ai de vous marquer ma prompte obéïssance, & le profond respect avec lequel je suis.

Fin de la premiere Partie.

SECONDE PARTIE
DE LA
TRADITION
DE
L'EGLISE,
POUR LE SOULAGEMENT ou le rachat des Captifs.

PREMIER ENTRETIEN.

Que la Captivité est un mal qui ne se peut exprimer : des differentes images que nous en trouvons dans l'Ecriture, & combien on est obligé d'y compatir.

IL est vrai que Dieu a exaucé mes desirs, & m'a procuré le bonheur d'une seconde entrevûë avec ce charitable Ecclesiastique, dont la rencontre & les Entretiens on fait le sujet de ma

Lettre touchant la Tradition de l'Eglise sur la Redemption des Captifs. Voici quelle en fut l'occasion.

La République de Tripoly voulant donner au Roy de nouvelles marques de son respect, & s'attirer la bienveillance de Sa Majesté, envoya en France l'Aga Adgi Moustafa. Cet Envoyé m'avoit vû à Tripoly dans le voyage que j'y fis en l'année 1700. pour la Redemption des Captifs. J'en avois reçû des honnêtetez & des services, qu'il pouvoit bien compter que je n'avois pas oubliez : A peine en passant par Lyon eût-il apperçû quelqu'un de nos Peres qu'il se souvint de moi, & s'informa de l'état de ma santé & du lieu où je demeurois, témoignant qu'il desireroit me voir encore une fois. On m'en écrivit, & je me rendis à Paris presque en même tems qu'il y arriva : Je lui rendis visite plusieurs fois & toûjours avec de nouvelles démonstrations de joye de sa part, & une vraye satisfaction de la mienne, esperant que par mes assiduitez je travaillois au soulagement de nos chers Freres, & que je me nageois pour eux la bienveillance & la protection d'un homme fort estimé dans toute la Barbarie ; car il a un grand credit dans le Divan, & est entré dans plusieurs negociations dont on l'a chargé, tant chez Princes les Crêtiens que chez les Mahometans.

J'espere dans la suite vous mander toutes les démarches que j'ai faites à son égard dans cette vûë, combien il y a été sensible, & que nous avons raison d'esperer que nos Captifs en recevront du soulagement, persuadé qu'il est, que c'est le plus grand plaisir qu'il nous puisse faire. Je viens à present à ce qui m'a donné plus de satisfaction, & au sujet sur lequel vous souhaitez être pleinement informé.

Un jour que je rendois visite à Adgi Mustafa, je fus agréablement surpris de trouver avec lui l'homme que Dieu m'avoit envoyé, (vous entendez nôtre Ecclesiastique,) comme ils parloient Arabe ensemble, & que les fatigues tant de ses voyages que de sa captivité lui avoient donné un certain air d'étranger, je ne le connus point d'abord, & je n'arrêtai pas même la vûë sur lui. Il me laissa quelque tems dans cette ignorance, jusqu'à ce que me jettant un regard comme d'une personne que j'aurois autrefois connûë, j'ouvris les yeux, & je ne pûs m'empêcher de l'aller embrasser. Mais un mot qu'il me dit à l'oreille m'empêcha d'aller plus loin ; la conversation & cette visite que je rendois aussi-bien que lui à l'Envoyé de Tripoly furent fort courtes ce jour-là, dans l'impatience que nous avions l'un & l'autre de nous entretenir plus à loisir & en toute liberté.

Il quitta le premier, je voulois le suivre de peur qu'il ne m'échappât avant que d'être informé du lieu de sa demeure. Mais je fus arrêté, tant par la crainte de marquer un trop grand empressement, que par la douce violence que me fit Moustafa pour demeurer encore quelques momens avec lui ; car nos visites n'avoient pas coûtume d'être si courtes. Il se faisoit un plaisir de m'entretenir & affectoit de m'avoir pour témoin des bons traitemens qu'il procuroit aux Esclaves

Crétiens, & qu'il ne manquoit pas de faire valoir dans toutes les visites qu'il recevoit en ma presence. Jugez combien ce reste de visite me gêna, & si je manquai la premiere occasion de m'échapper. Je sortois dans l'inquietude de sçavoir ce qu'étoit devenu l'homme que je cherchois, lorsque dans la ruë je trouvai son Valet à qui il avoit donné ordre de me conduire au lieu où il demeuroit inconnu.

À peine fus-je entré, qu'aprés les témoignages reciproques de joye & d'amitié, son grand zele & ma plus forte inclination firent bien-tôt tomber l'entretien sur les Captifs. Il s'informoit de ce que l'on faisoit en France pour les racheter, & des sentimens qu'on y avoit de leurs miseres. Et moi pressé de profiter de ses lumieres & d'avoir ce qu'il m'avoit promis, aprés de courtes réponses, (hé, qu'aurois-je dit qui eut satisfait un si grand zele?) Je repliquois : Il faudroit M. que tant de Crêtiens, parmis lesquels nous vivons, eussent un peu de cette ardente charité dont vous êtes embrasé, ou que tant de personnes compatissantes, dont la France ne manque pas, eussent les lumieres que vous avez sur l'importance & la necessité de cette œuvre de Misericorde.

A cette ouverture, il me dit : Est-il pardonnable à des Crêtiens de manquer de charité pour leurs Freres ? Ne sçavent-ils pas que la profession du Cristianisme n'est qu'une profession de charité ? Ignorent-ils que les bonnes œuvres, qui doivent exercer & éprouver leur foi, sont les œuvres de Misericorde, & que le Jugement qu'ils attendent leur sera favorable ou severe selon qu'ils l'auront exercée ? Mais est-il excusable aux hommes de misericorde, de ne pas s'informer de l'état pitoyable des plus malheureux d'entre leurs Freres, pendant qu'ils soulagent tant de necessitez bien moins pressantes : de n'en vouloir rien croire quand on le leur expose, ou de ne pas se rendre attentifs à ce qu'on leur en rapporte ; pendant qu'ils répandent leurs aumônes sur tant de miseres simulées, & qu'ils font tant d'informations de besoins biens moins pressants. Et comme je lui difois que c'étoit un malheur où je ne voyois point de remede, & qu'on ne regardoit point la mifere des Captifs comme un fi grand mal : Un fi grand mal ! (m'interrompit-il,) en peut-on concevoir un plus terrible parmi les fleaux dont Dieu éprouve fes Elûs ? Il n'eft pas poffible que ces perfonnes lifent attentivement l'Ecriture.

L'Eglife dans nos jours feroit-elle donc reduite dans cette fâcheufe extrêmité dont le Prophête Baruc fait la defcription : de voir fes Enfans accablez fous le joug d'une dure & dangereufe fervitude, & de trouver fi peu de compaffion dans leurs Freres, qu'elle eft obligée d'en adreffer fes plaintes aux peuples voifins.

Baruc. 3. v. 8.

" Que les Nations voifines de
" Sion viennent : qu'elles rappel-
" lent le fouvenir de la captivité
" de mes Fils & de mes Filles que
" l'Eternel a impofée fur leurs tê-
" tes : car il les a livrez à la puiffan-
" ce d'un peuple venu de loin, peu-
" ple impie & d'une Langue Bar-
" bare, qui n'a eû aucun égard, ni
" à l'âge des Vieillards, ni a la ten-

« dresse des Enfans : ils ont enlevé
« ce que j'avois de plus cher : ils
« m'ont mise dans l'état déplora-
« ble d'une veuve desolée & privée
« du fruit de son ventre. En cet
« état, que puis-je faire pour vôtre
« secours ?

Je comprens, lui dis-je, que c'est pour confondre les Fideles, que l'Eglise s'adresse aux Etrangers, & qu'elle leur demande de compâtir sur des malheurs qui ne touchent pas ses propres enfans : & qu'elle exprime d'un air si touchant l'impuissance où elle est de secourir ces malheureux, tant que leurs Freres seront insensibles à leurs maux.

La confusion, ajoûta-t'il, doit être d'autant plus grande pour nous, que l'Esprit de Dieu n'a rien épargné pour nous y rendre sensibles.

Il a montré l'exemple, & par l'extrême compassion qu'il témoigne par tout avoir de son Peuple toutes les fois qu'il le voit tomber dans la captivité, il fait assez comprendre combien ce malheur en devroit exciter dans les hommes.

Tantôt

Tantôt il proteste que le cri des Enfans d'Israël opprimez par les Egyptiens est monté jusqu'à lui : tantôt il nous fait dire qu'il descend du Trône de sa Gloire *pour considerer de plus prés leurs larmes*, & ne rien perdre de leurs soûpirs : Tantôt il nous marque que la misere d'un seul Juste tombé dans les fers le touche si fort, que la compassion l'attire jusque dans la prison, l'engage à *descendre avec lui dans la fosse*, & ne peut lui permettre *de l'abandonner dans ses chaînes* : Quelquefois il en fait des peintures capables de reveiller les esprits les plus stupides, & de briser les cœurs les plus insensibles : Telle fut entr'autres celle qu'il fit un jour à Abraham de la captivité, où la Posterité de ce Patriarche seroit un jour réduite. C'est dans le quinziéme Chapitre de la Genese, que le Seigneur ordonna à Abraham, pour lui rendre cette peinture plus sensible, de prendre une Vache, une Chévre & un Belier chacun de trois ans, avec une Tourterelle & une Colombe, de diviser ces Animaux en deux parties égales qu'il devoit ranger vis-

Exod. 3.

Ps. 101. v. 20.

Sagesse c. 10. v. 13.

à-vis l'une de l'autre.

Abraham obéïssant à cet ordre, eût beaucoup de peine à chasser les oiseaux qui venoient fondre sur ces victimes divisées : sa peine s'acrût, lorsqu'après le Soleil couché, surpris d'un sommeil profond, il se vit plongé dans des tenebres affreuses, & transi d'un horrible effroi dans lequel Dieu lui découvrit la servitude, où ses enfans seroient un jour réduits, & ce qu'ils auroient à y souffrir pendant quatre Siecles. Ce que Dieu confirma lorsque le Soleil étant levé, il passa au milieu de ces bêtes divisées sous la figure d'une fournaise qui fumoit, & d'une lampe ardente. Le sanglant spectacle de ces victimes taillées par morceaux, la vûë terrible de la colere de Dieu sous le Symbole d'une fournaise ardente (figure ordinaire dans l'Ecriture) les vives impressions d'un songe plein d'effroi, sont les divers coups de pinceau avec lesquels l'Esprit de Dieu a tracé une image sensible des maux de la captivité de son peuple chez les Barbares.

Que cette image, Monsieur, devoit être sensible à ce Patriarche, de voir comme il me souvient d'avoir lû chez les Peres, dans ces trois especes d'Animaux, que ses Enfans tomberoient comme par degrez dans trois captivitez, dont la derniere devoit être la plus dure : de sentir dans l'effroi de son Songe quelque chose de tant de mauvaises nuits : de tant de terreurs : de tant de songes épouvantables dont de malheureux Captifs sont tourmentez chaque nuit, que l'image de la mort & d'une mort violente se presente à leur imagination effrayée : & que Dieu enfin joignant ses rigueurs avec la cruauté des hommes & les allarmes de leur esprit vivement frappé, acheve leur épreuve, devenant pour eux comme une fournaise embrasée qui ne laisse rien d'impuni.

Il me semble que je vois dans ce Tableau d'un seul coup d'œil tous les sujets de chagrin que souffrent des Fideles sous la captivité des ennemis de la Religion. Frayeurs de ces trois côtez : De la part de Dieu qu'ils regardent comme irrité, & semble leur faire sentir la peine d'un terrible Anathême, par l'impuissance où ils se trouvent de participer aux Sacremens de l'Eglise & à la charité des Fidéles. Frayeurs de la part des Barbares qui les immolent sans pitié à la haine qu'ils ont conçuë contre la vraïe Religion. Frayeurs de la part de leur propre inquietude, qui de toutes parts leur montre tout à craindre & rien à esperer.

Cette vûë, repliqua-t'il, n'étoit pas seulement pour effrayer ce Patriarche : comme Dieu regardoit tous les Fideles en sa Personne, parce qu'il devoit en être le Pere, il les instruisoit tous en ce moment. Il vouloit que non-seulement ils fussent prompts à compâtir aux malheurs extrêmes de ceux qui tombent dans la captivité ; mais de plus qu'animez de l'esprit de charité, ils sçussent comme prevenir de si grandes calamitez, par l'extrême promptitude qu'ils devoient avoir à y remedier. Ces victimes partagées, entre lesquelles Dieu passa avant que de faire alliance avec Abraham, & la double figure d'une fournaise & d'une lampe ardente, sous laquelle il parut, ne nous montrent-t'elles pas le partage qui se fait des Fideles, lorsqu'un tel malheur arrive. Pour les uns, Dieu est une fournaise qui les éprouve & les épure dans la rigueur de la captivité où il les laisse tomber; Pour les autres, il veut être une lampe ardente qui les éclaire sur le malheur de leur Freres, & qui les embrase du feu d'une charité toûjours prête à les secourir. Ce n'est qu'à ce prix que le Seigneur fait Alliance avec son Peuple, & qu'on reconnoîtra les Enfans d'Abraham.

A cette reflexion je ne pus m'empêcher de lui dire, qu'on voit cependant un grand nombre de Crêtiens qui se flattent d'avoir part à cette Alliance pendant qu'ils negligent, que souvent ils meprisent & qu'ils vont quelquefois jusqu'à contredire une œuvre de misericorde, qui selon ces justes reflexions, en fait une condition indispensable. Helas! m'écriai-je, combien de fois me suis-je vû dans le même embarras où nous venons de voir Abraham, lorsque racontant la misere des Captifs, j'exposois aux yeux de quelques Crêtiens ces malheureux, que je peignois comme des membres divisez & tous mourants par l'éloignement où ils se trouvent de tout secours, & baignez dans leur sang par les tourmens qu'ils endurent? Combien de fois, dis-je, ce spectacle n'a t'il attiré autre chose, pour ainsi dire, que des coups de bec des oiseaux importuns, ou des discours indiscrets de certains esprits legers, qui tantôt traitoient ces malheurs d'imaginaires: tantôt ceux qui les endurent, d'hommes de néant, indignes de toute compassion, & tantôt ceux qui s'employent à les soulager d'esprits seduisants & interessez, dont le zele n'a rien que de feint, & la charité rien que de mercenaire.

Il faut donc, me dit ce pieux Ecclesiastique, qu'on traite de la même sorte les Prophêtes de l'Ancienne Loi, avec les Apôtres & les Saints Peres de la Nouvelle Alliance. Ensuite son zele s'échauffant, il me recita par cœur quantité de passages des Pseaumes, des visions d'Ezechiel, des Lamentations de Jeremie, des Prophéties de Daniel, où l'esprit de Dieu décrit l'excés des maux que son Peuple s'étoit attiré, lorsqu'il avoit irrité sa Justice, jusqu'a le livrer au pouvoir des Nations.

Mais il m'en fit une Traduction si vive & si touchante, que j'eus peine à retenir mes larmes en voïant celles qui couloient de ses yeux, ce qui me fit souvenir de lui dire que je n'avois jamais chanté le Pseaume, dans lequel le Prophête décrit l'état où le Peuple devoit se trouver dans la captivité de Babylone, sans mêler mes soûpirs avec les larmes de ces vrays Israëlites que j'ai vûs en Barbarie, comme dans une seconde Babylone, passer leurs jours dans des pleurs continuelles.

Helas ! s'écria-t'il, quelle comparaison, de leur état avec celui des Juifs en Babylone qu'on nous represente ici, d'une maniere si patetique. Ils étoient *sur le bord des Fleuves*, & ne souffroient pas un des plus cruels tourmens de nos Captifs, qui manquent si souvent d'eau parmi les ardeurs d'un climat brûlant, & sous les fatigues d'un tra-

Super flumina Babylonis. Ps. 136.

vail sans relâche. Ils étoient assis *sedimus*, on les laissoit gemir en repos, & pleurer sur l'excés de leurs miseres ; mais pour nos Esclaves, on ne leur laisse aucun repos ni le jour ni la nuit, *Et flevimus*.

Les Israëlites Captifs étoient à plaindre ; mais on leur donnoit la liberté de pousser leurs soupirs & de faire entendre leurs gemissemens, & ils pouvoient joüir du soulagement que les larmes apportent aux miserables.

Nos Crétiens plus malheureux mille fois, sont encore privez de cette consolation, leur pleurs & leurs gemissemens seroient pour eux de nouveaux crimes ; il faut qu'ils renferment dans eux-mêmes toute leur douleur, & leurs larmes irriteroient la fureur de leurs Tyrans, & ne leur attireroient que de nouveaux supplices.

On sollicitoit les Juifs *de chanter les Cantiques du Seigneur*, jusque dans Babylonne ; ils pouvoient adoucir ainsi leurs miseres : La seule privation du bonheur de les chanter *en Sion* les rendoit inconsolables. Ils ne pouvoient se resoudre à
le

le faire dans une *terre Etrangere*: mais nos Captifs ont le chagrin de vivre sous l'oppression d'un peuple qui ne peut entendre parler du Dieu des Crêtiens : qui les sollicite sans cesse à blasphêmer son saint Nom, & qui n'épargne rien pour les faire renoncer à l'avantage des Citoyens de Jerusalem & des Enfans de l'Eglise. Cependant, le malheur des premiers a merité que le Saint-Esprit engageât un saint Roi à le pleurer avec des larmes ameres avant qu'il fut arrivé, & celui des derniers trouve des Crêtiens incredules ou tout-à-fait insensibles.

Penetré de ce sentiment, il demeura quelque tems sans rien dire, & je ne trouvois rien à repliquer, lorsque rompant son silence, il ajoûta.

Pauvre Esclave que je te plains ! Je cherche ton portrait dans l'Ecriture, & je ne vois point de misere qui puisse être comparée à la tienne, si je ne te regarde comme un second Job : encore ton malheur surpasse *Job. II.* le sien en durée. Dans un seul jour qui fut celui de ta captivité, tu te vis tout enlever : ou plutôt tu fus

P

toi-même enlevé & arraché à tous ce que tu possedois : ta perte fut universelle : frappé impitoyablement par les Ministres de Satan, on te vit en peu d'heures couvert de playes & n'avoir pas un fumier pour y prendre un moment de repos. Le corps abbatu de faim, de soif & de travail, l'ame agitée d'horribles pensées de desespoir : falloit-il encore pour dernier malheur, que l'inflexibilité des Crêtiens si obligez à la compassion, te fit dire comme Job, que tu te voyois réduit à être *le compagnon des Autruches, & le frere des Dragons*.

Job. 30.

Comme je le voyois outré de douleur & ne pouvant me resoudre à quitter si-tôt la conversation; je lui dis : qu'ils trouveroient enfin leur consolation en Dieu ; que depuis que les persecutions avoient été beatifiées par la venuë de Jesus-Christ, leur sort quelque miserable qu'il fut dans les vûes humaines, étoit dans le fond digne d'envie, puisqu'ils étoient en état de pouvoir dire avec un grand Apôtre.

1. Cor. 4. *Jusqu'à ce jour nous endurons la*

la faim, la soif & la nudité; nous sommes maltraitez, outragez, souffletez, & reduits dans un triste exil, sans avoir aucune demeure fixe. Nous travaillons sans relâche, & on nous maltraite pour recompense : on nous maudit, & nous rendons des benedictions : on nous fait souffrir une cruel persecution, & toute nôtre ressource est dans la patience : on nous blasphême, & nous prions : nous sommes comme la balleïeure du monde, & nous servons de joüet à la fureur & à l'impieté.

Permettez-moi, me repliqua-t'il, de vous faire remarquer la difference que je trouve entre ce grand Apôtre & nos Captifs dans de semblables souffrances. Le Ciel dés sa Conversion l'avoit prévenu, & JESUS-CHRIST, lui avoit montré combien il devoit endurer pour la gloire de son Nom : Mais les Captifs sont accablez toût d'un coup du lourd fardeau d'une Croix qu'ils n'avoient pas attenduë. *Act. 9. 6. 16.*

S. Paul étoit consommé dans la science du Crucifix ; il trouvoit dans la Croix, sa gloire & sa joye, aussi bien que *son salut* ; & nos Captifs sont grossiers, & comme on sçait, *Gal. 1. 6. v. 14.*

peu versez en cette science sublime & parfaite, cependant ce genereux Apôtre avec tous ces avantages, se plaint quelquefois *de la longueur de ses travaux & du nombre de ses pluies*, & dit, *qu'il souffre outre mesure & par-dessus ses forces jusqu'à s'ennuïer de vivre* ? il se recommande aux prieres des Fideles : il s'en trouve plusieurs, qui loin *de rougir de ses chaînes*, viennent *le consoler & le servir dans les prisons*. A ce paralelle, mon Pere, on concevra quelque chose de l'extrêmité malheureuse où sont reduits ceux qui pour la même querelle, avec beaucoup moins de force & pour un plus long-tems, souffrent les mêmes persecutions sans avoir personne qui leur compatisse.

C'est, Monsieur, qu'éloignés du reste des Crêtiens, ils n'en ont aucun pour témoin de leur affliction. Car si tant de Fideles si compatissans aux maux d'autrui, avoient seulement vû ce que vous & moi avons apperçû avec un extrême chagrin, je suis sûr qu'on ne dissimuleroit pas leurs maux, comme l'on fait, & nos Esclaves ne se trouveroient pas dans la déplorable ex-

2. Cor. 1. v. 23.

2. Cor. 1. v. 8.

Phil. 1. v. 14.

trêmité de voir presque toutes les miseres fondre sur eux ; d'être innocens, & ne faire pitié à personne, mais encore un coup on n'en voit rien.

On n'en voit rien, reprit-il, est-ce donc une excuse? Les Crêtiens de Carthage avoient-ils donc vû ce qu'enduroient ceux de Numidie, quand au seul recit de leur captivité, (selon le témoignage de Saint Cyprien,) ils furent si sensiblement touchez, que chacun versoit des larmes en abondance : les Fideles d'Antioche avoient-ils donc vû de leurs propres yeux le malheur de ces Captifs, que Saint Chrysostome recommandoit à leurs charitez? lorsque ce Saint Pere déployant la force de son Eloquence pour un si digne sujet, en fit des Peintures si vives, que le bruit confus des gemissemens, des sanglots & des cris, qui s'éleva dans tout son Auditoire, l'arrêta au milieu de sa Prédication, & lui fit garder le silence, jusqu'à ce que ces justes témoignages d'une vive douleur étant un peu appaisez, il pût reprendre le fil de son discours.

Epist. 60

Hom. 10. in. Epist. ad Rom.

Les Peres assemblez au Concile de Clermont, avoient-ils donc vû les calamitez de l'Eglise de Jerusalem tombées en la puissance des Sarazins, lorsqu'ils conçurent cette vive douleur, que Urbain II. dans l'ouverture qu'il en fit, exprimoit ainsi : " Gemissons donc avec nos

Guil. de Tyr. l. 1. c 15. de la guerre Sainte. Oraison Syn. du Conc. de Clerm.

" Freres, & mêlons nos larmes
" avec les leurs. Nos Crêtiens, nos
" Freres, les membres de JESUS-
" CHRIST sont frappez, oppri-
" mez, outragez ; nos Freres, dis-
" je, si étroitement unis avec nous,
" fils d'un même Pere, enfans d'une
" même Mere, le sang Crêtien ra-
" cheté du Sang de JESUS-CHRIST,
" est impunément répandu : la chair
" Crêtienne incorporée avec celle
" de JESUS-CHRIST, se trouve
" exposée à des infamies qui font
" horreur. La brutalité des Turcs
" abuse de nos Freres........ Il

Epist. 122 Ancienne Edition, & 111. de la nouvelle.

me souvint alors de ce que j'avois lû dans saint Augustin dont je fis recit. Le Prêtre Victorien ne se trouvant pas assez d'Eloquence pour écrire des Lettres de consolation à quelques Fideles d'Italie & d'Espagne, que les Barbares avoient faits Captifs, & trouvant leurs maux au-dessus de ce qu'il en pouvoit exprimer, il eut recours à la plume de cet incomparable Docteur, croyant ces maux trop grands pour recevoir quelqu'adoucissement de tout autre que d'un saint Augustin. Mais ce saint Docteur lui répond : que ce ne sont pas les longs discours, ni les gros Livres que ce sujet demande, mais de longs gemissemens & une abondance de larmes : & parce qu'il ne veut pas tout-à-fait refuser une consolation qu'il n'espere point pouvoir donner entiere, il employe toute sa Lettre à décrire les plus terribles fleaux, que les hommes peuvent souffrir sur la terre, afin qu'ils trouvent quelque soulagement dans la comparaison de ce qu'ils endurent, avec ce qui peut arriver aux autres.

Quelle consolation, me dit-il ! saint Augustin dans ce détail, ne montroit-il pas assez qu'il ne trouvoit point d'affliction particuliere qui pût être comparée à celle des Captifs ? Mais enfin nous devons en conclure, que les plus grands genies n'ont pas établi la force d'ex-

prit, comme on fait à present à se rendre ou insensible, ou incredule, sur le sort des Captifs ? qu'ils n'ont pû refuser du moins leur compassion & leurs larmes, quand ils n'ont pû donner autre secours, & que comme dit saint Ambroise : c'est une cruauté de trouver mauvais qu'on mette tout en usage pour les secourir. Ainsi, mon Pere, allez, prêchez, annoncez ce que vous en avez vû, & reveillez sur tout le zele des Ministres du Seigneur, avec ces paroles du Prophete Joël : " Que les Prêtres ayent
" soin de pleurer entre le Vestibu-
" le & l'Autel : que les Ministres
" du Seigneur s'y joignent & s'é-
" crient : Pardonnez Seigneur,
" pardonnez à vôtre Peuple, ne li-
" vrez pas vôtre heritage à l'op-
" probre : ne permettez pas qu'il
" tombe sous la domination des
" Nations Infideles : arrêtez le
" cours de leurs blasphêmes ; & ne
" donnez pas à ces ennemis de vô-
" tre nom, qui voient vos enfans
" abandonnez à toute leur fureur,
" occasion de dire : où est le Dieu
" de ceux-ci ? Ajoûtez que Dieu

choisit un Prêtre dans la personne de Jeremie, pour pleurer du moins sur la captivité de son Peuple, bien loin de dissimuler ce malheur. *Lam. 1.* Dites que Heli étoit Prêtre, & que ce fut cette qualité qui le rendoit *L. 1. des Rois 1. 4.* responsable des maux d'Israël, qui le frappa si vivement à la nouvelle de l'enlevement de l'Arche & du Peuple en captivité, qu'il en tomba mort sur la place. Representez *1. des Macch. c. 2.* le zele de Matathias: Il étoit Prêtre: & son caractere ne lui permit pas d'apprendre indifferamment la servitude où Antiochus réduisoit son Peuple, ni la cruelle & dangereuse extrêmité où cet impie portoit les Fideles, ou de renoncer à la Religion, ou d'essuyer tous les supplices dont sa fureur les menaçoit. Rappellez enfin ces grands exemples dont nous pourrons nous entretenir dans la suite; car j'espere que ce ne sera pas ici le seul Entretien que nous aurons.

Nous finîmes en cet endroit, & je pris congé, si occupé de ces pensées, que je ne pensai point à m'informer du sujet qui l'avoit amené en France: Il me dit seulement qu'il feroit pour quelque tems à Paris : que je lui ferois un vrai plaifir de lui rendre fouvent de femblables vifites, pourvû que je fuffe feul, parce qu'il vouloit y demeurer inconnu. Je ne balançai pas à lui promettre toutes fortes d'affiduitez. Nous convinfmes du jour que je reviendrois, & vous pouvez vous affurer que je vous ferai un fidele recit de toutes nos converfations.

II. ENTRETIEN.

Que la Gloire de Dieu & l'honneur de l'Eglife engage à compâtir aux Captifs.

JE continuë à vous envoyer la fuite de nos Entretiens, puifque vous me marquez qu'ils vous font plaifir. J'avois une trop grande envie de revoir mon Ecclefiaftique, pour ne me pas rendre chez lui au jour nommé, afin de profiter du tems qu'il feroit à Paris, ne fçachant pas s'il y feroit un long fejour. Auffi-tôt que je parus, fon

Valet, à qui il avoit donné ordre de m'introduire, me fit entrer dans sa chambre sans m'annoncer. Je le surpris comme il lisoit le Prophête Zacharie. En m'appercevant il m'invita sans aucune ceremonie à prendre un siége, tenant le doigt sur la Bible, comme un homme qui craint de perdre ce qu'il vient de remarquer. Ce fut assez pour exciter ma curiosité, & pour lui dire : apparamment, Monsieur, vous trouvez dans cette lecture quelque chose qui vous arrête ? Je n'ose vous interrompre, ni vous demander ce qui faisoit le sujet de vôtre application. Mais il me répondit : je ne sçai si ce sont les grands objets dont je suis toûjours rempli, & si c'est que mon imagination est toûjours frappée depuis ce que j'ai vû & lû au sujet des Captifs : mais il me semble que je les trouve par tout. Tout me sert à reveiller dans mon esprit l'idée de leur triste état, ou à redire à mon cœur que je dois travailler à les soulager.

Voyez, mon Pere, l'endroit de ce Prophête, où Dieu donne des ordres pour faire une couronne au

180 *La Tradition de l'Eglise*

Grand-Prêtre de l'Ancienne Loi, qui releve l'éclat & la gloire de son Ministere, & qui en même tems fasse voir en sa personne une excellente figure de la Gloire de JESUS-CHRIST vrai Pontif des biens éternels : Prens, dit le Seigneur, ce que te donneront Holdaï, Tobie & Idaïe au retour de leur captivité. " Dés qu'ils seront

Zach: 6. " arrivez, tu entreras dans la mai-
v. 10. & " son de Josias fils de Sophonie,
suiv. " qui est aussi venu avec eux de Ba-
" bylone. Reçois d'eux l'or & l'ar-
" gent dont tu feras des couron-
" nes que tu mettras sur la tête de
" de Jesu fils de Josedec, & tu lui
" diras : voici ce que dit le SEI-
" GNEUR DES ARME'ES.
" Voilà l'homme, l'ORIENT EST
" SON NOM, il germera de lui
" même, & bâtira un Temple au
" Seigneur, il sera couronné de
" gloire, & assis sur son Trône,
" il regnera....... Ces couronnes
" de Hilem, de Tobie & d'Idaïe,
" & de Hem fils de Sophonie ser-
" viront de monument dans le
" Temple du Seigneur, & ceux
" qui sont les plus éloignez vien-

dront & bâtiront dans le Temple " du Seigneur. "

A cette Prophetie vous voïez, mon Pere, combien il est glorieux de s'employer à la Redemption des Captifs, & combien cette œuvre de misericorde contribuë à l'honneur de la Religion: toutes les bonnes œuvres sont autant de *Couronnes* que chaque Fidele doit acquerir & poser aux pieds de l'Agneau, lorsqu'on approche de son Trône, lui en rendant toute la gloire. Mais comme si celle de la misericorde envers les Captifs étoit d'une distinction singuliere, le Seigneur ordonne à son Prophete de prendre l'or & l'argent, qui restoit aux Enfans de captivité aprés leur rachat, & d'en faire une *Couronne* qui doit être mise non aux pieds, mais sur la tête de *Jesu*, de celui dont le nom est l'Orient, ou du Grand Prêtre qui represente-là sa dignité; voilà l'estime que Dieu fait de ces beaux restes, de ce que la charité avoit fourni pour la rançon ou le soûlagement de ceux qui languissoient dans la captivité de Babylone.

C'est une *Couronne de gloire* pour le souverain Pontif. C'est un *monument éternel dans la maison du Seigneur* : c'est un puissant motif dont il veut se servir pour appeller *les Peuples* encore *éloignez* de sa connoissance, & les faire entrer ou du moins leur faire concevoir une haute estime de la Religion, qui prescrit ces bonnes œuvres.

En effet, Monsieur, si JESUS-CHRIST a tellement attaché sa gloire au grand commandement de la charité ; qu'il a voulu qu'on reconnût les siens à ce caractere : qu'il y a établi les principales preuves de sa Mission ; est-il rien qui puisse davantage seconder ses desseins, que la Redemption des Captifs ? Car c'est ici où la charité a plus d'étenduë, parce qu'elle y remedie à beaucoup plus de maux que dans toute autre occasion : c'est ici où elle marque plus de desinteressement, puisqu'elle s'exerce envers des inconnus, que la seule liaison qu'ils ont avec JESUS-CHRIST nous rend recommandables.

Saint Paul, ajoûta-t'il, recommandant aux Fideles de Corinthe les Collectes qu'il avoit établies pour subvenir aux besoins des Crêtiens persecutez à Jerusalem, entr'autres raisons apporte celle-ci : que la fidelité à bien remplir ses devoirs, qu'il nomme *Ministere de devoir*, ou service d'Obligation, n'a pas seulement cet avantage de suppléer à leurs necessitez, mais qu'elle produit encore ce bien, *de faire rendre un grand nombre d'actions de graces au Seigneur, de donner lieu à plusieurs de glorifier Dieu*, voyant l'impression de Charité que l'Evangile faisoit sur les cœurs, & de rendre ceux qui s'en acquitent si recommandables, que chacun *souhaite les voir pour admirer la force & la beauté de la Grace de* JESUS-CHRIST. En cet endroit il me souvint d'un passage de Tertulien, assez connu, & je lui dis, que ce que Saint Paul se promettoit de cet éxercice de charité, ne manqua pas d'arriver & de se rendre sensible dés les premiers tems de l'Eglise naissante. Que ce docte Africain, parlant de ces troncs d'institution Apostolique, faisoit remarquer aux Payens, que ce n'étoient pas des

Ministerium hujus Officii.
2. Cor. 8.
12.

Apol. c.
5.

fonds, comme les leurs, à emploïer aux divertissemens, aux spectacles, aux jeux & aux excés, mais qu'ils étoient destinez & fidelement employez pour le bien des Pauvres, & pour secourir entr'autres, ceux qui dans la persecution étoient relegués dans des Isles desertes, condamnez aux Métaux, ou retenus dans les Prisons, afin que, comme il parle, ils pussent devenir les *Nourrissons de leur propre Confession*: charité si excellente, que les Payens même ne pouvoient s'empêcher de l'admirer, & qu'ils se disoient les uns aux autres en parlant des Crêtiens: *voyez comme ils s'entr'aiment*. C'est, reprit nôtre Ecclesiastique, que cette vertu étoit inconnuë aux Infideles. Les Romains affectoient un grand air de Justice dans leurs Loix: mais ils n'en avoient aucune de charité: même depuis la défaite de Cannes, ils s'imposerent la loi de ne racheter jamais leurs Captifs; croyant que ce seroit une tache à la gloire du nom Romain, de rendre le droit de Citoyens à ceux qui auroient une fois été assujettis aux Nations Barbares. Il est

est vrai qu'il s'est trouvé quelques-uns de leurs Heros, qui parmi leurs exploits ont laissé à la posterité des Exemples de cette generosité. Coriolan, pour toute recompense des grands services qu'il avoit rendus à la Republique, demanda la seule permission de racheter un de ses Hôtes, qui l'avoit autrefois parfaitement bien reçû & traitté. Fabius vendit jusqu'à son fond & racheta plus de deux cent prisonniers des mains d'Annibal : mais c'étoient des exemples si rares & soutenus de motifs si vains, qu'il est visible que ni la Charité, ni la Religion n'y avoient aucune part : ce qui a fait dire à Lactance Firmien : *que c'est le propre des Justes de racheter les Captifs.* Il ajoûta ce que dit Saint Ambroise, que ce n'est point de l'or ni de l'argent de ces Vases sacrez que l'Eglise tire sa gloire : mais de la Redemption des Captifs à laquelle elle sçait les faire servir quand il en est besoin. *L. 6. des divin. Institut. c. 12.* *Offic. 28.*

Il me semble, Monsieur, que Dieu lui-même s'en est assez souvent expliqué ; car lorsqu'il déclare à Moïse le dessein qu'il a de re- *Exod. 6.*

tirer son Peuple de la captivité, il assure que c'est *pour sa gloire*; qu'il veut par-là faire connoître à toute la terre, *qu'il est le Seigneur*: & que dans leur Redemption il va montrer *un bras puissant, & des Jugemens profonds*. Il fait dire encore à saint Paul : que s'il a permis la longue & injuste Tyrannie de Pharaon, c'é-
Rom. c. toit pour *sa Gloire & pour faire écla-*
9. v. 17. *ter sa force, & publier la gloire de son Nom par toute la terre*. Si l'on entroit bien dans ces desseins, & si les Fideles en cette occasion s'acquitoient de ce que le Cristianisme leur prescrit, que Dieu seroit glorifié ! que la Religion en recevroit d'honneur ! & que les Barbares malgré leur prevention, seroient souvent forcés d'admirer la sainteté de nos Loix & de nos Maximes : j'en eus hier une preuve. Je rendis visite à Adgi Moustafa : vous sçavés son attachement à la Loi de Mahomet ; cependant il ne pût s'empêcher de me dire en assez bonne compagnie : qu'une chose sur tout, l'avoit touché dans nôtre Religion: qui étoit le zele que nous marquions à délivrer nos Captifs avec

de grandes dépenses, beaucoup de travaux, & au peril de nôtre vie, quoiqu'ils ne fussent ni nos Parens, ni nos Amis, & dont il voyoit que nous ne gardions aucun pour nous rendre service. Il nous protesta que c'étoit-là le motif qui l'avoit porté à servir de tout son pouvoir tous ceux qu'il voyoit dans cet emploi, & à ne laisser échaper aucune occasion de seconder des efforts qui lui paroissoient si dignes de vrais fideles, quoique par cette conduite, il se fut souvent attiré les reproches de ceux de sa Religion, comme je l'avois pû voir dans mon séjour à Tripoly : qu'il conçût ces sentimens dés la premiere fois, que voyant de nos Religieux arriver en Barbarie, il apprit le sujet de leur voyage : que ceux qui y demeurent en qualité de Missionnaires en rendront témoignage aussi-bien que moi, les ayant toûjours servis dans le dessein de soulager la misere des Captifs. Là-dessus il nous fit le recit du dernier service qu'il rendit à ces Missionnaires de Tripoly. Il nous raconta, que depuis mon départ plusieurs revolutions étoient arrivées dans le Gouvernement par l'inquietude ordinaire aux Habitans de Barbarie. Que deux Beys de suite avoient été déposez, ce qui avoit coûté non-seulement beaucoup de sang aux Arabes, mais encore beaucoup de maux aux Crêtiens ; parce que le pretexte des revoltez étoit que ces Beys leur étoient trop favorables ? qu'on élût pour ce sujet un de leurs plus grands ennemis, qui pour plaire au Peuple fit mettre aux fers jusqu'aux Missionnaires, même contre la foi promise par tout le Divan, de les laisser libres en payant le tribut ordinaire. Qu'il avoit tant fait auprés du nouveau Bey qu'il avoit obtenu leur élargissement : qu'il fut lui-même leur en porter la nouvelle, accompagné du Sieur de la Lande Consul François, & que voulant les éprouver, il leur avoit dit en entrant : que c'en étoit fait, que la derniere resolution du Bey étoit de pousser à bout ce qu'il avoit commencé : & qu'il venoit les préparer à de nouveaux supplices & même à la mort : mais que la constance de ces saints Religieux l'avoit touché. Car d'un air tranquille ils lui répondirent, qu'ils étoient prêts d'endurer tels tourmens qu'on voudroit leur faire souffrir, & la mort même pour Jesus-Christ. A cette réponse, ajoûta-t'il, je les embrassai avec joye, je les fis déchaîner, j'ouvris les portes & les remenai à leur hospice.

L'Ecclesiastique me dit : j'étois alors sur les lieux : il vous a dit vrai. Ce fut la recherche qu'on faisoit des Crêtiens dans ces revolutions, qui m'obligea de quitter Tripoly, & de chercher ailleurs de quoi éxecuter ce que Dieu m'inspire : Cette bienveillance de Moustafa dont je fus témoin, est une des raisons qui m'engage à lui rendre visite de tems en tems. Mais aprés tout, ce Turc n'est pas le seul exemple qui ait fait voir l'accomplissement de ce qui fut promis au Prophete Zacharie : que les Nations Etrangeres viendroient rendre gloire au Seigneur, attirez par l'éclat des couronnes que Dieu devoit mettre dans son Temple comme des monumens éternels de la pieté envers les Esclaves. Vous pouvez vous souvenir que tel fut le fruit de l'extraordinaire charité de saint Paulin, aussi-bien que de celle de saint Acace, dont nous nous sommes quelque fois entretenus ; nous y pouvons joindre saint Epiphane, qui par de semblables liberalitez, s'acquit l'estime & la confiance de Theodoric tout prévenu qu'il étoit contre les Catoliques : comme saint Cesaire avoit fait l'admiration d'Alaric & de toute sa Cour. L'exemple de saint Chrysostome merite bien d'être ajouté à ceux que nous avons déja rapporté ; ce grand saint s'occuppa dans son exil aux œuvres de misericorde, aussi-bien qu'à soutenir l'honneur de l'Episcopat, mais parmi les charitez qu'il exerça, il n'oublia pas les Captifs : Sozomene nous dit dans sa vie, qu'ayant plus qu'il ne lui falloit pour subvenir à ses besoins par le grand nombre des aumônes qu'on lui envoyoit de Constantinople : il employa une grande partie de ces sommes à racheter plusieurs Fideles captifs chés les Isauriens, & qu'il les rendit à leurs familles : ce qui lui attira l'ad-

Hist. Eccles. l. 8. c. 7.

miration & la confiance de ces Barbares devenus si dociles à cette vûë, qu'il eut de quoi occuper toute l'étenduë de son zele : les Peuples accouroient de toutes parts, d'Antioche, de Cilicie, d'Armenie, & de toutes les Nations voisines, pour entendre la doctrine de celui dont ils ne pouvoient assez admirer la charité.

Enfin l'Histoire de saint Otton, Evêque de Bamberg, nous apprend que son exemple a porté encore l'admiration plus haut, avec des fruits aussi heureux. Cet Apôtre d'Allemagne commença les nombreuses conversions qu'il fit par deux jeunes gens, fils d'un des Principaux de la ville de Stetin, qu'il instruisit à la Foi, & qu'il baptiza. Ceux-ci attirerent leur Mere avec toute leur Famille, & en gagnerent ensuite un grand nombre d'autres, par le seul recit qu'ils leur faisoient, de la sainteté, de la douceur, & sur tout de la charité de ce grand Evêque. Il rachete, disoient-ils, de son argent les Captifs, qui languissent dans les fers : il les nourrit, il les habille, & les

Histoire de S. Otton Evêque de Bamberg.

M. Fleuri l. 14. p. 355.

met en liberté : on le prendroit pour un Dieu visible.

A ces recits, je m'écriai, n'est-il pas étrange, Monsieur, que les Infideles, les Barbares & les Heretiques n'ont pû s'empêcher d'admirer ce que la misericorde inspire de justes ardeurs pour les Captifs, quand ils en ont vû des Exemples : & que ce zele trouve tant de mépris & de contradiction chez les Enfans de l'Eglise.

Non, reprit-il, je ne m'en étonne point : ce procedé n'est point nouveau. Saint Ambroise, comme vous l'avés sçu, fut obligé d'écrire une espece d'Apologie contre les accusations injustes, & les reproches indiscrets de ceux qui s'étoient scandalisez de lui avoir vû pousser sa charité envers les Captifs, jusqu'à dépoüiller les Autels, & vendre les Calices, afin de les racheter. *Baron. l'an 508.* Saint Cesaire fit murmurer presque tous ceux de son Eglise, dans le tems que ses aumônes lui attiroient l'admiration des Peuples voisins, des Grands & des Princes, mêmes Heretiques. Saint Augus- *En sa vie l.* tin, au rapport de Possidius, éprou-

va

va le même sort : & ayant suivi l'éxemple de S. Ambroise en vendant les Vaisseaux sacrez pour racheter les Captifs, il fut comme lui à la peine de se justifier contre ceux qui ne purent goûter une telle charité. Ainsi, mon Pere, ne vous rebutez pas, toutes les œuvres de Dieu souffrent ainsi de la contradiction ; il en sçaura tirer d'autant plus de gloire que ceux qu'il y employe auront été plus méprisez. Oüi, Grand Dieu, j'espere que vous ne retirerez point tout-à-fait vos misericordes de dessus un Peuple qui languit encore dans la même oppression, qui vous a autrefois fait faire tant de prodiges : oüi vous en tirerez d'autant plus de gloire, que nous consentons de bon cœur à n'y prendre aucune part. Ici son zele s'échauffa : je m'aperçus qu'il changeoit de couleur : & dans un saint transport, qui lui faisoit presqu'oublier que j'étois present, s'adressant à Dieu, il profera ces paroles de l'abondance du cœur : Non, Seigneur, ce n'est ni nos interêts, ni nôtre gloire; c'est la vôtre : *Non nobis Domine,* Ps. 113. *non nobis, sed nomini tuo da gloriam :*

R

puis rapellant presque tout le Pseaume d'où ces paroles sont tirées, il ajoûta dans la même ferveur.

Souvenez vous, Seignr, que vous avez encore un *Israël dans l'Egypte, une famille de Jacob chez un Peuple barbare.* Faites donc encore paroître *la Sainteté* de vos Loix ; faites éclater encore un coup *vôtre Puissance* sur ce nouvel Israël, vous qui autrefois avez rendu *la Mer & les Fleuves* sensibles à la captivité de vôtre Peuple: vous qui avez donné du mouvement aux *Montagnes & aux Colines*, renouvellez ces prodiges sur un Peuple qui ne doit pas vous être moins cher, & dont la servitude n'est pas moins dure : *paroissez, & que la terre soit émûë* ; parlez, & si il se trouve des cœurs insensibles aux malheurs de leurs Freres: amolissez-les, & convertissez *ces pierres en des Etangs d'eaux, & ces Rochers en des Sources de rafraîchissement*, pour des objets si dignes de leur pitié; c'est *vôtre gloire*, Seigneur, encore une fois il y va de vôtre gloire : il y va de vôtre *misericorde & de la verité* de vos promesses d'empêcher que les Infideles voyant les Chrétiens dans l'extrêmité, ne leur reprochent qu'ils n'ont *point de Dieu*. Il y va de l'honneur de la Religion qui seule vous rend le culte que vous desirez. Quel opprobre, Grand Dieu, pour vôtre Eglise, si un lâche interêt rendoit ses Enfans si attachez aux richesses qu'ils eussent le cœur endurci sur leurs Freres, & s'ils donnoient lieu de leur faire ces reproches qui ne convenoient autrefois *qu'aux Gentils* : que *leurs Idoles sont l'or & l'argent* : qu'ils leurs sont devenus *semblables* : ayant *des yeux & ne les ouvrant* jamais sur le malheur de leurs Freres : ayant *des oreilles* & refusant toûjours *d'entendre* leurs cris & leurs gemissemens : ayant *des mains* & ne les *tendant* jamais vers ceux qui devroient tout attendre de leur assistance ; & ayant *des pieds* sans jamais *accourir* au secours de ceux qu'ils ont tant d'obligation de soulager.

Quelle confusion, sous un Dieu si riche en misericorde & qu'on n'invoque jamais en vain : en qui *la maison d'Israël a esperé & qui s'est rendu son aide & son protecteur* : en qui *la maison d'Aaron a mis sa confiance*

& l'a toûjours protegée, & qui en use de même à l'égard de tous ceux qui le craignent dés le moment qu'ils le reclament.

Il s'arrêta quelque tems, comme transporté hors de lui même, & me donna le loisir de goûter ce qui échapoit à son zéle vivement touché de la gloire de Dieu, de l'honneur de la Religion & de la misere des Esclaves. Et comme je vis que c'étoit lui faire violence que de rentrer en conversation, je pris congé de lui tout rempli de ce que je venois d'entendre.

III. ENTRETIEN.

Qu'il y a peu de bonnes œuvres qui soient soûtenuës de plus grands Exemples que la Redemption des Captifs.

Notre troisiéme Entretien fut long: la conversation roula toute entiere sur les grands Exemples que Dieu a voulu donner dans tous les Siécles de la charité envers les Captifs. Ce fut un champ pour nôtre pieux Ecclesiastique à me donner une veritable idée de ses profondes Méditations sur toute l'Ecriture, & de sa grande lecture dans toute l'Histoire Ecclesiastique. Je vous écris ce que ma memoire en a pû retenir.

Il commença par le Saint des Saints JESUS CHRIST, qui ouvrant la Prophetie d'Isaye dans une Synagogue, s'y trouva dépeint sous la qualité & dans l'éxercice de la redemption des Captifs : En s'apliquant ce Passage : *l'Esprit de Dieu est descendu sur moi, & m'a rempli d'Onction, afin de porter d'heureuses nouvelles aux pauvres, d'annoncer la redemption aux Captifs, & la délivrance aux Prisonniers.* Ensuite reprenant dés les premiers tems ce que sa memoire feconde & heureuse sur ce sujet lui fournissoit abondamment, il me dit : n'avez vous pas remarqué, Mon Pere, que les plus Grands hommes de l'ancien Testament se sont principalement signalez parce qu'ils ont fait pour le soulagement de ceux de leurs Freres qu'ils ont vû dans la captivité ?

Abraham le plus fameux de tous

Luc. 4. v. 18.

Genes. 14.

les Patriarches, avec le grand nombre de beaux Exemples que sa foi agissante par la charité nous a laissez, n'a pas manqué, comme vous le sçavez, de nous donner celui de compatir aux Captifs, délivrant Loth, sa famille, & ses Citoyens de la Servitude, action que Dieu rendit illustre par la rencontre de Melchisedec, & par toutes les circonstances Mysterieuses qui accompagnerent cette entrevûë. Moyse le plus grand & le plus sage des Legislateurs, ne fut pas moins signalé pour avoir retiré son Peuple de l'Egypte, que pour lui avoir donné la Loy.

David de même si distingué entre les Rois pour sa sainteté, acquit autant de gloire en retirant des Captifs des mains de leurs ennemis, qu'en remportant des victoires sur eux : & si la défaite des Philistins fit chanter ses Eloges aux Dames d'Israël, il ne reçut pas de moins glorieux aplaudissemens quand il retira les habitans de Siceleg du pouvoir des Infideles : *voilà*, disoit-on en chantant d'un air de triomphe, *voilà une proye digne de David. Hae est præda David.*

1. des Rois 10.

Joseph que tant de vertus ont rendu célebre, dans nos Histoires, ne se rendit-il pas illustre dans cet emploi de charité ? Les services qu'il rendit à des Prisonniers, lors même qu'il n'étoit pas encore libre, lui ouvrirent la porte aux grandeurs & à la gloire que Dieu lui avoit promise. La Sagesse qui, comme parle l'Ecriture *descendit avec lui dans la fosse & ne le quitta point dans les fers jusqu'à ce qu'elle l'eut élevé sur le Thrône*; lui fit meriter cette exaltation par les longs & assidus services qu'il rendit aux compagnons de sa captivité.

Genes. 40.

Sag. 10.

A ces Exemples on pourroit ajoûter ceux d'entre les Prophétes, qui comptent cette grace parmi celles qu'ils ont reçuës de Dieu. Isaye, par exemple, parloit de soi comme Figure de JESUS CHRIST dans l'endroit que je viens de citer. Ezechiel écrivit qu'il étoit au milieu des Captifs lorsque Dieu l'honora des Revelations qu'il nous a laissées. Jeremie fut sanctifié dés le ventre de sa mere, afin de pleurer la captivité de son Peuple avec des larmes plus dignes d'être exaucées.

Is. 14.

Is. 61.
Ezech. 1. 1.
Jerem. 1.

Daniel fut un homme de desirs : mais ses desirs étoient de voir la fin de cette même captivité. Il en est peu entre ceux qu'on nomme petits Propêtes, chez qui l'on ne trouve ou de vives expressions de la misere des Captifs chez les Infideles, ou des promesses magnifiques pour ceux qui les soulagent, ou de terribles menaces pour ceux qui n'y compatissent pas.

On peut encore ajoûter Zorobabel, Esdras & Nehemie si illustres dans nos Ecritures pour avoir obtenu la liberté de leurs Freres, & les avoir ramenez dans Jerusalem afin d'y aprendre & d'y observer la Loi du Seigneur, avec une liberté dont ils avoient été privez l'espace de soixante & dix ans. On doit y joindre tant de braves Capitaines qu'à donné la noble famille des Machabées : tous ont prodigué leur sang pour délivrer le Peuple de Dieu de l'oppression tyrannique des Rois Infideles qui cherchoient à leur faire perdre & la Religion & la liberté.

Enfin on s'ouvriroit un grand Champ si l'on vouloit repasser ce que l'Ecriture raconte des seuls Juges d'Israël, tous suscitez de la part de Dieu pour secourir son Peuple, lorsqu'en punition de ses infidelitez il étoit tombé dans la servitude. Car pour parler avec S. Paul. *Je manquerai bien plûtôt le tems que* Hebr. 11 *de matiere, si je voulois raporter ce qu'ont fait Jedeon, Baruc, Samson, Jephté, &c. qui par la force de leur foi ont vaincu les Royaumes, qui ont accompli la Justice, faisant misericorde; qui se sont assurez les promesses,* que Dieu a attachées aux bonnes œuvres, *qui ont fermé la gueulle aux Lions:* réprimant la fureur des Barbares, *& qui ont éteint la violence du feu,* aportant du rafraîchissement à des malheureux prêts à être consumez.

A ce beau Champ, je lui dis qu'il me sembloit que l'Esprit de Dieu nous donnant un si grand nombre de figures du Redempteur du monde, nous donnoit en même tems de grandes leçons pour la redemption qu'il nous commande: qu'il paroissoit assez que ce divin Sauveur avoit voulu avoir beaucoup de Types de son excessive charité : mais que dans les Siécles qui l'ont suivi, il vouloit avoir autant d'imitateurs de cette même charité : qu'ainsi les Saints du Nouveau Testament ne devoient pas nous fournir moins d'Exemples pour la redemption des Captifs, que ceux de l'ancienne Alliance.

Plus encore mille fois, repliqua-t'il, la charité qui fait l'ame de la Loi nouvelle a fait des prodiges en cette occasion: Peut-on sans en être touchez, lire dans les Epîtres de S. Paul, la ferveur des Fideles de Macedoine animez à la premiere Prédication dans laquelle cet Apôtre leur avoit exposé l'extrême necessité où la persecution réduisoit les Chrétiens de Jerusalem. Ce Vaisseau d'Election assûre que leur charité *avoit passé son attente: qu'il sembloit qu'ils avoient trouvé dans leur pauvreté même un fond & un tresor inépuisable*, & que bien loin de se voir obligé à multiplier ses exhortations sur ce sujet, ils l'avoient prévenu dès la premiere exposition qu'il leur avoit faite de la misere & des périls de leurs freres : & *qu'ils avoient été les premiers à le con-*

pour le rachat des Esclaves. 203
jurer d'une maniere pressante de les admettre à cette grace, & de souffrir qu'ils participassent aux charitables secours que les autres Eglises leurs rendoient.

Je l'ai lû, Mr, & toûjours lû avec un nouveau plaisir. J'admirois comme ces premiers Fideles étoient persuadez de la doctrine de cet Apôtre ; que c'étoit *soûtenir l'Evangile* que de soulager un Chrétien persecuté pour l'Evangile ; que c'étoit rougir de Jesus-Christ, que de *rougir des chaînes* d'un Captif de Jesus-Christ : que la Loi des Chrétiens qui est la charité, les obligeoit à se mettre souvent en esprit à la place des Captifs, afin de les traiter comme ils voudroient qu'on les traitât dans de semblables persecutions, & de se *souvenir d'eux avec autant de sentiment comme si eux mêmes étoient Captifs* : qu'enfin c'étoit rompre la communion des Saints & s'excommunier en quelque sorte soi-même, que de rompre ce commerce de charité qu'il nomme *Communication des Saints*.

2. Tim. 1. 16.

Hebr. 13. 3.

2. aux Cor. 6. v. 4.

Ils en étoient trés-persuadez,

mon Pere, c'étoit la Doctrine sainte dans laquelle on les avoit élevez ; ils s'y croioient tellement engagez, que Tertullien voulant disfuader sa femme de s'allier avec un Infidele en cas qu'il mourût le premier, lui represente l'impuissance où elle se trouveroit de satisfaire à ce grand devoir. " Trouvera t'il bon, lui dit il, que vous vous glissiez dans les prisons; que vous alliez baiser les chaînes des Saints persecutez, que vous leurs laviez les pieds, & leur offriez avec empressement à boire & à manger ? Dans un autre endroit ce docte Africain nous represente la ferveur de ces premiers Fideles si grande, que les plus pauvres aimoient mieux doubler leur travail que de manquer à cette bonne œuvre. Sur quoi il me souvient d'avoir lû dans son docte Commentateur Rhenanus, qu'ils avoient profondément gravée dans leurs cœurs l'exhortation de S. Paul, de travailler plûtot de leurs mains, que de ne se pas acquiter de ce devoir de charité : que dans cet esprit on voioit avec plaisir les Fideles se si-

Epist. à sa femme

Aux Martyrs c. 1.

gnaler à l'envi, & porter chacun les fruits de son art: un Cordonnier des souliers; un Tisseran des étofes; un Boullanger du pain; un Manœuvre le salaire de ses sueurs & de ses travaux, tant ils craignoient de ne pas s'acquiter fidélement de ce qu'on leur avoit si étroitement recommandé. A cette ferveur, lui dis-je, il n'y a plus de quoi s'étonner de ce que nous lisons dans les Constitutions Apostoliques: *que les Fideles ayent à rendre service aux Saints en mettant aux mains de leurs Evêques, ce qu'ils pourront fournir de leurs facultez ou de leur travail: Si quelq.'un n'a pas de quoi donner: qu'il jeûne & qu'il prenne sur sa nourriture de quoi partager avec eux selon son pouvoir: s'il pouvoit rompre leurs fers & les tirer de prison en vendant tous ses biens, nous l'estimerions bienheureux & un sincere Ami de* Jesus-Christ.

<small>Const. Apost. l. 8. c. 11.</small>

Cette Loi paroîtroit bien rigoureuse dans le siécle où nous sommes, repartit-il, cependant le croiriez vous? elle leur paroissoit encore trop douce: & leur ferveur souvent leur faisoit pousser la charité à l'égard de ces illustres persecutez au-delà de ce que l'on souhaitoit dans cette Constitution. S. Clement à qui plusieurs l'ont attribuée nous en rend un beau témoignage dans l'excellente Epître aportée depuis peu d'Orient en Angleterre, & qu'on a inserée dans le premier Tome de la derniere Collection des Conciles : car il y écrit ceci : Nous en avons " vû, & nous en avons connu plu- " sieurs d'entre nous qui se sont " eux-mêmes livrez aux fers pour " procurer la liberté aux autres : " plusieurs se sont rendus Esclaves, " & se sont loüez ou vendus afin " d'avoir dequoi sustenter les au- " tres dans leurs necessitez. "

J'ajoutai ; ce qui est plus admirable, est que cet Esprit s'étendoit à tous les Etats, n'y en ayant aucun qui ne nous fournisse des Exemples memorables de charité : car pour commencer par les Papes, nous trouvons dans Eusebe un celebre fragment de la Lettre que Denis Evêque de Corinthe écrivit à S. Soter, dans laquelle il loüe ce grand Pape d'avoir envoyé des som-

Hist. Ecclef. l. 4. c. 12.

mes inmenses pour le soulagement des Chrétiens Captifs & condamnez aux Métaux ; ajoûtant qu'en cela il ne faisoit que marcher sur les traces de ses predecesseurs, qui de tous tems avoient envoié de pareils secours aux Eglises oprimées.

Eusebe assûre que cette même charité des Souverains Pontifes avoit toûjours continué jusqu'à son tems. Baronius qui raporte ces Passages entiers, la continuë jusqu'au sien : & nous pourrions ajoûter qu'elle a perseveré jusqu'à nos jours, où le Pape Innocent XII. a voulu couronner toutes les belles actions de sa vie par un legs de quarante mille écus en faveur des Captifs.

Les Evêques de tous les siécles, ajoûta-t'il, n'ont cedé en rien aux Souverains Pontifes pour la charité envers les Esclaves Chrétiens. Aprés ce que nous avons vû des Cyprien, Ambroise, Chrysostome, Augustin, Acace, Cæsaire, Paulin, je pourrois trancher aussi court comme vous avez fait au sujet des Papes, & dire que comme l'Eglise jusqu'à nos jours n'a jamais manqué de veritables & dignes Prélats, elle a aussi toûjours fourni de beaux exemples de charité vraiement Apostolique, tant qu'elle a eû de ses Enfans au pouvoir des Infideles, & asservis aux ennemis de la Religion. Mais je ne puis passer si vîte le celebre Evêque de Carthage, *Deo gratias*, qui voyant le déplorable état des Chrétiens enlevez par les Vandales, d'Italie en Afrique, exposez en vente aux Barbares, fit des efforts extraordinaires pour en racheter autant qu'il le pourroit : il épuisa tous les tresors de son Eglise, il vendit les Ornemens & les Vaisseaux sacrez : il exposa jusqu'à sa propre vie ; ces Barbares irritez de sa charité ayant plusieurs fois cherché à le perdre. Aussi son zele fut heureux, le nombre de ceux qu'il racheta fut si grand, qu'il fut contraint de changer les deux plus grandes Eglises de Carthage en Infirmeries, seulement pour ceux qui étoient demeurez malades, avec lesquels il eut le bonheur de consommer ses jours & ses merites,

Victor d'Utiq. l. 1. de la persecut. d'Afriq.

S.

S. Hilaire d'Arles merite d'avoir rang avec S. Ambroise & S. Augustin, pour avoir comme eux vendu les Vases sacrez, & pour avoir mieux aimé manquer d'Ornemens pour son Eglise, que de laisser les Captifs sans consolation & sans soulagement. S. Honorat Evêque de Marseille son ami, & qui a écrit sa vie, ajoûte que cet illustre Prélat ne laissa aucune argenterie dans les Eglises d'Arles, où l'on fut réduit à ne se plus servir que de Calices & de Platines de verre : & qu'il prêcha cette charité avec un si grand zele, que les riches s'estimoient heureux de ce que les presens qu'ils avoient faits aux Autels aprés avoir été consacrez dans le service de l'Eglise, reçûssent une nouvelle consecration par l'emploi qu'on en avoit fait en rachetant les Captifs.

A ce que fit S. Cæsaire qui vendit le Calice que Theodoric avoit donné à son Eglise ; on doit joindre ce que fit S. Germain Evêque de Paris. Le Roi Childebert lui avoit fait present d'un cheval, avec ordre exprés de le garder & de ne

S

le donner à personne. Mais un pauvre Captif lui ayant demandé de quoi payer sa rançon, & ce charitable Prélat n'ayant plus rien en bourse, le lui donna, préferant la necessité du pauvre à l'Ordre du Prince.

S. Loup Evêque de Troye faisoit un bon usage du revenu de son Evêché: puisque l'Auteur de sa vie, trés-ancien, dit qu'il l'employoit tout entier à nourrir les pauvres & à racheter les Captifs. S. Eloi ne lui cedoit en rien: non content de païer la rançon d'un grand nombre qu'il retira de servitude, il donna encore à ceux qui voulurent retourner en leur pays de quoi se défrayer dans le voyage, & travailla à pourvoir honnêtement tous ceux qui aimerent mieux demeurer en France. Mais à quoi nous arrêtons-nous ? la matiere seroit inépuisable si nous voulions rechercher tous ceux qui ont excellé en cette vertu, & les diverses manieres avec lesquelles chacun s'est employé au rachat ou au soulagement des Captifs.

C'étoient ces exemples, Mr, qui

dans tous les tems reveilloient le zele du reste des Fideles, & qui donnoient dans ces efforts extraordinaires qu'ils faisoient paroître de tems en tems lorsque cette calamité affligeoit l'Eglise.

Eusebe nous fait le recit d'une copieuse Redemption sous la persecution de Déce, où l'on employa de grandes sommes d'argent. Le même Auteur nous donne le beau spectacle de la charité d'une Troupe de Crétiens, qui étant partis exprés de Cesarée, afin de porter des aumônes aux Fideles bannis & condamnez aux mines sous la persecution de Maximin, furent pris, eurent tous un œil crevé, & éprouvez par les mêmes travaux, ils obtinrent une couronne digne de leur charité. *Hist. Eccl. l. 1. c. 40. des Martyrs de la Palestine c. 7.*

S. Gregoire le Grand rapporte un grand nombre d'exemples ausquels la persecution des Lombards donna lieu de son tems qu'il seroit trop long de raporter, & qu'il est digne de la curiosité Crétienne de lire dans l'Original. *Vit. P. F.*

Il n'est pas jusqu'aux Courtisans même, qui ne se soient signalez dans cette occasion. S. Jerôme parmi les loüanges de l'Illustre Nebridius cousin des Empereurs Arcade & Honoré, dit que les Evêques de tout l'Orient se servoient de lui pour faire aprocher du Trône Imperial les prieres & les gemissemens de tous les miserables, & qu'il ne se servoit de son crédit auprés des Empereurs, que pour obtenir d'eux des aumônes pour les pauvres, la rançon pour les Captifs, & de quoi soulager les affligez.

Epist. 9 à Salvine.

Les femmes même sont entrées dans ce commerce de charité. C'étoit la fameuse Sainte Olympiade qui fournissoit à S. Chrysostome les sommes immenses qu'il employoit à la redemption des Captifs. Nous pouvons y ajoûter ce trait de charité de Sainte Melanie la jeune: Elle abandonnoit Rome avec tous les honneurs du monde : Elle passoit avec son mari en Afrique aprés avoir vendu tous ses grands biens. Sur la route elle aborda en une Isle qui venoit d'être surprise & pillée par des Corsaires Barbares, qui enlevoient les habitans en captivité : Elle crut que la

Sosom. Hist Eccl. l.8. c.27.

Fleurs des Saints.

Providence l'y avoit conduite afin de les secourir dans cette extrême necessité. Touchée de leurs malheurs & du péril où ils alloient tomber, elle les racheta tous & leur fit avec cela des aumônes assez considérables pour se consoler des pertes qu'ils venoient de faire.

Sainte Helene fut trop celebre en fait de charité pour avoir obmis celle-ci : Eusebe dans la vie de Constantin, dit qu'elle rompit les fers de ceux qui avoient été enchaînez, exilez ou condamnez aux Métaux, & qu'elle en racheta plusieurs de ceux que les Puissances ennemies retenoient dans la servitude & rendoient les victimes de leur violence. Vous ne m'obligerez pas, mon Pere, à vous raporter tous ce que nous lisons sur ce sujet dans l'Histoire Ecclesiastique, la matiere seroit trop vaste, & la conversation n'a déja été que trop longue. Je la finirai si vous le trouvez bon par un trait qui doit faire honte à tous les Chrétiens.

Dans l'Archevêché de Burgos on celebre la glorieuse memoire d'une Sainte Vierge nommée Calside, fille

L. 3. v. 44.

d'un Roi Sarrazin Mahometan de Religion, & qui tenoit sa Cour à Tolede. Dans la vie de cette Sainte nous lisons qu'elle étoit encore Infidelle & n'avoit aucune teinture du Cristianisme, qu'elle en faisoit déja les œuvres : qu'elle portoit une compassion extrême aux Crétiens que son Pere retenoit dans la captivité : qu'elle les visitoit souvent & leur donnoit tous les soulagemens qui lui étoient possibles. Ce qui lui procura la grace du Baptême, & lui attira les dons de Dieu avec une si grande plenitude, qu'elle sortit de la maison de son Pere, entra dans le desert, & couronna dans une constante solitude de si pieux commencemens par une mort trés-sainte.

Il est étrange que ceux qui font profession de l'Evangile écoutent tous les jours des leçons de misericorde, & qu'ils la pratiquent moins que les Infideles.

IV. ENTRETIEN.

Motifs pressans, qui nous doivent engager à assister les Captifs.

Dans la derniere visite que je rendis hier à nôtre pieux Ecclesiastique, je lui dis que l'Envoyé de Tripoli m'avoit promis d'écrire à Alcayd Ali son Ami intime, en faveur de la Redemption à laquelle vous travaillez. Mais comme j'ajoûtai que nous n'aurions pas moins besoin de Lettres de recommandation auprés des Fideles, afin de les exciter à y contribuer : il me répondit :

Faut-il mon Pere, d'autres recommandations auprés des Fidéles, que l'Evangile : ils sçavent assez quel est le pitoyable état des Captifs dans le Royaume de Maroc, par les Relations qu'on en donne, par le récit de ceux qui en ont été delivrez, par les mouvemens extraordinaires que font toutes les Puissances de l'Europe pour délivrer leurs Sujets d'un joug si cruel,

Ils voyent dans l'Evangile quelle est l'obligation que chaque Chrétien a de secourir son Frere dans l'extrême besoin. En faudroit-il davantage ? Mais si le devoir ne suffit pas ; s'il les faut piquer d'honneur ou d'interêt : Il ne faut ce me semble, pour les exciter efficacement, que la Lettre de recommandation de S. Paul à Philemon en faveur d'Onesime. C'est la pure charité qui l'a dictée. S. Paul proteste qu'elle est *écrite de sa propre main*, ce qui nous la doit rendre bien précieuse. Je ne croi pas qu'aucun Fidele la voulût méprifer. Si vous voulez, mon Pere ; les réflexions que j'y ai faites, feront aujourd'hui la matiere de nôtre Entretien.

v. 21. Epist. à Philem.

Je fus ravi de cette proposition, & lui dis que rien ne m'étoit plus agréable que de parler d'une Lettre autant excellente qu'elle est courte, que je la trouvois tout à fait digne de la main d'un tel Apôtre. Ajoûtez, mon Pere, digne de la charité même, ou de l'Esprit de Dieu qui est charité. En trés peu de paroles il releve si excellemment la charité

charité envers les Captifs, que pour peu d'attention qu'on y fasse, on se trouve obligé de se rendre.

L'Apôtre appuye sa recommandation sur trois motifs qu'il trouve lui-même si forts, qu'il s'assure qu'elle aura tout son effet sur l'esprit de Philemon dés qu'il en aura fait la lecture.

Le premier de ces motifs est la haute considération qu'on avoit dés lors pour les Captifs de JESUS-CHRIST. S. Paul prend d'abord cette qualité *vinctus Christi*. Il préfere ce titre d'honneur en cette occasion à tous ceux qu'il a coûtume de prendre dans les Epitres, où il veut inspirer le respect pour sa doctrine. Il le repete par deux fois dans une Epitre fort courte. Il assure qu'il pourroit prendre d'autres titres qui lui donneroient l'autorité d'user de commandement à l'égard de Philemon : mais qu'il se contente de celui-ci comme plus fort, pour appuyer sa recommandation. Pour le faire bien goûter, il reveille la charité de Philemon en le nommant son bien aimé, son Coadjuteur. *Dilecto & adjutori nostro* : &

par le Titre qu'il donne à Archetype qu'il joint à Philemon dans la même Lettre, il le fait souvenir qu'il combat sous les mêmes enseignes, & pour la même cause pour laquelle il est dans les fers, *Commi-* v. 2. *litoni nostro.*

Je ne m'étonne point, Mr, du grand effet de cette Lettre, non seulement sur l'esprit de Philemon ; mais encore sur toute l'Eglise assemblée en sa maison à qui elle est adressée. Elle devoit leur être bien chere, venant de la part d'illustres persecutez ausquels ils étoient unis par les liens d'une charité sincere, comme amis en JESUS-CHRIST, *Dilecto.* Elle devoit être bien pressante, l'Evangile qu'ils venoient de recevoir les engageant à se prêter de mutuels secours *adjutori nostro.* L'impression devoit être bien forte se voyans rangez dans la même milice, & obligez à s'entre-soûtenir dans les combats où ils étoient exposez pour la gloire du même Seigneur, *commilitoni nostro.*

Remarquez, mon Pere, avec quel art Saint Paul excite la cha-
v. 4. rité de ceux à qui il écrit : *je rends*

graces à mon Dieu, & me souviens continuellement de vous dans mes prieres apprenant quelle est vôtre charité, non seulement à l'égard de JESUS- CHRIST en qui vous croyez; mais encore envers tous les Saints, elle est si grande que la pratique de vos bonnes œuvres donne un témoignage éclatant de l'excellence de vôtre foi. Quelle joye, & quelle consolation n'ai-je pas reçûe, ô mon Frere, apprenant que vôtre charité a été telle qu'elle a dissipé les frayeurs & le chagrin qui déchiroient les entrailles des Saints dans la persecution qu'ils ont endurée.

v. 5.

v. 6.

v. 7.

Que nos Crêtiens, Mr, ne sont-ils dans cette situation: que ne sont-ils tels que Philemon, & tous ceux ausquels il écrit dans cette Epitre : Fideles & persuadez que *la Foi s'exerce & se prouve par les bonnes œuvres*, sans lesquelles elle est morte : Charitables, & convaincus que la charité compatit sur tout à ceux que la persécution pour la Foi, expose à des malheurs & à des périls sur lesquels elle ne sçait ce que c'est que de se durcir les entrailles.

Il suffit, repondit-il, qu'ils se souviennent du nom de Crêtien. Ils verront dans cette Epitre les liaisons étroites qu'ils ont avec les pauvres Captifs : qui sont leurs *Freres*, leurs *Amis*, leurs *Coadjuteurs*, leurs *Associez à la même Milice* par la seule profession du Cristianisme. Ils verront dans les louänges que S. Paul donne à Philemon, quels sont leurs devoirs, s'ils ne veulent manquer *de Foi & de Charité*. Ils verront enfin en quelle veneration doit être chez eux la qualité de *Captif de* JESUS-CHRIST, que portent ceux en faveur desquels on les follicite. L'Apôtre en avoit un si grand nombre capables de faire impression sur Philemon : mais il ne choisit que celle-ci comme la plus recommandable : *Paul vieillard & Captif de* JESUS-CHRIST : Il qualifie de même le disciple, dont il joint la recommandation à la sienne, *de son Coesclave* ou de son Compagnon dans les fers, qu'il a l'honneur de porter pour JESUS-CHRIST.

En effet, on ne peut dire jusqu'où alloit le respect des premiers Crêtiens pour ceux qui portoient ce beau titre, instruis qu'ils étoient dans la doctrine des Apôtres. Quel égard n'avoit-on pas pour les Lettres où l'on voyoit cette souscription : un N. Crêtien Captif de JESUS-CHRIST, quel empressement à visiter, consoler, soulager ou délivrer ceux qu'on voyoit chargez de fers pour les interêts de la Religion ? Ceux qui ne pouvoient les visiter par eux mêmes leur envoyoient de grosses sommes : & ceux qui ne pouvoient fournir à la dépense, se croyoient du moins obligez de les consoler par lettres, comme nous voyons chez Tertullien, S. Cyprien, S. Augustin, S. Gregoire, &c. C'étoit entre toutes les charitez, celle que l'Eglise avoit le plus à cœur; parce qu'il s'agissoit de soûtenir la Religion. Les Captifs étoient ses plus chers nourrissons, & leurs maux l'attendrissoient sur tous les autres. Tertullien leur écrivoit ainsi, lorsque parlant des aumônes que l'Eglise leur envoyoit, il disoit, *Recevez mes freres, ce que l'Eglise vôtre bonne Mere vous envoye, comme le lait de ses propres mammelles.* Cet Africain semble avoir voulu marquer par cette ex-

Aux Mart. 1.

pression, non seulement l'abondance de ces aumônes ; mais encore la tendre affection avec laquelle l'Eglise les faisoit. Le Sage écrit d'elle : *qu'elle étend sa main vers les pauvres* ; c'est ce qu'elle fait dans toutes les autres œuvres de Misericorde : mais dans celle-ci, Tertullien trouve cette expression trop foible, il assure que pour les Captifs l'Eglise sent toute sa tendresse, & que non contente *d'ouvrir la main*, Elle découvre ses propres *mammelles*, & épuise son sein, que c'est de là que partent les secours qu'elle leur envoye.

<small>Prov. 31. 20.</small>

Le nom & le sort des Captifs, ajoûtai-je, étoit en si haute estime, qu'un des plus saints d'entre nos Papes, Disciple des Apôtres, s'estimoit infiniment honoré de participer aux travaux de ceux qui avoient été condamnez à ce qu'éprouvent à present nos Esclaves. L'Eglise dans son Office lui fait dire : Que ses merites étoient au dessous d'une telle faveur. O qu'il plût à Dieu que les Disciples de Jesus-Christ, quand ils reçoivent de semblables députations de la part des Captifs,

<small>Act. de S. Clement.</small>

rendissent le même témoignage de leur attachement à l'Evangile que JESUS CHRIST rend de sa Mission dans la députation qu'il reçût d'un saint Captif. *Allez, dites à Jean: les aveugles voyent, les sourds entendent, les lépreux sont purifiez, les boiteux marchent, les morts ressuscitent, les pauvres sont Evangelisez: Heureux celui qui ne sera pas scandalisé en moi.* C'est ce que l'on voyoit dans la primitive Eglise: c'est ce que nous souhaiterions voir encore, lorsque nous venons de la part des Captifs emprisonnez, maltraitez, chargez de fers, exposez aux derniers suplices, par d'injustes persecuteurs. Nous voudrions que le premier Esprit du Cristianisme se reveillant dans les Fideles nous donnât lieu de leur aller porter de semblables réponses: ayez courage, soûtenez la persecution avec constance, on se prépare par tout à vous secourir. *Les aveugles voyent,* ceux qui fermoient les yeux à vos perils, commencent à y refléchir. *Les sourds entendent,* & ceux qui ne vouloient rien croire de vôtre extrême misere, entendent déja vos cris, & comprennent l'obligation qu'ils ont de vous soulager. *Les boiteux marchent*, ceux qui séparant l'amour de Dieu de celui du prochain ne marchoient que d'un pied dans le chemin du salut, accourent à vôtre aide. On va voir *les lépreux se nettoyer* dans ce grand nombre de pénitens qui vont chercher à racheter leurs pechez dans le rachat de leurs Freres. *Les morts resusciveront* quand vous sortirez d'une servitude que l'Ecriture compare si souvent à la mort & au tombeau. Personne ne se *scandalisera plus* de l'excés de vos malheurs : & vous ne *vous scandaliserez* plus de l'indolence des Crêtiens, le commerce de charité va se rétablir, ils vous reconnoîtront pour leurs Freres, & vous les reconnoîtrez pour vrais enfans de l'Eglise, & pour Fideles disciples de JESUS-CHRIST. C'est ce qu'on a lieu d'esperer de tous ceux qui refléchiront sur ce premier motif.

Le second n'est pas moins pressant, & touche de plus prés ceux à qui on s'adresse. Il consiste dans l'excellence de cette œuvre de misericorde. S. Paul represente à Philemon, & releve les services qu'en qualité de Captif, il avoit reçûs d'Onesime. Il prétend qu'ils étoient plus que suffisans pour effacer ses injustices passées, & pour obtenir de lui un pardon tout entier quelque grande qu'ait été sa faute. Il ajoûte même que cet Esclave avoit fait une action digne de toute la vertu de Philemon, en s'offrant de continuer à le servir dans la prison. *J'aurois souhaité, écrit-il, le retenir avec moi afin qu'il me servit plus long-tems dans les fers, où je suis pour l'interêt de l'Evangile, & qu'il me rendit ces services en vôtre Nom, mais je n'ai voulu rien faire sans vôtre aveu, afin qu'une œuvre si excellente ne vous fût pas imputée par la seule necessité de me le laisser, mais que vous eussiez tout le merite d'une pure & franche volonté.* v. 13. v. 4.

Cet Apôtre passe plus loin, il insinuë adroitement qu'une démarche si Crêtienne a relevé le mérite d'Onesime ; ensorte qu'il ne doit plus être regardé comme un Esclave fugitif, mais comme fils d'un Apôtre qui a eu le privilege d'avoir été engendré dans les chaînes : comme élevé à une espece d'égalité a- v. 10.

vec son Maître Philemon, comme ami d'un Paul, & *comme un autre lui-même.* Jugez si on peut encherir par-dessus ces Eloges, & si jamais on peut porter plus haut la gloire de ceux qui s'interressent pour les Captifs : & si ce motif enfin n'est pas bien capable d'exciter l'émulation des Fidéles qui veulent bien placer leurs aumônes & faire la charité avec plus de mérite & de perfection.

Depuis les premiers Entretiens que j'ai eu l'honneur d'avoir avec vous, Mr, j'ai toûjours été de plus en plus convaincu de cette excellence, & dans tout ce que j'ai lû, j'ai aisément remarqué que l'Eglise depuis le tems des Apôtres jusqu'à nos jours en a fait une singuliere distinction. Est-il rien de plus beau que ce que nous lisons dans les Actes, où nous voyons que pour les aumônes ordinaires les Apôtres assemblez dirent : qu'il ne leur convenoit pas de quitter la Priere & la Prédication, & qu'il falloit instituer des Diacres pour avoir soin des pauvres & des veuves, mais pour les Collectes, c'est-à-dire, pour les

Act 6.

aumônes destinées à racheter ou à soulager les Fidéles persecutez pour la Religion : Ils crurent n'en pouvoir confier la distribution à des personnes d'un mérite & d'un caractere trop distingué. Ils chargerent S. Paul & S. Barnabé de cette importante commission. De là vient sans doute la coûtume des premiers Evêques de prendre sur eux-mêmes le soin de ce qui regardoit les Captifs, pendant qu'ils se déchargeoient sur leurs Archidiacres du temporel de leurs Eglises.

Les Constitutions Apostoliques & la Lettre de S. Cyprien aux Evêques de Numidie en font foi. Nous lisons aussi dans plusieurs Lettres de S Gregoire le Grand, que les personnes charitables de son tems lui mettoient aux mains les aumônes destinées pour les Captifs, & l'on voit avec quelle scrupuleuse attention ce Grand Pape se chargeoit par lui même de leur emploi ; peut-être étoit-ce cette même coûtume qui obligea le Pape Gelase d'écrire aux Evêques de Sicile de faire ce partage des biens Ecclesiastiques; qu'aprés avoir separé ce qui conve-

Epist. à Theod. 21. & ailleurs.

Gelas. 1. Epist. 10. aux Evêques.

noit à l'entretien des Clercs, & à la nourriture des veuves, des orphelins & des pauvres : que les Evêques priſſent pour eux la derniere portion, afin de loger les Pelerins, & de racheter les Captifs.

Ce ſoin, ajoûta t'il, n'étoit-il pas bien digne de la ſollicitude Epiſcopale, s'il ne fut pas jugé indigne d'un des plus diſtinguez d'entre les Eſprits bien-heureux ? Pour moi je vous avouë mon étonnement ; j'ai lû d'abord avec quelque ſurpriſe la Commiſſion que Dieu donne à Raphaël dans l'Hiſtoire de Tobie, ſans le profond reſpect que je dois à la Divinité, il m'auroit paru indigne d'un Ange de cet Ordre, d'être chargé du ſoin de faire vuider de l'argent & de faire acquiter une Obligation. Mais mon étonnement a ceſſé quand j'ai fait reflexion à l'uſage que ce ſaint homme faiſoit de ſes deniers. *Tous les jours il en aſſiſtoi ceux qui étoient avec lui dans la captivité.* C'eſt aſſez, dis-je auſſi-tôt, des deniers conſacrez à cet uſage ſont précieux, l'Egliſe naiſſante n'en voulut charger que les Apôtres : dans ſon progrés

Tob. 2.

elle en a chargé specialement les E-vêques : il n'étoit pas indigne d'un Ange même du premier Ordre d'en être chargé. Pressez bien ce motif, mon Pere, que l'Apôtre S. Paul porte si haut : il est puissant pour engager les vrais Fidéles à écouter ceux qui leur parlent en faveur des Captifs.

1 Cor 8. 14.

Mais en voici un troisiéme que l'Apôtre repete assez souvent dans ses Epitres. C'est la communication reciproque, ou la mutuelle compensation qui se fait entre les Captifs & ceux qui les secourent. Ces justes persecutez font part du mérite de leurs chaînes à ceux qui les assistent : & ceux-ci leur distribuent une partie des biens que la Providence leur a confiez. Voici comme parle un Captif, en faveur de celui qui l'a assisté dans la personne de S. Paul, écrivant à Philemon en faveur d'Onesime. *Recevez-le, non plus comme vôtre Esclave, mais comme vôtre Frere, qui m'étant devenu tres cher, doit vous être de même à plus forte raison. Si vous avez quelques égards pour moi, recevez-le comme un autre moi-même. Je suis à present chargé de*

v. 16.

v. 18.

v. 19.

toutes ses dettes. *Ainsi si il vous a fait quelque tort, ou si il reste vôtre redevable, mettez-le sur mon compte: je vous en passe ici une obligation écrite de ma propre main: Je vous le rendrai:* la confiance que j'ai en vous me fait esperer que vous en *ferez encore plus que je ne vous demande.* Vous voyez là, mon Pere, ce commerce heureux, qui selon la Doctrine de S. Paul, remet *l'égalité* entre des Crêtiens dont le sort paroît si different : par ce commerce, les riches donnent leurs biens & leurs soins aux Captifs : & les Captifs transportent le fruit de leurs chaînes & de leurs souffrances à ceux qui les assistent. Les Fidéles par l'argent rachetent les Captifs de leurs miseres, où Jesus-Christ même en la personne des Captifs, & le Captif au Nom de Jesus-Christ paye de son sang & de ses travaux, ce qui manque à la penitence de celui qui lui fait la charité : ou comme parle S. Paul, le *cautionne* devant Dieu & devant l'Eglise. Car il n'y a aucun de ces saints Confesseurs, dont les travaux adoucis, les playes fermées ou les chaînes rompuës, ne fasse entendre cette benediction: *Que le Seigneur fasse misericorde à la maison d'Onesiphore, puisqu'il m'a donné du rafraîchissement dans mes maux, & n'a point rougi de mes chaînes.* De-là sans doute vint la coûtume d'user d'indulgence à l'égard des penitens chargez d'un billet de la main de quelque Confesseur: peut-être dans le commencement ces billets étoient-ils formez sur le modele de cette Lettre: peut-être ces Captifs assistez mandoient-ils aux Eglises, ce que S. Paul mande ici à l'Eglise assemblée dans la maison de Philemon: s'il a peché, s'il est encore redevable, *ne le lui imputez plus, tout est à present sur mon compte, je m'en charge devant Dieu: Recevez-le donc comme vôtre Frere & comme un autre moi-même.*

Quoiqu'il en soit, Mr, il paroît que ce motif fut celui qui engagea l'Eglise dès les premiers tems, à remettre les rigueurs de la penitence, & qui depuis lui a fait publier tant d'Indulgences en faveur de ceux qui assistent les Captifs.

Comment l'Eglise, répondit-il, n'auroit-elle pas usé d'Indulgence pour un sujet qui la touche si fort, si les Empereurs même en ont usé; Car c'est ainsi qu'ils nommoient l'élargissement des prisonniers qui se faisoit par leur ordre dans les Fêtes de Pâques. Comment les Loix Ecclesiastiques dictées par la charité, n'auroient-elles pas cedé quelque fois à la pressante Loi d'assister les Captifs jusqu'à ouvrir ses Tresors spirituels, si les Loix Civiles ont souvent relâché de leur severité en leur faveur? Dés que Constantin fut instruit des maximes Crétiennes, il abolit la coûtume établie depuis si long-tems chez les Romains qui autorisoit les peres de vendre leurs enfans pour subsister. Et afin que la necessité ne servit pas de prétexte pour violer cette défense, il ordonna qu'on eût à prendre dans ses propres fonds de quoi prévenir un si grand mal. L'Empereur Justinien excepte les legs faits pour les Captifs quand il autorise la Loi Falcidie, par laquelle il étoit défendu aux peres, de disposer de tout leur bien au préjudice de leurs heritiers legitimes à qui elle ordonnoit d'en laisser au moins la quatriéme

Cod. Theod. l. 2.

Liv. 49. §. 5. C. des Evêq. & Clercs

triéme partie. Il permet de tout donner aux Captifs : & afin, dit il, qu'on ne juge pas nulle cette disposition sous prétexte qu'on a institué pour heritiers des personnes incertaines sans les marquer en particulier : nous ordonnons en consideration de la pieté & de la charité qui doivent toûjours être favorisées, que cette institution d'heritiers aura son effet, & sera reçûë comme legitime.

C'est de tout tems, Mr, qu'on a cru cette Loi de charité si sacrée, qu'elle a toûjours emporté sur les autres. Vous sçavez quel profond respect les Juifs avoient pour les Livres de la Loi de Moïse : combien ils prenoient de précaution, de peur qu'elle ne fût communiquée aux Profanes, & quelle étoit leur extrême reserve sur ce sujet? Cependant il est arrivé enfin une occasion, où ils ont passé par-dessus tous ces scrupules, & donnant ordre qu'elle fut traduite en Grec, ils l'ont communiquée à toutes les Nations. Ils députerent vers Ptolomée les plus sçavans d'entre eux, afin de travailler à ce fameux Ouvrage connu sous le nom de la Version des Septante. Ce Roi d'Egypte les engagea à faire cette démarche par un acte de generosité qui les toucha trop pour lui refuser rien, quelque sacré qu'il fût : ce fut d'acheter de ses propres deniers six vingt mille Juifs que son Pere avoit fait Captifs, & qu'il avoit vendus à ses Sujets : à la persuasion d'Aristée, il les renvoya libres en leurs pays.

Je ne m'étonne point, reprit l'Ecclesiastique, aprés une si grande generosité, si les Juifs se relâcherent de la rigueur avec laquelle ils avoient caché leur Loi. On ne pouvoit faire une action plus digne de cette Loi même qu'ils lui envoyoient, sur laquelle on pourroit faire cette remarque : qu'elle doit en quelque sorte son origine, son rétablissement, & si j'ose dire, son extension à la Redemption des Captifs. Dieu choisit un Redempteur en la personne de Moïse pour l'écrire : Ce Legislateur ne la donna au Peuple qu'aprés l'avoir retiré de la servitude d'Egypte. Il se servit encore d'Esdras pour la remettre en ordre, & la publier une seconde fois à Jerusalem : mais il ne s'en servit qu'aprés l'avoir employé avec Nehemie & Zorobabel à procurer à ce même Peuple la liberté tant attenduë, aprés 70. ans de captivité en Babylone. Et si comme vous venez de dire, il permet que cette Loi soit traduite en Grec, & communiquée à toutes les Nations, il se sert pour cette nouvelle faveur d'un homme qu'il en a rendu digne en procurant la liberté à des milliers de Captifs, qui demandoient pour lui cette grace.

Mais, mon Pere, il est tard, la courte Epitre de S. Paul nous a conduit un peu loin. Les Motifs qu'on y trouve sont si pressans & si soutenus par toute la Tradition, lorsqu'on en fait l'application aux Captifs; que nous nous sommes heureusement répandus dans ce vaste Champ sans nous en appercevoir, il seroit à souhaiter que nos Crétiens y fissent un peu plus de réflexion. Le fruit sans doute en seroit plus grand que celui que vous attendez de la Lettre de recommandation qui a donné lieu à cet Entretien.

V. ENTRETIEN.

Suite des Motifs qui nous doivent engager à soulager les Captifs ; les promesses & les menaces.

UN autre jour arrivant chez nôtre Ecclesiastique, je le trouvai avec une personne de pieté qui à mon entrée se leva & prit congé en me disant, achevez mon Pere, ce que j'ai commencé. J'ai voulu persuader à Mr de finir ses courses, & de se fixer en quelque lieu, où aprés avoir parcouru la terre & la mer, il pût penser plus à loisir par quelle voye il faut aller au Ciel : Il importe peu de sçavoir ce qui se passe dans les Pays Etrangers : mais c'est une grande misere d'être toûjours étranger à soi-même, & d'ignorer ce qui se passe dans sa propre conscience : puis se tournant vers l'Ecclesiastique : Adieu Mr, lui dit-il, vous y penserez à loisir.

Aprés son départ nous primes chacun un siége, & l'Ecclesiastique me regardant, me dit : vous me tirez d'un grand embarras, cet ami qui croit que je ne voyage que par curiosité, me pressoit de m'arrêter: ses raisons sont fortes à qui n'auroit pas d'autre dessein que de voir le pays. La curiosité est vaine & coûte cher à celui à qui elle ôte le loisir de penser à son salut : ayant résolu de cacher mon dessein, je n'avois que de mauvaises raisons à lui dire : mais que n'aurai-je pas eu à lui répondre, si j'avois pû lui ouvrir mon cœur comme je vous fais ? C'est cette necessité de travailler à mon salut, c'est le désir que j'ai de me rendre le Jugement de Dieu favorable ; c'est le besoin où je me trouve d'en prevenir la rigueur, qui me presse & me reproche que j'ai trop demeuré ici, où je ne fais rien pour les Captifs.

J'ai toûjours devant les yeux cette grande idée du Jugement que JESUS-CHRIST même nous a donné, où toutes les recompenses sont pour ceux qui l'ont assisté en la personne des pauvres affamez, alterez, nuds, exilez, malades ou prisonniers, & où tous les châtimens sont préparez à ceux qui ont

Math. 25.

vû ces miseres d'un œil sec, ou les ont apprises avec un cœur insensible. Je vous avouë, mon Pere, que je ne puis penser sans trembler à la perte de ces momens que je pouvois employer au soulagement des Captifs. Car aprés ce que j'ai vû & éprouvé de leurs maux, & ce que j'ai lû dans l'Evangile, pourrois-je dire à JESUS-CHRIST: quand est-ce, Seigneur, que je vous ai vû souffrant la faim, la soif, la nudité, l'éxil, les maladies ou la captivité: ô! il faut aller en Barbarie pour voir toutes ces miseres fondre ensemble sur un pauvre Esclave qui nous engage d'autant plus à voir JESUS-CHRIST en sa personne, qu'il ne les endure qu'à son occasion. C'est un Captif qui endure veritablement la faim, celle de nos pauvres est bien-tôt soulagée : mais pour lui la faim irritée par la fatigue des travaux du jour & des nuits sans repos lui fait sentir toutes ses rigueurs : il vit parmi des Barbares, & n'en reçoit que ce que leur avarice qui craint de les perdre, lui donne plûtôt afin de prolonger son

Thren. 5. travail que d'appaiser *les tempêtes d*

sa faim. Il faut aller là pour trouver des pauvres qui sçavent ce que c'est que les rigueurs de la soif. Il en est peu ici qui manquent d'eau; c'est ce qui fait le plus cruel supplice de nos Esclaves: Combien en a-t-on vû mourir dans ce tourment? Et ce qui est un plus grand mal, combien y en a-t'il eu qui ont renoncé la Foi pour un verre d'eau, & chez qui la soif a emporté ce que d'autres tourmens, n'avoient pas obtenu? Leur nudité est extrême, puisqu'ils n'ont ni dequoi se revêtir le jour, ni de quoi se couvrir la nuit. C'est là où veritablement ils sont étrangers, & où personne ne les loge: exposez tout le jour à l'ardeur d'un climat brûlant, & la nuit enfermez dans un cachot humide & infect, ils portent envie aux *Oiseaux & aux Renards, qui du moins ont leurs nids & leurs tannieres.* C'est parmi les Captifs que les malades sont vraiment malades, privez de toute consolation pour le corps & pour l'esprit, souvent abatus & reduis au désespoir. Là enfin, on trouve des prisonniers qui sont dans les fers, non *comme voleurs impies ou homicides*, Luc 9. 58

1. Pet. 4. 15.

mais par l'attachement qu'ils ont à la Religion. C'est ce que j'ai vû, mon Pere: vos yeux en ont aussi été témoins. Depuis ce tems-là que vous ont paru les miseres, qui dans ce pays trouvent tant de mains charitables qui les assistent? qui donnent lieu à tant de nouveaux établissemens, & qui fournissent à l'ingenieuse charité des Fidéles de quoi s'exercer chaque année en quelque nouvelle maniere? & cependant ces pauvres tels que nous les avons vûs, demeurent sans secours. Avec quelle sureté attend-on le Jugement de Dieu?

Je lui répondis que ç'avoit toûjours été ma surprise de voir tant de personnes employées à differentes œuvres de misericorde, & si peu qui contribuent à celle-ci, dans laquelle seule on les exerce toutes d'une maniere éminente; car pour entrer dans la pensée de S. Cyprien, dans les autres occasions JESUS-CHRIST dira simplement: *J'ai eû*

Aux Martir. 25. 35.

faim & vous m'avez donné à manger, j'ai eu soif & vous m'avez donné à boire, j'étois étranger & vous m'avez logé, j'étois nud, vous m'avez revêtu,
j'étois

j'étois infirme & en prison & vous m'avez visité ; mais dans celle-ci, il rendra un témoignage plus glorieux : vous ne m'avez pas seulement donné à manger & à boire dans la faim & la soif qui me pressoit : mais vous m'avez mis en état de regagner mon pain, & rappelé dans le sein de l'Eglise où je puis recevoir avec abondance le vrai pain de la parole & des Sacremens dont j'étois privé. Vous ne m'avez pas seulement logé pour une nuit, mais dans mon exil vous m'avez rendu aux douceurs de ma patrie : Vous ne m'avez pas seulement revêtu dans ma nudité ; mais vous m'avez remis en possession de tout mon bien : Enfin j'étois malade & sans secours pour le spirituel aussi-bien que pour le temporel, *languissant dans les tenebres & l'ombre de la mort*, & non content de me visiter vous m'avez rendu la vie & la liberté.

C'est, mon Pere, c'est ce que vous devez prêcher partout. Croyez que la Commission du Prophête Isaïe vous regarde. Recevez pour vous l'ordre que l'Esprit de Dieu lui donne, & qu'il rapporte dans le 58. Chapitre de sa Prophêtie. Desabusez les Fideles au sujet des œuvres de pieté, dites leurs qu'elles ne consistent pas *à jeûner souvent, à s'atténuer le visage, à avoir un air triste & affligé, à se revêtir d'un sac, ou se couvrir de cendres*, pendant qu'ils négligent les œuvres de Misericorde.

v. 6. 7. Mais dites leur: *Voici*, dit Dieu, *le jeûne qui m'est agréable ; brisez les liens qu'a forgez l'impieté, adoucissez le poids des fardeaux qui accablent vos Freres, rendez la liberté à ceux dont le courage est abatu, & delivrez-les du joug insupportable qui leur est imposé. Rompez vôtre pain en faveur de ceux que vous voyez pressez de la faim : ramenez chez vous ceux qui sont bannis & étrangers : couvrez leur nudité, & ne méprisez pas vôtre chair*. Dans ce peu de mots le Prophête réünit tout ce que les Captifs exigent de nous, rompre leurs fers, ouvrage de l'iniquité, relever leur courage abatu, leur donner du pain, finir leurs banissemens & les rappeller chez eux. Si ces œuvres de misericorde sont d'un si grand merite devant Dieu, lorsqu'on les exerce envers ceux qui ne souffrent des miseres que pour s'être indiscretement endettez ; en quelle consideration seront-elles lorsqu'on les exercera envers ceux que la seule constance en la Foi retient dans un exil bien plus dangereux, sous des fers bien plus pesants, dans des travaux bien plus durs & dans un accablement bien plus digne de compassion. Cependant on ne peut rien ajoûter aux promesses que le Seigneur attache à ces devoirs de charité ; faire part de ses plus *pures lumieres, rendre une prompte santé, faire preceder la Justice & la gloire devant les pas de ceux qui s'en acquitent* ; c'est ce que l'Esprit de Dieu promet ; à quoi il ajoûte : *Alors tu invoqueras & le Seigneur t'exaucera : tu crieras & il te dira : me voici, si tu as seulement le soin d'ôter la chaîne du milieu de toi, ne te contentant pas de paroles sans effet ou de signes inutils.* v.8 & 9.

Tout le reste de ce Chapitre comme vous voïez, mon Pere, n'a pas besoin de Commentaire. Les promesses y sont claires & magnifiques : faire naître la lumiere *du fond des tenebres*, & les changer en *un éclatant midi* ; Entrer dans le *repos du Sei-* v. 10.

gneur; qui promet de remplir l'ame de divines *clartez*, & de la rendre comme *un Jardin toûjours arrosé*, ou comme une source feconde, dont *les eaux ne tariront jamais*: devenir enfin un objet particulier de la Providence de Dieu : n'est-ce pas là de quoi animer le zele & la ferveur de ceux qui lisent ou qui entendent ces promesses ?

J'ajoûtai : quand Dieu ne s'en seroit pas expliqué par ce Prophête, ne nous l'a t'il pas fait assez comprendre dans tant d'exemples que nous avons vûs sur ce sujet ? A-t-il jamais fait quelque faveur signalée à aucun de ces Grands hommes dont nous avons déja admiré la charité, qu'il ne la leur ait fait meriter par quelque démarche en faveur des Captifs ? Tous les Juges d'Israël ne doivent-ils pas leur Elevation & les Eloges que la Sagesse leur donne, au bonheur qu'ils ont eû d'être choisis pour délivrer le Peuple d'Israël de ses diverses servitudes ? Ne fût-ce pas au retour de la fameuse expedition où Abraham retira Loth & tant d'autres Captifs du pouvoir de ceux qui les avoient pris, que

Melchifedech vient au-devant de lui, & lui donna ces amples benedictions qui en ont fait le premier de tous les Patriarches? Moïse ne vit d'abord le Seigneur que dans un Buisson, encore lui défendoit-on d'approcher: Mais dés qu'il eut retiré son peuple de l'Egypte, il fut admis à cette intime & inéfable familiarité qu'il eut avec Dieu sur la Montagne? Joseph ne monta-t'il pas sur le Trône aprés qu'il eut exercé sa charité envers ceux qui étoient avec lui dans la prison? Par quelle vertu Tobie s'attira-t-il cet honneur de voir un des premiers Anges descendre du Ciel, afin de faire rentrer la joïe, l'abondance & la prosperité dans sa famille? Ne fut-ce pas cette grande assiduité qu'il eut à donner aux Captifs ses Confreres tous les secours qui étoient en son pouvoir? En quel lieu le Prophête Ezechiel fut-il honoré de ses admirables Revelations qui font le sujet de ses Prophêties? N'écrit-il pas lui-même comme une circonstance remarquable, que c'étoit au milieu des Captifs que sa charité lui faisoit rechercher afin de les consoler?

Et si des Justes il faut passer jusqu'aux pecheurs les plus endurcis, qui procura le don d'une salutaire penitence à Nabucodonosor ? Quelle distinction de ce Roi & de Pharaon, dont la cause étoit si semblable ? Tous deux, dit S. Augustin, étoient Rois ; tous deux Idolâtres & Impies, tous deux persecuteurs du Peuple de Dieu, tous deux frapez de sa main : & cependant l'un s'endurcit & meurt dans l'impenitence, & l'autre se reconnoît & rend gloire à Dieu. Le S. Esprit ne nous insinue-t'il pas assez ce qui a occasionné le bonheur à celui-ci ? Nabucodonosor touché de Dieu écoute Daniel, qui lui découvre une ressource aux malheurs dont il est menacé, lui conseillant *de racheter ses pechez par des aumônes*, en faveur des Fideles Captifs en Babylone : car on ne peut douter que Daniel ne les lui recommandât particulierement, afin que des mains plus pures s'élevassent pour lui vers le Ciel, & lui obtinssent une plus prompte misericorde. Au contraire, Pharaon averti, pressé, menacé par Moïse de la part du Seigneur, endurcit son cœur à la

Daniel 4. 14

voix de Dieu & aux cris de ceux qu'il opprime : Et bien loin de relâcher ou d'adoucir le joug de tant de Fideles Captifs, il appefantit leurs fers, redouble leurs travaux, & mettant le comble à fa cruauté, il le met à fon impenitence.

A ce moment fon Valet le vint avertir que l'heure qu'il lui avoit marquée approchoit : ce qu'ayant entendu, il fe retourna vers moi pour me dire en foupirant : on me prie d'aller ce foir à un feftin : malgré toutes mes précautions, plufieurs de mes amis fçavent que je fuis ici. Si je les croiois je ferois fouvent en regale : mais quelle apparence que je mene ici la vie du mauvais Riche, ayant vû tant de pauvres Lazares abandonnez. Je vous avouë qu'on ne me prie jamais fans que je rappelle à mon efprit ces menaces terribles, que Dieu fait aux riches voluptueux & infenfibles par le Prophête Ofée. *Malheur à vous qui vivez en Sion dans l'abondance, & qui élevez en dignité, entrez dans les Affemblées d'Ifraël avec une pompe, faftueufe : Vous qui poffedez plus de terre que tous les peuples voifins, & qui ne penfez pas* Ofée 6.

que Dieu vous reserve pour le jour de l'affliction : *Vous qui dormez sur des lits d'yvoire, & ne cherchez qu'à satisfaire vôtre molesse : Vous qui mangez les mets les plus exquis & buvez le vin à pleine coupe : Vous qui joignez la douceur de vos voix avec le son des instrumens, & qui vous parfumez de senteurs précieuses, pendant que vous demeurez insensibles sur l'affliction de Joseph.* On ne peut exprimer plus clairement combien Dieu deteste l'insensibilité des grands & des riches sur la captivité de leurs Freres qui souffrent le sort de Joseph, étant vendus aux Infideles, opprimez injustement, chargez de fers & réduits à l'extrêmité : pendant qu'ils vivent dans le faste & la molesse, & qu'ils ne se refusent rien de ce qui peut flâter leur chair & nourrir leur volupté : mais voïez, ajoûta-t-il en prenant la Bible, de quels châtimens ces cruels voluptueux sont menacez au même endroit : *Le Seigneur a juré par lui-même qu'il perdra sans ressource cette faction de voluptueux, qu'il ruïnera leurs maisons grandes & petites & les détruira, qu'il effacera leur mémoire, ensorte qu'à peine il se trouvera un hom-*

me pour enfevelir leurs os: qu'abandonnez à toute la dureté de leur cœur, ils deviendront comme *ces rochers au travers desquels ni les chevaux ni les bœufs ne peuvent passer pour labourer.* C'eſt-à-dire qu'ils deviendront incapables d'aucun bien, que non plus qu'à Pharaon, ni les avertiſſemens, ni les corrections, ni les menaces ne leurs feront pas plus d'impreſſion que le ſoc de la charuë ſur la dureté des rochers, & que de leurs cœurs incapables d'être labourez on ne pourra plus eſperer aucun fruit.

Je ne m'étonne pas, Mr, ſi aïant l'eſprit rempli de ces reflexions on vous fait peine quand on vous invite à manger. Le chagrin que vous me marquez en cette occaſion me fait ſouvenir d'un beau trait de la Vie de S. Germain Evêque de Paris. Fortunat écrit de lui, que quand on le prioit à manger, il ne ſe mettoit jamais à table qu'auparavant il n'eût fait la quête, & n'eût engagé tous les conviez de fournir au moins de quoi racheter un Captif, qu'autrement il n'étoit pas poſſible de le réſoudre à manger un morceau. Sans doute il avoit médité comme vous

Fort. en la vie de S. Germ. c. 23.

cet endroit du Prophête Osée, qu'il s'en faisoit la même application. La charité de ce saint Prélat à l'égard des Captifs, sembloit le rendre responsable de tout ce qu'ils souffroient : De là vient que ses profusions pour les racheter alloient au-delà de tout ce qu'on peut dire.

On ne sçauroit, dit ce fidele Historien, marquer ni le nombre des personnes, ni même toutes les Provinces où il a étendu cette misericorde. Les Espagnols, les Hybernois, les Bretons, les Gascons, les Saxons, les Bourguignons en peuvent rendre témoignage, il regloit sa joïe ou sa tristesse sur les sommes ou sur le peu d'argent qu'il pouvoit recüeillir pour satisfaire à cette charité.

Ce grand Saint, mon Pere, étoit pénetré de la verité dont nous nous entretenons. Il sçavoit de quels châtimens Dieu menace particulierement ceux qui sont établis en dignité, s'ils n'exercent cette misericorde. Combien ne pourrions nous pas ajoûter de Textes de la même force que celui que nous venons de voir ? Qui ne tremblera lorsqu'on entend

Jeremie prédire la captivité du Roi Sedecias & des riches de Juda avec la ruïne entiere de Jerusalem ? Vous sçavez quelle en fut la cause : Le Prophête le dit au même endroit au Nom du Seigneur : parce que vous ne m'avez pas voulu écouter lorsque je vous commandois d'*annoncer la liberté chacun de vous à son Frere, chacun à son ami.* Jerem. 34. 17.

Pardonnez-moi, Mr, si je vous represente que le Prophête en ce lieu parloit de la liberté que les Juifs étoient obligés de donner à la fin de chaque semaine d'années à leurs Freres, qui s'étoient vendus à eux pour subsister, ou qui leurs étoient asservis pour dettes. Je le sçai, mon Pere, & c'est de là d'où je tire un Argument plus fort contre la dureté des riches impitoïables envers nos Captifs. Retenir dans la servitude ceux que la necessité avoit asservis à leurs Freres, étoit devant Dieu une de ces cruautez qui crient vengeance devant son Trône, qui l'engagent à traiter ces Maîtres insensibles dans toute sa fureur Quel sera donc le crime que Dieu imputera, quelle sera la vengeance que sa Justice exercera sur ceux qui n'annoncent pas la liberté à leurs Freres tombez dans une servitude bien plus dure, asservis à des Tyrans, implacables Ennemis de la Religion, sans avoir rien fait qui ait dû les réduire en ce pitoïable état.

Si vous voulez, mon Pere, voir une peinture terrible de ce que Dieu leur reserve, consultons le Prophête Zacharie. Nous prîmes le Livre, & je lûs l'onziéme Chapitre tout entier, sur lequel il fit ces Reflexions. N'est-ce pas au sujet des Captifs plus qu'en aucune autre occasion, que le Seigneur a lieu de dire aux grands, aux riches, & sur tout aux Pasteurs : *Paissez ces Brebis que vous voïez destinées à la boucherie, que leurs Maîtres égorgent sans compassion, & qu'ils exposent en vente en disant : Dieu soit beni ; voilà de quoi nous enrichir, pendant que leurs propres Pasteurs n'ont que de la dureté pour elles.* On ne peut exposer plus nettement ni plus fortement le déplorable état des Captifs, qui sont en effet, comme des Brebis abandonnées de ceux qui ont obligation de les repaître, & abandonnez à la fureur des Maîtres Barbares qui les vendent & les égorgent sans compassion, & qui blasphêment le Seigneur, triomphant de l'heureuse proïe qu'ils croient avoir faite. Mais si le sort de ces tristes victimes est à plaindre, tremblons pour ceux qui pouvant les soulager ne le font pas. Lisez le verset 8. *Mon cœur s'est resserré à leur égard, parce que leur ame m'a été infidelle, & j'ai dit : Je ne serai plus vôtre Pasteur. Que qui meurt, meure ; que ce qui est égorgé soit égorgé ; & que ceux qui échaperont du carnage se dévorent les uns les autres.*

Aprés ces menaces, Mr, je conçois la raison pour laquelle les Saints sont entrez dans de si grandes allarmes à la premiere nouvelle de la captivité de quelques-uns de leur Frére, & si pour lors ils ont autant pleuré sur eux-mêmes comme sur le sort des Captifs. Ils ont toûjours craint les maux dont la Justice divine menace ceux qui aprennent ces malheurs extrêmes, & ne cherchent pas à y remedier. Jeremie dans ses Lamentations, pleure sur soi-même autant que sur Jerusalem.

Mazathias s'écrie, Malheur à moi qui ai vû enlever en captivité ce qui étoit de plus précieux. Les Peres du Concile de Clermont ne cessent de dire: Malheur à nous, malheur à nous. Quand on leur fait le recit de ce que souffroient leurs Freres chez les Sarazins: & il n'est point de Crétiens qui n'en fissent autant s'ils y faisoient une serieuse reflexion.

En effet, Mr, sans toutes ces menaces & ces promesses, ne suffiroit-il pas d'exposer à des Fideles, que c'est JESUS-CHRIST qui souffre dans les Captifs, & qu'ils doivent s'attendre qu'ils seront traitez selon la mesure de la charité qu'ils auront ou exercée ou refusée dans cette pressante necessité? Que peut-on ajoûter de plus fort pour les faire penser à leurs interêts? Ce fut le tour d'Eloquence que prit S. Chrysostome pour toucher ses Auditeurs de la maniere dont nous avons dit. J'ai ici un fragment de ce Sermon: Voici comme il fait parler JESUS-CHRIST en la personne des Captifs, en s'adressant au Riche: " Je " suis réduit dans les fers à implo- " rer ta misericorde. Ce n'est point

"pour te prier ou pour t'obliger de "
"les rompre & de me délivrer : il "
"t'en couteroit peut-être trop, je "
"ne te demande qu'une chose ; me "
"la refuseras tu ; que tu me regarde "
"Captif, & que tu m'accorde ce re- "
"gard pitoïable, du moins pour l'a- "
"mour de toi. C'est une grace que "
"je te conjure de m'accorder. Si tu "
"le fais je serai satisfait, & par ce- "
"la même je t'accorderai le Ciel. "
"Tu sçais de quels fers, & de quel- "
"le servitude, & à quel prix je t'ai "
"délivré. Mais pour moi, qui suis "
"Esclave à mon tour, je ne te de- "
"mande qu'une chose ; de ne dé- "
"tourner pas tes yeux de sur moi, "
"& de ne dissimuler pas mes chaî- "
"nes : mais de me consoler du moins "
"de quelqu'un de tes regards si tu "
"l'as agreable." Saint Chrysostome poussant cette figure avec toute l'ardeur de son zele & la force de son Eloquence, émût tellement ses Auditeurs, qu'il fut obligé de se taire afin de donner cours à leurs larmes. Si vous le voulez, Mr, nous finirons aujourd'hui de même.

VI. ENTRETIEN.

De la compassion qu'on doit aux Captifs.

DEpuis ma derniere visite je fus plusieurs fois chez nôtre vertueux Ecclesiastique sans le trouver ou lui parler, je m'apperçûs qu'il cherchoit à m'éviter : Tantôt ne se trouvant point chez lui : Tantôt prétextant quelque affaire qui l'obligeoit de sortir : Tantôt me donnant quelque honnête défaite ; ensorte que je ne pus m'empêcher de lui marquer que j'appercevois en lui du changement à mon égard. J'aurai toûjours, mon Pere, me dit-il, toute l'estime & l'attachement que je dois à votre personne ; mais je ne puis vous dissimuler que je me repens de m'être un peu trop ouvert à vous. Est-ce donc ainsi, mon Pere, qu'on produit les gens malgré qu'ils en ayent ? Il y a quelques jours que la Relation de vôtre Voyage de Barbarie m'est tombée entre les mains : mais la lecture de vôtre derniere Lettre m'a fait rougir plus d'une fois,

fois, vous m'y avez désigné avec des caracteres si particuliers, que pour peu qu'on connoisse les principales de mes avantures, il est facile de sçavoir de qui vous parlez. vous n'avez rien obmis de tout ce que je vous ai dit en secret, & vous y avez ajouté tout ce que vôtre charité vous a fait penser de moi ; vous m'y érigez aussi en Maître, comme si en vous épenchant mon cœur, je vous avois donné de nouvelles lumieres sur un sujet dont vous êtes incomparablement mieux instruit que moi. Ce n'est point ainsi qu'on en use envers ses amis. Ce que vous avez dit d'avantageux de moi inspire un secret désir de me connoître : & ce que vous en avez marqué de particulier fait bien-tôt tomber les soupçons sur moi. Déja plusieurs depuis que je suis ici m'en ont voulu faire compliment.

Hé, quel mal, Mr, lui dis-je, vous arriveroit-il, quand on vous soupçonneroit d'avoir pour les Captifs les sentimens que vous m'avez marquez ; vôtre modestie n'est-elle pas assez ménagée dans une Lettre où l'on ne voit ni vôtre nom ni vôtre

Y

naissance ni votre famille ? Mais pour vôtre Exemple, devois-je le taire ? N'en ai-je pas tiré de grands avantages pour ceux que vous aimez ? Les lumieres dont vous m'avez fait part, les sentimens que vous m'avez confiez ont paru si dignes de l'Esprit Crêtien, & ont si fort touché ceux qui sont sensibles à la charité que vous n'avez pas lieu de vous repentir des confidences que vous m'en avez faites. C'est, Mr, au nom de cette même charité que je vous conjure de continuer à me faire part de tout ce que vous avez remarqué sur ce sujet. Vous sçavez qu'il n'est que trop inconnu.

Il demeura quelque tems dans le silence : mais enfin sa ferveur l'emportant sur son humilité, je m'aperçûs qu'il étoit prêt de m'ouvrir son cœur à l'ordinaire. Ce qui m'engagea à lui dire pour le presser davantage. Il n'en va pas de même, Mr, de cette œuvre de misericorde, comme des autres qui s'exercent envers ceux dont les besoins sont assés connus. Il suffit de secourir ceux-ci en particulier, & de soulager leurs nécessitez sans en parler à personne; mais au sujet des Captifs, il faut paroître pour eux, il faut parler pour eux, il faut leur servir de voix & d'interprete, puisqu'ils sont dans l'impuissance de montrer par eux-mêmes leur misere, & d'exposer les périls où ils sont: il faut faire entendre aux Fideles quelle est la compassion qu'ils leurs doivent. Je vous avoue que la publication que j'ai faite de nos Entretiens à Tripoli, a déja eu un assez bon succés. C'est ce qui me rend si ardent & si assidu à me rendre ici prés de vous. Continuez donc, Mr, & souffrez que je vous invite avec les paroles du Sage, de faire cette charité aux Captifs dont les interêts vous sont si chers: *Prêtez vôtre bouche aux muets, & parlez en faveur des Enfans étrangers:* ou comme porte l'Hebreu, de ceux qui sont retranchez, & qui ont le malheur d'être séparez du commerce de leurs Freres. *Aperi os tuum muto & causis omnium filiorum qui pertranseunt.* Hebr. *Filiorum excisionis.* A ces paroles il prit la Bible, & aïant trouvé ce Passage immédiatement suivi des Eloges que le Sage donne

Prov. 31. 8.

à l'Eglise sous la figure de la Femme forte : aprés quelques momens de reflexion son zele s'échauffa, & en faisant une aplication assez juste à nôtre sujet : il dit avec son onction ordinaire.

Mon Pere, remarquez qu'aprés un avis si judicieux, le Sage se trouve tout d'un coup transporté dans ces tems heureux où l'Eglise devoit paroître dans toute sa ferveur & sa beauté : comme pour nous dire ; que cette charité qu'il vient de recommander devoit paroître en cette Epouse dans l'éclat de sa plus grande Sainteté.

Qui trouvera cette Femme forte ? Qui sera assez heureux de vivre dans ce tems où elle paroîtra telle que je la vois en esprit ? *quand elle tirera son prix de loin & des païs les plus reculez,* ce qu'elle fait dans la charité qu'elle exerce envers ceux que le malheur a enlevez dans les terres Infidelles. C'est sur ces ennemis qu'elle remportera de si précieuses *dépoüilles*, & si nombreuses que *le cœur de son Epoux se reposera en elle* de tout ce qui les regarde.

Ces applications, Mr, me paroissent justes, c'est en cela qu'elle a rendu à son Epoux le bien & non le mal; reconnoissant le bien-fait de la redemption par les Redemptions frequentés & nombreuses qu'elle a faites *dans tous les jours de sa vie*, qui sont les siécles de toute sa durée.

Elle a cherché la laine & le lin, continua l'Ecclesiastique, *elle a travaillé avec le conseil de ses mains*. Voilà ce que l'Eglise fait dans la paix pour ceux de ses Enfans qu'elle retient dans son sein, elle les rechauffe, elle les forme à un travail judicieux. Mais lorsque la persecution enleve les autres en captivité dans les païs Barbares. *Elle est comme un vaisseau Marchand qui trafique au loin pour apporter son pain.*

Il me semble, Mr, que le Sage devroit plûtôt dire, pour y porter son pain: si ce n'est peut-être que la nourriture de ses Enfans est la sienne, ou bien que la charité est ce qui nourrit l'Eglise & entretient toute sa vigueur.

Ajoûtez, repliqua-t-il, selon quelques éditions qu'on peut lire, *qu'elle aporte de loin des richesses*. Quoiqu'il en soit, la persecution qu'on fait aux Captifs, est proprement cette *nuit où elle se leve pour donner la proïe à ses Domestiques, pendant qu'elle distribuë la nourriture à ses Servantes* : excellente expression, si par les Domestiques & les Servantes nous entendons les forts & les foibles qui sont dans l'Eglise : Elle donne une simple nourriture à ceux-ci : mais pour les forts & les ames genereuses : elle leur apprend à ne vivre que du butin, & à ne soûtenir leur ferveur que par *la proïe* que leur charité enleve aux ennemis du Peuple de Dieu, en délivrant leurs Freres.

C'est-là ce Champ fertile qu'elle achete à quelque prix que ce soit, après l'avoir bien consideré, c'est la Vigne qu'elle plante & cultive de ses propres mains; C'est le langage des Peres, qui nous ont appris que le sein des Captifs est un Champ où l'on seme fructueusement : que ce sont des vignes abandonnées, mais qui rapportent beaucoup de fruit pour peu qu'on les cultive. Ainsi je ne suis pas surpris si l'Eglise les juge si dignes de sa consideration : & si elle n'épargne rien pour les *acheter:* si pour ces genereux efforts *elle ceint ses reins & fortifie ses* bras : Reveillant toute la tendresse, & si je l'ose dire, remuant les entrailles de sa misericorde, & usant des dernieres profusions de sa charité : Comment feroit elle autrement ? Instruite du S. Esprit, & Sage par son experience : *elle a goûté & connu combien ce trafic est avantageux* : & ainsi il ne faut pas craindre que cette charité qui est sa *lampe ardente s'éteigne jamais dans la nuit*, quelque rigoureuse & quelque longue qu'elle soit. C'est un grand éloge pour elle : *de porter sa main à ce qu'il y a de plus fort ou de plus difficile : pendant que ses doigts ne négligent rien de ce qui est de plus aisé*. Voulez-vous sçavoir en quoi *elle ouvre sa main à l'indigent* : voilà ce qu'il y a d'aisé, de soulager la faim, la soif, & les autres necessitez qu'elle a devant les yeux, & dont le *fuseau* ou un travail moderé lui donne les moïens. Mais voici ce qu'il y a de fort : *Elle étend ses bras vers le pauvre* ; ou comme nous lisons dans l'Hebreu : *Elle envoye ses bras vers ceux qui souffrent l'injustice*.

L'expression est singuliere, Mr, d'envoïer ses bras vers les persecutez : & nous marque combien cette

charité qui s'exerce au loin est ge-
nereuse, & quels efforts fait l'Eglise pour l'exercer, envoïant ses bras
pour ce Ministere, pendant qu'elle
se contente d'ouvrir simplement la
main dans les autres occasions.

Aprés cela vous voïez, mon Pere,
que tant qu'elle perseverera, le Sage
a bien lieu de dire : *qu'elle ne craindra
point pour sa maison les froideurs de la
nége ; car tous ses Domestiques sont dou-
blement vêtus*. Non, tant qu'elle leur
apprendra à joindre ainsi la charité
à l'égard du prochain, à l'amour
qu'ils doivent à Dieu, elle n'a rien
à craindre, ni pour les tems de la
persecution, ni qu'elle voye les siécles où la charité sera refroidie.
Mais au contraire, elle paroîtra
dans sa splendeur & dans l'éclat que
l'Esprit de Dieu nous exprime figu-
rément quand il ajoûte : *qu'elle s'est
fait des vêtemens précieux, & que son
habit est la pourpre : & que son Epoux
en sera glorifié dans l'assemblée des Justes*,
ou de ceux qui jugent sainement de
toutes choses. Qu'il est glorieux en
effet & à JESUS-CHRIST & à
l'Eglise qui suivant son Esprit, n'é-
pargne rien pour soulager ceux qui
souffrent

souffrent pour son Nom! Elle emploïe le travail de ses mains. Elle *vend* tout, elle livre ce qu'elle a de plus précieux ou de plus necessaire, jusqu'à *donner sa ceinture au Cananéen*; ce qu'elle fait toutes les fois qu'elle vend ses Ornemens les plus riches, & qu'elle en donne l'argent aux Infideles pour le rachat des Captifs. Ce qui la fait paroître bien plus magnifiquement parée aux yeux de Dieu, qui dans ce dépoüillement la voit *revêtuë de force & de beauté*, & lui promet *de la joie pour le dernier jour*, où il rendra Justice à toutes les œuvres de misericorde. Avec cet éclat, ces promesses, & aprés ces exemples n'est-elle pas bien reçuë *à ouvrir la bouche à la Sagesse, & à porter une loi de clemence sur la langue*. Prêchant la misericorde à ses Enfans, qui excitez par cette loi de clemence, apprennent à *ne point manger leur pain dans l'oisiveté, & publient par tout combien elle est heureuse*, & quelle loüange elle reçoit de son Epoux.

Voilà, mon Pere, les effets & les benedictions de cette charité: *les Enfans* de l'Eglise qui écoutent en cela leur Mere, *s'élevent* au-deſſus de leurs propres intereſts, afin d'exercer la miſericorde : les malheureux Eſclaves juſqu'alors abatus, *s'elevent* de leur côté par l'eſperance qu'on leur donne, ou la liberté qu'on leur procure : & les uns & les autres *publient qu'elle eſt bienheureuſe*, d'avoir des Enfans dignes de ſon Epoux depuis que la charité a exercé les uns, & que la patience a éprouvé les autres.

Donnez-moi une ame qui ſuive cet Eſprit : ce ſera une ame vraïement forte : & l'Eſprit de Dieu lui rendra ce témoignage : *beaucoup de filles ont amaſſé des richeſſes ; mais vous les avez toutes ſurpaſſées* ; tant eſt grande la récompenſe attachée à cette œuvre de miſericorde.

Je m'apperçûs aprés cette Paraphraſe qu'en fermant le Livre il vouloit finir la Converſation. Mais afin de la continuer, je lui dis : qu'on feroit un grand plaiſir aux ames curieuſes d'amaſſer ce grand nombre de richeſſes ſpirituelles, de leur apprendre plus en particulier les divers moïens dont l'Egliſe s'eſt ſervie pour exercer cette œuvre de misericorde, afin d'entrer dans son Esprit & d'en imiter la pratique.

Il me dit que nous en avions assez parlé dans tous nos Entretiens : mais comme j'insistois à vouloir entrer plus en détail, il me dit : il est facile, mon Pere, de les contenter sur ce sujet, pour peu qu'on leur fasse faire réflexion sur ce qui s'est passé dans tous les siécles, dont nous nous sommes assez entretenus. On y verra que la compassion sincere & cordiale est la premiere chose que l'Eglise a crû devoir à ses Enfans, dés qu'elle a appris le malheur où ils étoient tombez, & les périls où ils étoient exposez par la captivité. Pouvoit-elle refuser ce juste sentiment ? *Qui est-ce d'entre ses Enfans qu'elle voit infirme sans ressentir son infirmité ? Qui est-ce qu'elle voit scandalisé & au péril de se perdre sans que son zele s'enflâme à la vûë de ce danger ?* [2. Aux Co. 11. 19.]

En effet, Monsieur, n'avons nous pas vû combien les Papes, les Evêques & tous les Fidéles s'abandonnoient autrefois à la compassion, lorsqu'ils voïoient des Fidéles enlevez en captivité.

En peut-on marquer davantage, repartit il reprenant le cours de plusieurs siécles ; l'Eglife dans Antioche s'attendrit fur les befoins des Crêtiens perfecutez à Jerufalem, & gemit fur leur extrême neceffité.

L'Eglife à Carthage pleure avec S. Cyprien l'enlevement des Fidéles de Numidie, comme fi chacun avoit vû enlever fon Pere, fa Mere & fa Sœur. L'Eglife réünie à Milan avec S. Ambroife s'attrifte fur le malheur des Fidéles que la perfecution des Hérétiques a réduits aux fers : Elle eftime, comme écrit ce S. Evêque, qu'il faudroit être plus dur que le bronze, & avoir dépouillé tout fentiment d'humanité pour n'y être pas fenfible. L'Eglife de Conftantinople fous Saint Chryfoftome s'abandonne à de pareilles allarmes à la feule expofition d'un malheur femblable, qu'il décrit avec fon Eloquence ordinaire. La Solitude même a vû dans une infinité de fes Saints habitans, une illuftre portion de l'Eglife fondre en larmes à la nouvelle d'une pareille calamité : Les Deferts fe virent abandonez de leurs Solitaires, qui rentrerent dans Antioche dans le dessein de prévenir ou d'adoucir les rigueurs de la servitude où cette Ville alloit tomber.

L'Eglise Romaine, comme nous avons vû dans Eusebe & les autres Auteurs de l'Histoire Ecclésiastique, s'est renduë de tout tems sensible à la captivité des Crêtiens les plus éloignez. Enfin, l'Eglise Universelle Assemblée dans les Conciles Generaux, où l'on a pressé les Croisades, s'est vûë toute en pleurs à la seule nouvelle des miseres & des périls où les conquêtes de Sarrazins exposoient ceux de ses Enfans, qui avoient le malheur de tomber sous leur puissance. En toutes ces occasions elle plaint leur misere, elle envoye ses Predicateurs, elle fait écrire ses Docteurs : elle arme ses Princes, elle excite ses Enfans à gemir avec elle. Qui osera s'en défendre & se dire Enfant de l'Eglise ?

Ce que vous dites, Mr, des So- *Syr. l.3.* litaires me fait souvenir de ce qui *c. 10. 17.* se passa dans le dixiéme siécle dans la fameuse Abbaïe de Cluny, où il ne fallut qu'une seule Lettre de quatre lignes pour mettre tous ces ſaints Solitaires & tout le pays voiſin dans les larmes & les gemiſſemens. S. Mayeul Abbé revenant de Rome, avoit été pris par les Sarrazins de Freſſiner avec une grande troupe de gens de divers pays, qui s'étoient crûs en ſureté à la ſuite d'un ſi Saint homme. Ce Saint Abbé qui ne reſpiroit que le Martyre, n'eut jamais tant de joye que lorſqu'il ſe vit ſurchargé de fers, pour avoir prêché à ces Infideles l'excellence de nôtre Religion & la fauſſeté de l'Alcoran. Il ſe tenoit glorieux de porter le reſte de ſes jours la cicatrice d'une playe qu'il avoit reçûë en couvrant de ſa main un de ſes ſerviteurs prêt à être percé d'un dard lancé par un Sarrazin du haut d'une Roche. Mais il étoit inconſolable ſur la miſere & les périls de tant de Fideles arrêtez à ſa ſuite, & preſque à ſon occaſion. Ce fut ce qui l'obligea d'écrire ce peu de mots aux Moines de ſon Abbaïe.

„ A Meſſeigneurs & mes Freres de
„ Cluny Frere Mayeul malheureux
„ Captif. Les torrens de Belial
„ m'ont environné, les filets de la

mort m'ont prévenu. Maintenant " donc envoïez s'il vous plaît la ran- " çon pour moi & pour ceux qui " sont avec moi. "

Cette Lettre, continuë l'Auteur de sa Vie apportée à Cluny, y causa une extrême affliction, & dans tout le pays. On vendit tout ce qui servoit à l'Ornement du Monastere. Et plusieurs gens de bien contribuant encore de leurs liberalitez, on amassa une assez grosse somme pour les racheter tous.

Il me répondit à ce récit qu'on pouvoit voir bien des Exemples semblables dans les Solitaires, qui s'étudiant à s'élever au-dessus de tous les biens & de tous les maux de la vie, se sont fait une Religion de se rendre sensibles aux maux des Captifs. Il s'en est même trouvé qui pour les sentir plus vivement & ne les jamais oublier, se sont eux-mêmes emprisonnez & mis aux fers pour le reste de leurs jours. Tel fut Saint Senoch dont parle Saint Gregoire dans les Vies des Peres, qui se fit reclus proche Marmoûtier, & qui avec son abstinence & son Oraison continuelle, portoit une chaîne de fer aux pieds, aux mains & au col. En cet état il pensoit continuellement aux Captifs, & prêchoit pathetiquement leurs maux à ceux qui le venoient visiter : ses prédications si sensibles avoient un tel effet qu'on compte plus de deux cens Captifs rachetez par les aumônes qu'on lui faisoit. Si l'on n'emploie pas un moyen si violent pour toucher les Crétiens sur le malheur de leurs Freres, je souhaiterois du moins, Mr, avoir quelque monument précieux qui pût leur remettre souvent devant les yeux l'image sensible d'une calamité qu'on oublie si aisément.

Vous ne pouvez, mon Pere, en trouver un plus beau, plus sensible & plus familier, sur tout à ceux à qui l'Eglise met le Psautier en main, que le Pseaume 106. Il suffiroit de le reciter souvent dans l'Assemblée des Fidéles pour produire tout l'effet que vous demandez. Là le Roi Prophête entre dans un détail si vif & si clair des maux qui accompagnent la captivité d'un peuple fidéle chez les ennemis de la Religion ; il y donne des traits si ressemblans ; il ajoûte des motifs si pressans, que rien n'est plus capable de frapper l'imagination, & de remuer le cœur de ceux qui le chanteroient avec attention. Je le conjurai de permettre que j'en eusse la lecture avec lui, lui disant qu'il me souvenoit que le Prophête dans ce Pseaume invitoit les Justes à benir le Seigneur pour les misericordes qu'il avoit exercées en faveur des hommes, & pour les miracles que sa Puissance avoit faits en retirant son Peuple de la servitude d'Egypte. J'ajoûtai que les Peres de l'Eglise ont toujours remarqué que ce Cantique étoit une excellente action de graces pour les Crêtiens qui chantent cette misericorde infinie, dont Dieu a usé à nôtre égard en nous retirant de la servitude du péché & des maux qui l'accompagnent, dont cette premiere captivité étoit la figure.

Il me repartit, il n'en faut point doûter. C'est sous cette double idée que le Prophête chante ce Cantique, tant au nom du peuple Juif, dont il peint la servitude & raconte la Redemption miraculeuse, qu'au nom du peuple Crêtien dont il décrit Prophêtiquement la redemption & la captivité beaucoup plus dangereuse. Mais comme ce saint Roi sur l'idée de la premiere captivité reveille son esperance & sa reconnoissance, pour remercier Dieu par avance du bien-fait de la Redemption qui devoit s'operer par Jesus Christ : une ame fidéle ne devroit elle pas de cette même Redemption tirer de puissans motifs pour reveiller sa charité au sujet d'une troisiéme servitude où elle apprend que ses Freres sont en péril ?

Lisons, mon Pere, & nous allons voir, qu'on ne peut mieux peindre le bien-fait de la Redemption de Jesus Christ ; l'état malheureux d'où il nous a tirez par son Sang : mais aussi qu'on ne peut décrire plus naturellement la triste servitude de nos Captifs, dans lesquels nous devons regarder Jesus-Christ qui nous invite à lui rendre la pareille.

Que toutes les Créatures *benissent le Seigneur, parce qu'il est bon, & que sa misericorde est à perpetuité* : Mais entre toutes, que ceux-là le publient qui ont été rachetez par le Seigneur: qu'il a, dis-je, rachetez de la puissance de l'Ennemi & rassemblez de divers pays, du lever & du coucher du Soleil, du côté de l'Aquilon & de la mer. Qu'ils disent dans quel état le Seigneur les a trouvez: *Errans dans la solitude & dans une terre sans eau, ne pouvant trouver la voye qui conduit à la Cité. Ils souffroient la faim & la soif, & leur ame y succomboit. Dans cet état de tribulation ils ont crié au Seigneur, & il les a tirez de leurs necessitez. Il les a conduits dans le chemin droit, & mis en état d'arriver à la Cité, où ils devoient établir leur demeure.* Voilà une riche matiere *de benir le Seigneur pour ses misericordes, & d'admirer les merveilles qu'il a faites en faveur des Enfans des hommes.*

Riche, Mr, & plus qu'on ne le peut penser. Nous avoir tirez de l'égarement où nos ames *sans nourriture, sans guide, sans secours erroient,* & s'éloignoient toûjours de la *voye* qui conduit au *vrai repos.* La riche matiere de benir sans cesse le Seigneur.

Mais le beau motif, mon Pere,

& la belle maniere, de reconnoître en quelque sorte ce qu'il a fait pour nous. Car dans cette description, nous trouvons à la lettre le premier degré de la misere des Captifs : à sçavoir l'exil, & ce qu'il leur cause le chagrin. *Ils errent* dans d'affreuses *Solitudes*, éloignez qu'ils sont de leur pays : Ils sont *sans eau*, souffrant sans consolation. *Ils endurent la faim & la soif* : Ils se trouvent souvent *réduits à la défaillance* : & pour comble de maux, ils n'apperçoivent aucune voye par laquelle ils *puissent revenir à la sainte Cité*, ou dans le sein de l'Eglise. En cet état ils crient au Seigneur, & le Seigneur nous renvoye leurs cris, nous faisant sçavoir que c'est lui qui souffre en leurs personnes. Quel motif pour ceux qui dans ce Pseaume chantent les misericordes du Seigneur & les prodiges qu'il a faits pour combler de biens leur ame *vuide & affamée*, & les remettre dans le chemin du bonheur.

Mais ce n'est encore rien, l'état d'où Jesus-Christ nous a tirez n'étoit pas un simple égarement, c'étoit encore une cruelle captivité. *Ils étoient assis dans les tenebres & dans les ombres de la mort, Esclaves dans la mandicité & chargez de fers.* Etat déplorable ; mais juste punition pour les Enfans d'Adam ; parce qu'ils avoient irrité le Seigneur en violant ses Loix, & qu'ils avoient méprisé le conseil du Trés-Haut. *Leur cœur a été humilié dans les travaux, jusqu'à un entier affoiblissement, sans qu'il y eut personne qui les secourût. En ce triste état ils ont crié au Seigneur du milieu de l'affliction, & il les a tirez de leurs necessitez. Il les a fait sortir des tenebres & de l'ombre de la mort, & a rompu leurs liens.* N'ont-ils pas grand sujet *de loüer le Seigneur pour ses misericordes*, &c.

Ils en ont encore plus, Monsieur, d'écouter à leur tour le Seigneur qui les appelle à imiter *ses merveilles* dans la Redemption des hommes. Car il ne faut point de Commentaire pour reconnoître dans cette disposition le second dégré de leur misere, qui est d'être chargé de fers dans un pays *de tenebres & dans l'ombre de la mort*, où *leur cœur accablé d'ennuis, & travaillé* jour & nuit de chagrin, tombe dans des *foibleßes* ou des tentations d'autant plus dangereuses, qu'ils ne voyent *personne qui puisse les secourir.*

Ajoûtez, mon Pere, que c'étoient nos pechez qui nous avoient rendus Esclaves, & c'est leur constance dans la Foi qui appesantit leurs fers : mais poursuivons Nous n'étions pas seulement dans l'Esclavage, nous étions encore dans les cachots, & le Seigneur a eû la bonté *de briser les portes d'Airain, & de rompre les barres de fer,* qui sont nos habitudes & nôtre endurcissement dans le peché, où une *ame a en horreur, tout ce qui fait sa vraye nourriture, & s'approche toujours des portes de la mort :* d'où personne n'auroit pû revenir, *si Dieu n'avoit envoié son Verbe pour les guerir & les tirer de la mort.*

Il est juste, dis-je, que nous en chantions ses misericordes : encore plus juste que nous les imitions. Nous avons à rompre *des portes d'Airain & des barres de fer,* dans les persecutions que l'avarice & la cruauté inspirent aux Barbares pour empêcher nos Freres de s'échapper. Ce Miracle est digne de la charité

Crêtienne, de les délivrer selon le Texte, *de pl. sieurs Morts : de inter rioibus* en les tirant du péril de la mort de l'ame aussi-bien que de corps, dont ils sont continuellement à la porte.

Si on ne le fait pas, continua-t-il, qu'on tremble du moins sous la main puissante d'un Dieu qui preside à toutes les revolutions d'ici bas. *Ceux qui voyagent sur mer* éprouvent avec quelle autorité il excite & calme les tempêtes à son gré, Le Psalmiste en fait ici une magnifique description. Mais ceux qui se regardent comme voïageurs, & la vie presente comme une Mer sur laquelle ils trafiquent, ne manquent pas *de reconnoître les œuvres du Seigneur :* Et sçavent que s'ils souffrent des persecutions, comme des tempêtes, c'est pour faire connoître *la puissance de sa parole, qui calme les flots & appaise les orages,* dont ses Elûs sont affligez, en leur inspirant d'un côté la patience, d'autre part commandant la charité aux Fideles à leur égard : ainsi sa providence tire le salut des uns & des autres du même fond, & se sert de ces persecutions pour les *conduire tous également au port désiré.*

Que ce Pseaume, lui dis-je, me paroît admirable, on y trouve de grands motifs de compassion dans les vives descriptions que le Prophête y fait de la misere des Captifs, de reconnoissance en y répetant les misericordes du Seigneur envers les Enfans des hommes, d'une sainte émulation, montrant qu'on peut imiter les plus grandes merveilles de la Puissance, & de la Providence de Dieu dans la redemption des Captifs, & de la charité, nous insinuant adroitement l'obligation indispensable d'y repenser souvent : ayant composé un Cantique exprés afin qu'on ne l'oublie pas.

On pourroit dire encore, mon Pere, un motif de juste crainte par laquelle le Prophête finit, en rapportant les Miracles que Dieu a faits à cette occasion. Il montre d'un côté les biens dont il a comblé ceux qu'il avoit éprouvez par la captivité : & de l'autre les chatimens dont il affligea ceux qui furent insensibles à leur misere, &
qu'ont

qu'ont tout sujet de craindre ceux qui imitent leur dureté : *changer les Fleuves en un Desert, & les pays auparavant si arrosez, en des terres séches & sans eau ; rendre leurs terres autrefois si fecondes, aussi steriles que si on y avoit semé du sel ; faire tomber leurs Princes dans le mépris & les abandonner à leurs égaremens.* Ceux qui sont faits au stile figuré des Prophêtes, comprennent assez quelle terrible malediction est exprimée dans ce peu de paroles.

Nôtre entretien fut rompu en cet endroit, par une visite qui lui survint mal à propos pour moi, & qui m'obligea de le quitter avec beaucoup de regret, & sans pouvoir convenir d'un jour pour une nouvelle entre-vûë.

VII. ENTRETIEN.

Les divers moyens que l'Eglise a employez pour le secours des Captifs.

DEpuis nôtre dernier Entretien je fus plusieurs fois au rendez-vous ordinaire, sans pouvoir joüir Premier moyen. La prière.

de la conversation du pieux Ecclesiastique. Comme il étoit sur son départ il arrêtoit peu chez lui, occupé qu'il étoit à regler ses affaires, & lorsqu'il y étoit, je le trouvois presque toûjours embarrassé. Aprés plusieurs visites inutiles, enfin je le trouvai ; il me fit beaucoup d'excuses, sur lesquelles je tranchai court, dans la crainte d'être interrompu. Et pour commencer, je lui dis: vous souvient-il, Mr, que dans nôtre dernier Entretien nous avions entrepris de parler de ce que l'Eglise, par son exemple, obligeoit les Fideles à faire pour le soulagement des Captifs ? Nous nous étendîmes assez sur la compassion qu'elle a toûjours crû devoir à leurs maux, & qu'elle a toûjours inspiré à ses Enfans ? mais ce seroit bien peu si la charité en demeuroit là, où le mal est si pressant. N'en doutons point repartit-il, l'Eglise s'est crûë obligée de passer outre, & d'emploïer des moyens plus efficaces pour leur soulagement, dont,

Le premier a été la PRIERE. Elle s'est d'abord adressée au Seigneur : parce que c'est lui *qui déli-*

Ps. 71. 12.

vre le pauvre des mains du Puissant qui le tient asservi. C'est lui qui rend Justice à ceux qu'on persecute injustement: qui donne la nourriture aux pauvres affamez, qui romp les chaînes des Captifs & releve leur courage abatu, & qui fait éclater sa misericorde, en exauçant ceux qui crient à lui dans la mandicité & dans les fers, & en brisant leurs chaînes. C'est à lui qu'elle apprend à ses Fidéles de s'adresser, répetant si souvent dans ses Offices les ferventes Prieres que le Psalmiste, & les autres Prophêtes ont dressées en faveur des Captifs. Vous les sçavez, mon Pere, il n'est pas necessaire de vous en faire un recüeil.

Oüi, Mr, nous les repetons assez souvent. Je sçai aussi que jamais l'Eglise n'a vû ses Enfans tombez dans la captivité, sans engager en même tems les autres à lever les mains au Ciel, afin de leur attirer le secours. Son premier coup d'essai fut trop heureux, & les Prieres de l'Eglise naissante firent trop promptement ouvrir les Prisons, & tomber les chaînes des pieds &

Act. 12. 5.

des mains de S. Pierre, pour ne pas emploïer ce moyen si efficace dans de semblables occasions. Mais elle a toûjours joint le jeûne à la Priere.

M. Fleury t. 12. p. 142.

L'Histoire Ecclesiastique, mon Pere, est toute remplie de semblables miracles; & nous en avons vû plusieurs dans le cours de nos Entretiens. En voici un qui m'a paru digne d'être observé. Dans le neuviéme Siécle, les Sarrazins ayant fait une incursion dans la Calabre, le fameux Solitaire S. Nil se retira dans une Forteresse avec ses Moines, à l'exception de trois, qui étant demeurez dans le Monastere, furent pris & emmenez en captivité par ces Barbares. S. Nil à la tête de ses Religieux se mit en prieres, redoublant leurs jeûnes & leurs austeritez, & dans la ferveur de son Oraison, il demanda du papier & écrivit comme de la part de Dieu une Lettre à l'Emir, qui retenoit ses Religieux dans l'Esclavage. Il envoïa cette Lettre par un de ses Freres, accompagné de grosses sommes d'or. L'Emir d'abord se fit lire la Lettre, dont il fut si touché par la main de Dieu qui tourne le cœur des Rois comme il lui plaît, qu'il fit sur le champ venir les Moines Captifs, les ayant traitez avec honneur, les renvoïa avec l'or qu'on lui avoit apporté, y ajoûtant un present de plusieurs peaux de Cerfs, & une Lettre dans laquelle il exprimoit ainsi la disposition de son cœur : " C'est ta faute de ce que tes Moines " ont été maltraitez : si tu t'étois " fait connoître à moi, je t'aurois " envoïé un Sauve-garde, & tu " n'aurois pas eû besoin de sortir " de ton Monastere. " Voila ce que peut une Priere fervente en faveur des malheureux.

J'attendois, Mr, à voir des chaînes rompuës par miracle : mais je trouve que le cœur d'un Barbare, touché jusqu'à méprier l'or, rompre lui-même des fers que sa ferocité naturelle a forgez, & concevoir une haute estime pour la vertu dans un Crêtien, est un prodige beaucoup plus surprenant, & un coup plus sensible de la main de Dieu, qui ne peut rejetter les prieres qu'on lui fait en faveur des Captifs.

Si vous voulez, mon Pere, des chaînes miraculeusement brisées. Lisez Baronius sur le neuviéme siécle, & voyez ce qu'il écrit de l'illustre Solitaire Joannicus, célébre dans l'Histoire des Iconoclastes. Ayant un jour appris que les Bulgares avoient pris plusieurs Crêtiens Romains, & les avoient mis en servitude aprés s'être préparé par le jeûne & la Priere : il quita son desert, les alla chercher, & n'ayant ni argent ni présens à faire, il éleva son cœur & ses mains vers le Ciel, d'où se sentant exaucé de celui *qui ne méprise* jamais ni *les Captifs* ni les vœux qu'on fait pour eux. Il fit le signe de la Croix sur ces Esclaves, & leurs chaînes leurs tomberent aussi-tôt des mains, & par ce Miracle, ils furent remis en liberté. Une autre fois appellé au secours d'un de ses Neveux, qui dans la captivité l'avoit invoqué, le Saint lui apparut aussi-tôt ; & l'ayant éveillé avec ses Compagnons, ils furent agreablement surpris de voir leurs fers rompus, & les portes de la Prison ouvertes.

Ps. 62. 34.

Puisque vous me faites part de ce trait d'Histoire, souffrez que je vous en rapporte aussi un à mon tour ; que j'ai lû dans les Dialogues de S. Gregoire. Un certain Crétien tombé par malheur en la puissance des Infideles & chargé de chaînes, avoit trouvé moyen d'échaper, aprés beaucoup d'allarmes & de chagrin. Etant de retour chez lui, il racontoit à sa femme, qu'en certains jours il ne sçavoit comment ses chaînes se rompoient sans aucun effort, & qu'il se trouvoit en liberté sans jamais avoir pû en deviner la cause : mais à ce recit son Epouse se souvint de ce qu'elle avoit fait en son absence, & lui ayant demandé dans quels jours cela arrivoit, ils connurent que c'étoit justement dans les jours qu'elle faisoit offrir pour lui le S. Sacrifice.

Dial l. 4. c. 51.

Il me dit qu'on trouvoit un Exemple tout semblable en la Vie de S. Jean l'Aumônier, écrite par un Ancien & fidele Auteur, dont la Traduction est dans les Vies des Peres du Desert.

J'ajoûtai que j'avois vû aussi un

trait d'Histoire qui avoit assez de rapport à ceux-ci, & que j'avois lû dans le Venerable Bede. Un jeune Captif ne put jamais être enchaîné, quelques fers qu'on lui mit aux mains & aux pieds, ils se rompoient aussi-tôt par la vertu du S. Sacrifice, qu'un vertueux Prêtre son Parent, qui le croïoit mort, avoit soin d'offrir souvent pour lui. D'où plusieurs (ajoûte ce Venerable Pere) furent confirmez dans la Foi, & animez plus que jamais à offrir, ou faire offrir cette sainte Victime, pour de si loüables motifs : comprenant par ce Miracle que cette Hostie salutaire étoit un puissant moyen pour la Redemption des corps, aussi-bien que des ames.

Quoi qu'il en soit, mon Pere, tout Crêtien a une obligation indispensable de suivre l'Esprit constant de l'Eglise, & d'offrir des vœux & des prieres à Dieu, pour ceux qui ne souffrent que pour la Foi. Il y a long-tems que le Sage a imposé cette Loi aux Fideles : *Retirez ceux que l'on conduit à la mort, & ne cessez de délivrer ceux que l'on traîne au suplice.* Il

Prov. 23
v. 11.

est

est visible que cette Loi est en faveur de ceux que l'on conduit injustement à la mort & qu'on traîne à des suplices qu'ils ont aussi peu meritez que nos Captifs. *Ne dites pas : les forces me manquent & je n'y puis fournir ; car celui qui pénetre le fond des cœurs sçait ce qui en est : rien ne peut tromper celui qui est le conservateur de votre ame : il rendra à l'homme selon ses œuvres.* ibid.

Je lui dis que je trouvois ce Commandement formel, le motif pressant & la menace terrible ; mais je lui demandai pourquoi le Sage répond à ceux qui s'excusent sur leur impuissance, que Dieu *penetre le fond des cœurs ?* Est-ce pour confondre ceux qui donnent cette excuse de mauvaise foi ?

Il répondit, oüi, mon Pere, on n'admet point ici d'excuse, que la seule impuissance, quand elle est vraye, ou bien si vous voulez que je vous dise ma pensée, on n'en admet proprement aucune dans cette occasion. Car si l'on n'a pas de moyens pour contribuer à leur Redemption : au moins a-t-on un cœur capable de compatir à leurs maux,

Bb

& de faire entendre devant Dieu ces saints gemissemens & ces prieres ferventes, qu'on ne peut dénier à des malheureux qui en ont un si grand besoin : Ainsi en vain s'excusera-t on sur ce que les forces manquent : laissons là les mains, dit le Sage, y avez vous au moins le cœur, c'est ce qui est reservé à celui *qui penetre les cœurs, & qu'on ne peut tromper.*

Ce passage me fait souvenir d'un semblable avertissement que donne le Psalmiste : *Délivrez le pauvre & retirez l'indigent des mains du pecheur :* Mais ce qu'ajoûte le Prophête, n'arrive que trop dans nos jours : *C'est ce qu'on n'a point connu, c'est ce qu'on n'a point compris; on marche dans les tenebres.* Achevez le reste, mon Pere : *Les fondemens de la terre seront ébranlez.* Est-il rien en effet qui ruïne plus promptement les fortunes les mieux cimentées, & qui renverse les maisons les mieux fondées que cette cruelle indolence ? l'Esprit de Dieu montre la justice & la rigueur du châtiment qui lui est reservé par ces paroles qui suivent : *J'ai dit, & vous êtes des Dieux, & les*

Enfans du Trés-Haut; mais vous mourrez comme des hommes, & vous tomberez comme l'un des Princes. Comme s'il disoit : Je vous ai rendus *comme des Dieux*, vous autres Riches, à la Providence desquels j'avois confié vos Freres : Je vous appellois à être les *Enfans du Trés-Haut*, vous sollicitant à devenir *misericordieux, comme vôtre Pere Celeste est misericordieux* : C'est le vrai caractere de ses Enfans : Vous ne m'avez pas voulu écouter : Vous dégenererez d'un rang si haut : *Vous perirez comme le reste des hommes*. & vôtre dureté qui vous rend semblables *aux Princes* des tenebres, Ennemis irréconciliables du genre humain, vous procurera la même chûte qu'à eux.

L'Eglise, ajoûta-t-il, qui a toûjours craint ces menaces pour ses Enfans, ne s'est pas contentée de leur inspirer la compassion, & de leur prescrire la Priere pour les Captifs ; elle a voulu qu'on en vint aux effets : dés son berceau une de ses plus fortes applications fut de trouver des fonds pour subvenir aux necessitez de ceux que la per-

Second moyen. Les Troncs & les Collectes.

sécution réduisoit aux fers ou à la servitude. De là les Collectes dont nous trouvons l'institution & l'usage dans les Actes des Apôtres, & que S. Paul recommande si frequemment dans ses Epîtres. On les faisoit régulièrement dans tous les jours d'Assemblée, & il n'étoit point de Fidele qui ne se fit un honneur aussi-bien qu'un devoir d'en grossir les sommes, & un avantage de participer aux fruits de cette excelente charité à laquelle ces deniers étoient principallement destinez. Leur ferveur alloit toujours croissant, ensorte que ces illustres persecutez avoient abondamment de quoi subvenir à leurs besoins, & leur sort inspiroit même quelquefois de l'envie aux Payens, qui croïoient que c'étoit un moyen infaillible de s'enrichir que d'être pris & enchaînés pour le nom de Jesus-Christ. Nous en avons parlé amplement. J'ajoûterai seulement que cette charité étoit si ardente jusques dans le cinquiéme siécle, qu'au rapport de S. Augustin, (dans l'Abregé qu'il nous a donné des Conferences des Evêques Catholiques avec les Donatistes, tenuës à Carthage,) Mansurius Evêque de cette Ville ne pût s'empêcher de se plaindre, de ce que des fourbes chargez de crimes & de dettes envers le Fisc, se faisoient prendre à l'occasion de la persecution, cherchoient dans leur captivité hypocrite à se soustraire à la Justice, à frustrer leurs creanciers, & à abuser de l'excessive charité des Crêtiens pour ne pas manquer d'argent, & pour faire bonne chere dans les prisons.

Cet usage des Collectes, lui dis-je, s'est continué jusqu'à nos jours comme nous le voyons ; mais le malheur est que la moindre partie est destinée aux Captifs: & que dans la suite des tems, ceux pour qui ces Troncs & ces Quêtes avoient été d'abord instituez, se sont presque trouvez oubliez dans la destination qu'on en fait.

C'est, repliqua-t-il, que les besoins presens, & qu'on a devant les yeux frappent plus vivement les personnes charitables, & paroissent toujours les plus pressans. Mais il faudroit rappeller ces Fideles aux premiers siécles, & repassant ce que nous en avons vû, leur faire faire ces reflexions. Seroit-il possible qu'un Crêtien à present refusât de son superflus pour une œuvre de misericorde, qui a autrefois privé nos Peres de ce qui leur étoit le plus necessaire? L'Eglise a consenti que ses meubles & ses ornemens les plus précieux, que ses fonds les plus sacrez & les plus inaliénables fussent vendus pour racheter les Captifs. Reconnoîtra-t-elle pour ses Enfans ceux qui aprés avoir sçû la captivité de leurs Freres, refusent pour leur soulagement de se priver de tant de choses inutiles, vaines & même dangereuses?

Troisiéme moyen. Institution des Ordres Religieux. C'est afin de reveiller dans nos jours cette ferveur qui s'éteignoit, que l'Eglise a cherché un nouveau moyen de ralumer & de perpetuer cette sainte ardeur dans l'Institution des ORDRES RELIGIEUX qu'elle destiné à ce glorieux emploi: je n'ai pas besoin de vous rien dire sur ce sujet, mon Pere; Innocent III. crut ne pouvoir mieux commencer son Pontificat que par l'Institution de l'Ordre de la Redemption des Captifs, fous l'Invocation de la trés-sainte Trinité. L'Eglise depuis long-tems gemiſſoit ſur le malheur de tant de Crêtiens qui tomboient ſous la puiſſance des Infideles Mahometans. En vain armoit-elle tous les Princes ; en vain prêchoit-on la Croiſade ; en vain par une Confederation generale les Provinces & les Royaumes s'uniſſoient-ils de tems en tems, afin de repouſſer la violence par la force, & de reprendre par les armes ce que les armes nous enlevoient. Tous ces efforts eûrent peu de ſuccés ; Dieu ſembloit reſerver à la miſericorde à triompher de la cruauté. La Providence qui vouloit ſelon l'Eſprit de l'Evangile ſauver ſes Elûs, les uns par la patience dans les perſecutions, & les autres par la miſericorde & la charité, laiſſa croître cette Secte impie de Mahomet. Cet Hydre renaiſſoit toujours avec un nouvel avantage à chaque victoire que les Crêtiens remportoient ſur les Sarrazins : elle s'acrût, elle s'étendit, & s'eſt vûë enfin dans la grandeur & l'affermiſſement où elle eſt aujourd'hui.

L'Eglise inspirée de Dieu, a vû qu'il falloit par l'Institution des Ordres Religieux opposer la charité à la cruauté, la misericorde envers les Fidéles opprimez, à la haine implacable des Mahometans, une charité subsistante dans un Corps qui devoit la perpetuer, à la cruauté que le progrés des Sarrazins accroissoit & perpetuoit sur la terre. Voilà mon Pere, de quel œil j'ai toujours regardé les Ordres instituez pour la Redemption des Captifs.

J'ajoutai qu'on avoit bien vû que l'entreprise étoit trop vaste pour être l'ouvrage d'un ou de deux Ordres Religieux, que le même Pape dans cette vûë jugea qu'il étoit à propos d'y faire entrer autant de Fideles qu'il se pouvoit, & d'étendre cette charité à tous les Etats qu'on devoit associer, pour l'Institution d'une Confrairie où il invitoit tous les Crêtiens touchez du malheur de leurs Freres, de vouloir entrer, avec pouvoir aux Religieux de l'Ordre de communiquer leur habit, & leurs avantages à tous ceux qui voudroient entrer dans leur zele & leur charité.

L'Ecclesiastique m'interrompant, dit: dés ma jeunesse j'eus l'honneur de porter ce saint habit; mais je vois que je n'en connoissois guéres ni l'importance ni les devoirs: l'experience & la reflexion m'en ont instruis, & je voudrois avoir assez d'éloquence & d'autorité pour y engager tous les hommes de misericorde. Rappellez vôtre zele, mon Pere, & quelques prévenus que soient beaucoup de Crêtiens contre tout ce qui se nomme Confrairie, prêchez hardiment par tout l'obligation que l'on a de se joindre à vous, si on ne veut manquer à ce qu'il y a de plus essentiel dans le Cristianisme. Le malheur des Captifs est un malheur public, dans lequel, comme disent les Peres aprés Saint Paul, chacun doit se regarder comme enchaîné avec eux: Il faut donc que tous contribuent au remede.

Sans cela, ajoutai-je, quel succés pourrions nous avoir? Les revenus de deux Ordres, quelque zelé qu'on fût, & quelque bien qu'on eût, seroient d'un foible secours:

Les Mahometans qui font fans ceffe de nouveaux Efclaves, nous mettent fans ceffe dans la neceffité de faire de nouvelles dépenfes.

N'avez vous pas lû, ajouta-t-il, que cet Ange qui a paru à Daniel, & qui lui racontoit les efforts qu'il avoit faits par l'ordre de Dieu pour finir la captivité du Peuple Juif, & le renvoïer libre à Jerufalem, avoüa à ce Prophête que dans cet emploi il avoit trouvé des obftacles qu'il n'avoit pû furmonter feul : & qu'il n'en vint à bout que lorfqu'un autre Ange, ou comme il parle, un Prince des Anges qui étoit S. Michel fe fut joint à lui : Navez-vous pas remarqué que quand cet Ange en vint apporter l'heureufe nouvelle à Daniel, ce Prophête dit, qu'il entendit fa voix comme *la voix d'une multitude* ?

Dan. 10.
v. 5.
v. 6.

Oüi, Mr, je le comprens, que pour réüffir dans cet emploi il faut être Ange ou envoïé de Dieu par une Miffion particuliere : & qu'avec cela il faut encore avoir la voix, la parole, les mains & les fecours de la multitude fans laquelle on ne peut réüffir.

N'est ce point pour cela, continua t-il, que les Anges ne se sont pas seulement réünis pour ce Ministere ; mais qu'ils y ont encore voulu associer les hommes. L'Ange envoïé de Dieu au secours de Daniel pendant qu'il étoit dans la fosse aux Lions, voulant secourir ce Prophête, alla prendre Abacuc, l'enleva par les cheveux jusques sur le bord de la fosse, avec le dîner qu'il portoit à des Moissonneurs, afin de donner ce rafraîchissement au pauvre Captif. Permettez-moi de vous dire, mon Pere, que voilà vôtre exemple : vous êtes envoïez vers ces nouveaux Daniels bannis de leurs terres, Esclaves d'un peuple infidele, renfermez dans de basses fosses, exposez à la fureur des Barbares plus cruels que les Lions, pour ne vouloir pas cesser d'adorer Dieu, & pour refuser de prendre part aux abominations d'une Secte impie. Vous ne pouvez seuls satisfaire à leurs besoins : adressez vous aux Fideles ; choisissez ceux qui portent à manger aux Moissonneurs, ceux qui ont assez de justice & de charité pour ne pas laisser les ouvriers ni les pauvres sans nourriture : enlevez-les par les cheveux sur le bord de la fosse, transportez leurs pensées jusques dans ces sombres cachots, où gémissent tant d'innocens opprimez : afin qu'ils n'alleguent pas cette excuse d'Abacuc. *Je ne connois ni Babylone, ni où est cette fosse.* Car si on n'a soin d'en rafraîchir souvent la memoire, il est facile d'oublier ou même d'ignorer tout-à-fait le pitoïable état des Captifs. Annoncez-leur l'obligation de cette aumône si grande : que la necessité étant extrême, on devroit prendre sur le necessaire, tel qu'étoit le dîner des Moissonneurs. Pressez-les d'une sainte émulation, & leur dites que par cette charité, ils mettront plusieurs Daniels en cet état de benir le Seigneur, qui s'est souvenu d'eux, & qui aura *fermé la gueule aux Lions*, adoucissant la fureur des Barbares. Nous pouvons même les prendre par leurs interêts, lui dis-je, & leur dire qu'ils ne participeront pas seulement à la gloire d'une telle charité : mais qu'ils peuvent esperer la même part aux recompenses, qu'attendent ceux qui s'y emploient par eux-mêmes. Car telle fut la décision de David, qui depuis a passé en Loi. Au retour de cette fameuse expedition rapportée dans le premier Livre des Rois, c. 30. où il retira de chers & de fideles Esclaves des mains de leurs Ennemis : il décida que ceux qui n'avoient contribué à cette Redemption qu'en gardant les bagages, partageroient également avec ceux qui avoient marché au Combat, & qu'on leur diroit à tous, comme ayant également contribué à cet heureux succés : *Recevez cette benediction & ces dépouïlles remportées sur les ennnemis du Seigneur.*

Cependant, reprit-il, quelle couronne n'est pas reservée à ceux qui exposent leur vie dans cette noble fonction. Toute l'Ecriture & les Peres en relevent la gloire & les récompenses. Nous l'avons assez vû : C'est cette bonne œuvre que dés les premiers siécles Dieu a si souvent couronnée de la gloire du Martyre, qui est la plus haute récompense que Dieu accorde à ses Elûs sur la terre. Ne vous souvient-il point du bon mot de l'Abbé Leon, qui un jour étant au milieu de ses Disciples, s'avisa de leur dire : *Je vas regner* ; ils s'en rirent comme d'une absence d'esprit : mais peu de tems aprés quelques-uns de ses Freres ayant été pris & faits Captifs par des Barbares, ce S. Abbé se rendit Esclave pour les délivrer. Les Barbares l'emmenerent : mais la longueur & la précipitation de leur marche ayant épuisé ses forces, & voyant qu'il ne pouvoit plus les suivre, ils le tuerent. L'Auteur de sa vie ajoute que ce fut alors que ses Disciples connurent de quelle Royauté il avoit voulu leur parler.

in prat spirit. c. 112.

C'est à partager cette gloire & ces dépoüilles que sont invitez tous les Fideles. Et les Souverains Pontifes, sans doute, ont eu en vûe cette Loi de David dont nous venons de parler, Mr. lorsqu'ils ont accordé un si grand nombre d'Indulgences à ceux qui cooperent à la Redemption des Captifs par leurs prieres ou leurs aumônes, aussi bien qu'à ceux qui s'y emploïent en personne. L'Eglise en cette occasion, a usé d'une si grande profusion, que plusieurs ont peine à ajouter foi aux publications que nous en faisons par son ordre.

Ce moyen, mon Pere, est encore un de ceux que l'Eglise a de tout tems emploïé pour exciter les Fideles à assister les Captifs, & ceux qui s'en étonnent, ignorent quelle a été son esprit & sa conduite dans tous les siécles. Il faut absolument ou nier le pouvoir qu'elle a d'accorder de semblables graces, ou avouër que jamais elle n'en eut plus de sujet que dans cette occasion. S. Paul use d'Indulgence à l'égard de l'incestueux Corinthien, dans la crainte qu'un trop long & trop grand chagrin ne dégenerât en désespoir. Cette même raison n'aura-t elle pas dû engager l'Eglise à en user de même en faveur de ceux que, non pas un crime semblable, mais l'attachement à la Religion, expose à des extrêmitez d'abandon & de chagrin, où le désespoir est tant à craindre, s'ils ne sont secourus.

La gloire de Dieu, l'honneur de la Religion, la paix de l'Eglise, la

Quatriéme moyen. Des Indulgences.

conversion des Infideles, les calamitez publiques sont les justes motifs qui ont engagé l'Eglise à ouvrir ses Tresors de siécles en siécles, & de justes raisons d'user d'Indulgence selon la Doctrine & la pratique des Peres. Il est visible que ces motifs se réünissent tous dans l'affaire du rachat des Captifs : pourquoi l'Eglise n'en usera t-elle pas de même ? Dés le commencement, ne l'a-t-elle pas fait en faveur de ceux qui visitoient les fidéles Prisonniers, & en recevoient des billets ? Dieu même n'a-t-il pas souvent fait trouver l'Indulgence entiere à plusieurs grands pecheurs dans le service qu'ils rendoient aux Saints persecutez pour la Foi, couronnant cette bonne œuvre de la gloire du Martyre ?

Je lui repartis que si les premieres Indulgences ont commencé à être accordées pour cette charité. Il semble que ce même sujet a aussi donné commencement à ce qu'on nomme Indulgence Pleniere, dont je n'ai point vû de vestiges avant le Concile de Clermont. Ce fut là où le Souverain Pontife, porté par la pressante

pressante necessité où il voyoit tant de Fidéles, s'écria en publiant l'Indulgence. ,,Si quelqu'un a du zele pour la gloire de Dieu qu'il" s'unisse à nous: Secourons nos" Freres, rompons leurs chaînes, & rejettons leur joug loin" ,, d'eux.... Rachetez par une œuvre si agréable à Dieu, les larcins," les incendies, les vols, les homicides, & les autres crimes, qui" excluent du Royaume de Dieu" ceux qui les ont commis, afin que" ces œuvres de pieté, unies avec" les Prieres de ces Saints, vous obtiennent une prompte Indulgence des pechez par lesquels vous" avez irrité la colere de Dieu." Nous vous avertissons donc, &" nous vous exhortons au Nom du" Seigneur, & vous enjoignons" même pour la remission de vos" pechez d'arrêter promptement" l'insolence des Infidéles, par la" compassion que vous devez à l'affliction & aux travaux de vos Freres Coheritiers du Royaume Celeste: Car nous sommes tous" membres les uns des autres, Heritiers de Dieu & Coheritiers de"

Oraison Sinod. du Concile de Clermont. Guil. de Tyr. de la Guerre Sainte l. I. c. 15.

Jesus Christ.

Je n'en suis pas surpris, dit-il, la cause étoit trop importante, & si plus l'aumône est considerable, plus elle efface promptement les pechez. Persuadé que je suis qu'il n'en est guéres de plus excellente que celle-ci, qui remedie à tant de miseres corporelles & spirituelles, previent tant de périls, pour le tems & l'Eternité, & procure tant de biens à l'ame aussi-bien qu'au corps; je ne puis trouver étrange que l'Eglise ouvre ses Tresors spirituels pour une calamité qui a tant de fois épuisé ses Tresors temporels.

J'allois parler du Jubilé, & j'en allois faire diverses Analogies avec celui de l'ancienne Loi, dont une des conditions principales étoit de mettre les Esclaves en liberté: mais nôtre Entretien fut interrompu par un Message qu'on lui vint faire, & qui l'obligea de sortir en diligence. Et ce fut là où finirent nos Entretiens; car lorsque je retournai, je ne le trouvai plus.

FIN.

PRIVILEGE DU ROY.

LOUIS, PAR LA GRACE DE DIEU, ROY DE FRANCE ET DE NAVARRE: A nos amez & feaux Conseillers, les Gens tenans nos Cours de Parlement, Maîtres des Requêtes ordinaires de nôtre Hôtel, Grand Conseil, Prevôt de Paris, Baillifs, Sénéchaux, leurs Lieutenans Civils, & autres nos Justiciers, qu'il appartiendra, SALUT. Nôtre bien amé JEAN-BAPTISTE DE LA FAYE, Procureur General des Captifs, Prieur de Sylvelle, Nous ayant fait remontrer qu'il souhaiteroit faire imprimer & donner au Public un Ouvrage qui a pour titre, *Relation du dernier Voyage fait à Alger & à Tunis, par les Peres de la Redemption des Captifs*: Mais craignant que d'autres personnes ne voulussent entreprendre de faire imprimer ledit Livre; ce qui lui causeroit un tort considerable, il Nous auroit en conséquence très-humblement fait supplier de vouloir bien lui accorder nos Lettres de Privilege sur ce necessaires. A ces Causes, voulant favorablement traiter ledit Exposant, & reconnoître son zéle, Nous lui avons permis & permettons par ces Presentes, de faire imprimer ledit Livre, en tels volumes, forme, marge, caractere, conjointement ou féparément, & autant de fois que bon lui femblera, & de le vendre, faire vendre & débiter par tout nôtre Royaume, pendant le tems de Six années confécutives, à compter du jour de la date defdites Prefentes : Faifons défenfes à toutes fortes de perfonnes de quelque qualité & condition qu'elles foient, d'en introduire d'impreſſion étrangere dans aucun lieu de nôtre obéiſſance ; comme auſſi à tous Imprimeurs, Libraires & autres, d'imprimer, faire imprimer, vendre, faire vendre, débiter ni contrefaire ledit Livre ci-deſſus expliqué, en tout ni en partie, ni d'en faire aucuns Extraits, fous quelque prétexte que ce foit, d'augmentation, correction, changement de titre ou autrement, sans la permisſion expreſſe & par écrit dudit Expoſant, ou de ceux qui auront droit de lui, à peine de conſiſcation des Exemplaires contrefaits, de quinze cens livres d'amende contre chacun des contrevenans, dont un tiers à Nous, un tiers à l'Hôtel-Dieu de Paris, l'autre tiers audit Expoſant, & de tous dépens, dommages & interêts; à la charge que ces Preſentes ſeront enregiſtrées tout au long ſur le Regiſtre de la Communauté des Imprimeurs & Libraires de Paris, & ce dans trois mois de la date d'icelles: Que l'impreſſion de ce Livre ſera faite dans nôtre Royaume, & non ailleurs, en bon papier, & en beaux caracteres, conformément aux Reglemens de la Librairie ; Et qu'avant que de l'expoſer en vente, je Manuſcrit ou Imprimé qui aura ſervi de Copie à l'impreſſion dudit Livre, ſera remis dans le même état où l'Approbation y aura été donnée, és mains de nôtre très cher & féal Chevalier-Chancelier de France, le Sieur Dagueſſeau, & qu'il en ſera enſuite remis deux Exemplaires dans nôtre Biblioteque Publique, un dans celle de nôtre Château du Louvre, & un dans celle de nôtre très-cher & féal Chevalier-Chancelier de France, le Sieur Daguesseau ; le tout à peine de nullité des Presentes ; du contenu desquelles vous mandons & enjoignons de faire jouïr l'Exposant ou les ayans cause, pleinement & paisiblement, sans souffrir qu'il leur soit fait aucun trouble ou empêchemens. Voulons que la Copie desdites Presentes, qui sera imprimée tout au long, au commencement ou à la fin dudit Livre, soit tenuë pour dûement signifiée, & qu'aux Copies collationnées par l'un de nos amez & féaux Conseillers & Secretaires, foi soit ajoûtée comme à l'Original : Commandons au premier nôtre Huissier ou Sergent de faire pour l'execution d'icelles tous Actes requis & necessaires, sans demander autre permission, & nonobstant clameur de Haro, Charte Normande, & Lettres à ce contraires : Car tel est nôtre plaisir. Donné à Paris le vingt-neuviéme jour du mois de Mai, l'an de grace

mil sept cens vingt-un. Et de nôtre Regne le sixiéme.

Par le R. y en son Conseil.

FOUQUET.

*Il est ordonné par l'Edit du Roy du
mois d'Aoust 1686. & Arrests de son
Conseil, que les Livres dont l'impression
se permet par Privilege de Sa Majesté,
ne pourront être vendus que par un Im-
primeur ou Libraire.*

*Registré sur le Registre IVe. de la
Communauté des Imprimeurs & Li-
braires de Paris, page 767. N°. 833.
conformément aux Reglemens, & no-
tamment à l'Arrest du Conseil, du 13.
Aoust 1703. A Paris le 22. Aoust
1721.*

DELAULNE, Syndic.